尼·奥斯特洛夫斯基传

王志冲/著

图书在版编目(CIP)数据

尼·奥斯特洛夫斯基传/王志冲著.—北京：华夏出版社，2015.5
ISBN 978-7-5080-8419-0

Ⅰ.①尼… Ⅱ.①王… Ⅲ.①奥斯特洛夫斯基（1904~1936）—传记 Ⅳ.①K835.125.6

中国版本图书馆 CIP 数据核字（2015）第 070546 号

尼·奥斯特洛夫斯基传

著　　者	王志冲
统　　筹	刘　晨
责任编辑	王　敏
装帧设计	海　星
出版发行	华夏出版社
经　　销	新华书店
印　　刷	三河市少明印务有限公司
装　　订	三河市少明印务有限公司
版　　次	2015 年 5 月北京第 1 版　2015 年 5 月北京第 1 次印刷
开　　本	850×1168　1/16
印　　张	21.75
字　　数	270 千字
定　　价	39.80 元

华夏出版社　网址：www.hxph.com.cn　地址：北京市东直门外香河园北里 4 号　邮编：100028
若发现本版图书有印装质量问题，请与我社营销中心联系调换。电话：（010）64663331（转）

序

《钢铁是怎样炼成的》是一本留得下、传得开的优秀长篇小说。在千百万人中,已流转数十载,便是明证之一。

尼古拉·奥斯特洛夫斯基是一位既瘫痪又失明,但自强不息、攻坚克难的作家。在全球范围内,和他齐名的杰出残疾人屈指可数。

"我们的时代只崇敬这样的艺术家:他的一生是他作品的最好注释,而他的作品则是他一生的最好佐证。"(别林斯基语)

"尽管他已静卧于九泉之下,但他的精神却在每一个正直人士的心灵深处永不泯灭,并激励人们奋发工作和斗争。"(郭沫若语)

我有幸译过《钢铁是怎样炼成的》《尼古拉·奥斯特洛夫斯基书信集》《活生生的保尔·柯察金》等作品,写过《还你一个真实的保尔》《钢铁情缘》等拙著。更感荣幸的是,已近耄耋之年,尚有机会撰写这部奥斯特洛夫斯基的传记。

作为红色经典之作,《钢铁是怎样炼成的》一书,曾获得无数鲜花掌声,也几度被泼洒污泥浊水。它具有自身的历程,或艳阳辉映,或阴霾笼罩,曲折起伏,并不意外。在中国,"某某是怎样炼成的"甚而成为一种句式,长期频频展露于报章杂志。可以相信,这红书的生命必定恒久绵长。

近八十年来,残疾人作家尼古拉·奥斯特洛夫斯基,生前死后,在华夏大地,拥有敬佩者、仰慕者、视其为生活楷模者,包括健全人、残疾人，为数众多。

　　撰写这部传记，奉献给我国的男女老少读者，或许能引发深思，激起豪情，在成长、立志、开创、拼搏、冲刺的进程中，吸纳正能量，增强凌云志。

　　让高远的人生目标更为清晰亮丽，迟疑的前行步履变得坚定刚毅吧。

目录

序

第1章　　　　　　　　童年历险…1

第2章　　　　　　　　军人情结…8

第3章　　　　　　　　聪慧好学…17

第4章　　　　　　　　离散与团聚…26

第5章　　　　　　　　如饥似渴地汲取知识…35

第6章　　　　　　　　我投一票…42

第7章　　　　　　　　优秀生…46

第8章　　　　　　　　邂逅"冬妮亚"…54

第9章　　　　　　　　鬼不像画的那么可怕…58

第10章　　　　　　　 少年侦察员…66

第 11 章	战火纷飞…77
第 12 章	人最宝贵的…85
第 13 章	出任团支书…92
第 14 章	修筑·抢救…97
第 15 章	锤炼…104
第 16 章	朦胧爱意…111
第 17 章	为了不至于过早崩溃…119
第 18 章	"老爷子"和"二妈妈"…135
第 19 章	心意相通…147
第 20 章	生命中未掀开的一页…164
第 21 章	喜结良缘…179
第 22 章	去搬书吧…189
第 23 章	坎坷与风浪…196
第 24 章	贫穷与金钱…208
第 25 章	两个尼古拉…218
第 26 章	金子般的手…231
第 27 章	比变驴为马还难…243
第 28 章	终遇伯乐…251
第 29 章	良师益友…268
第 30 章	殚精竭虑,至死方休…289

第 31 章	虽死犹生	···310
第 32 章	烛照人间	···318
附录一	传主名言荟萃	···329
附录二	尼·奥斯特洛夫斯基年谱	···331
参考书目		···334
跋		···338

童年历险 第 1 章

1904年9月29日,一个再也普通不过的婴儿,降生在一座再也普通不过的村子。

维里亚村得名于维里亚河。

维里亚河蜿蜒流淌在乌克兰的土地上,水势平缓,微波荡漾。到了奥斯特洛格地区,维里亚河穿过树林,越过草地和牧场,又继续向东,加速奔涌而去。

这是一百多年前了。河的两岸,大片大片的沃土良田——属于波兰的地主和伯爵——把农民的小块土地切割得七零八碎。农民的茅舍砖屋,都离自家的小块土地很远,他们要去耕种或收割,往往还得绕过波兰人的领地。

据老辈人说,一些现在已显得破败的小村庄附近,原本是茂密的松树林。后来,林子被出卖了,被砍伐了,唯有残留的树墩,满脸沧桑,恰似在哀怨地向人们诉说着什么。

冬去春来,嫩草丛生,渐渐绵延成一望无际的草地。

就在维里亚河的左岸,离其他村舍较远些的地方,有一间孤零零的破旧茅草屋。房东把它租给了一个五口之家。

那个再也普通不过的婴儿,正是降生在这个贫寒的家庭。

孩子出生时，上面已经有了两个姐姐——娜佳①、卡佳②和一个哥哥——米佳③。

大家管新出生的孩子叫柯里亚④，大名尼古拉。

父亲阿列克谢⑤是工人——葡萄酒厂的制曲工。母亲奥里加⑥善良、朴实、坚毅，还挺倔强。

柯里亚出生后，这户人家经济上更艰难了，可小男孩活泼调皮，给家里平添了更多的意趣和笑声。

不知不觉，孩子在逐渐长大。

盛夏的一天。村庄里，男人们几乎都不在家，或下地干活，或外出打工；妇女和半大不小的孩子也没闲着。一般农户的子女，稍大些的就得下地干活，留在家里的都是小娃娃。

爸爸阿列克谢去城里找工作了，因为酿制葡萄酒有季节性，并非一年到头都有活干。哥哥米佳在一家德国老板开的铁工厂里当学徒。妈妈头上包着白毛巾，到自家的小园子里松土收菜。大姐娜佳刚从学校回来，就过去帮妈妈干活。二姐卡佳在一块高坡田里忙碌。

白花花亮得刺眼的太阳，在碧蓝碧蓝的高空中缓缓运行，释放出阵阵热气，烤炙得大地像蒸笼。

---

① 娜佳（189?—1921），即奥斯特洛夫斯卡娅·娜杰日达·阿列克谢耶夫娜的昵称，尼古拉·奥斯特洛夫斯基的大姐。

② 卡佳（1898—1965），即奥斯特洛夫斯卡娅·叶卡捷琳娜·阿列克谢耶夫娜的昵称，尼·奥斯特洛夫斯基的二姐。

③ 米佳（米秋哈）（1900—1963），即奥斯特洛夫斯基·德米特里·阿列克谢耶维奇的昵称，尼·奥斯特洛夫斯基的哥哥。

④ 柯里亚（1904—1936），即尼古拉·阿列克谢耶维奇·奥斯特洛夫斯基的昵称，本书传主。

⑤ 阿列克谢·伊凡诺维奇·奥斯特洛夫斯基（1854—1936），尼·奥斯特洛夫斯基的父亲。

⑥ 奥里加·奥西波夫娜·奥斯特洛夫斯卡娅（1875—1947），尼·奥斯特洛夫斯基的母亲。

第 1 章 童年历险

奥斯特洛夫斯基一家。父亲阿列克谢、母亲奥里加、大姐娜佳、二姐卡佳、哥哥米佳和柯里亚。

气温还在上升。这儿那儿,约好了似的,几家村民的屋门开了,跑出来一些男孩子,全是学龄前的小娃娃。有的蹑手蹑脚,有的连蹦带跳,都朝池塘那边赶去。

池塘就在柯里亚家附近。第一个跑到池塘边沙滩上的小男孩,栗色的头发朝上梳着,还算整齐;两条稀疏的黑眉毛的眉头几乎触碰到鼻梁；眼睛黑白分明，透出一股机灵劲儿。这个瘦削的小家伙，正是柯里亚。

才一会儿，五六个小伙伴就到齐了。看样子是事先约好的。柯里亚还带来一长条窄窄的木板。看上去，伙伴们有比他小些的，有比他稍大的，反正全是小不点儿。

瞧这些孩子，有的卷起裤脚，有的索性脱光衣裳，在池塘里互相使劲儿泼水，或者抓住滑溜溜的小鱼玩儿，喊声笑声，撕扯着燠热的空气。

母亲奥里加和大女儿娜佳在园子里忙着，听到嬉闹声，都直起腰来，朝池塘那边张望。喧闹声中，妈妈辨听出小儿子略带沙哑的嗓门。娜佳笑着说："让柯里亚去疯吧。"

母亲也舒心地笑了。

那边，孩子们闹腾了一会儿，纷纷爬上船去。这是一条不知谁家丢弃的小船，残破不堪，像个孤儿，被扔在池塘边密密匝匝的绿色浮萍丛中。水面的微澜细浪，使小破船轻轻地摇曳不止。

孩子们乱哄哄地攀着船帮上去，小破船大晃大动起来。

柯里亚带来的窄窄的木板，原来是要当船桨用的。他开始划动桨板，小船便缓慢地移动，渐渐犁开大片浮萍，进入开阔的水面。

园子里，奥里加偶一抬头，只见远山背后升腾起团团乌云，并且正朝这边涌动。她留意了。继续观察一阵后便预料到，很快会有一场滂沱大雨降临。的确，吹到身上的热风似乎已夹带了丝丝凉意。

她不由自主，扭脸看向池塘那边。

哦，小破船满载着孩子，摇摇晃晃地向池塘中心移动。孩子们依旧兴高采烈，欢叫声一阵阵传来。

哎呀，不好！奥里加晓得，那是池水最深处。当地人管那里叫"坑儿"，大人有时会牵着马过去洗濯。可看样子，这些小娃娃并不知情。

这不，破船接近"坑儿"了，船身顿时摇晃得厉害起来。而且，孩子们发觉乌云遮蔽了小半个天空，状如烈马奔腾，仿佛要吞噬整个蓝天，不由吓呆了，随即一块儿惊慌地大呼小叫起来。破船简直像要翻掉似的。

此刻，奥里加已经带着大女儿娜佳，冲出园子，飞奔而去。

比她们跑得更快的是二姐卡佳。她在高坡田里干活，居高临下，整个池塘、一船大声呼救的娃娃、朝着池塘那边迅跑的妈妈和大姐，还有其他孩子的家长，全部映入眼帘。她脑子灵活，头一个跑到池塘边，扑通一声，跳进并不深的水中。

她心急如焚，游到小破船跟前，伸手抓住船帮，用足全身力气，把船推向岸边，同时叮嘱娃娃们安静，别害怕，莫乱动。

此刻，柯里亚的妈妈和大姐，还有几个孩子的家长，也气喘吁吁、陆陆续续地跑到了池塘边。

平时，妈妈奥里加不大责怪柯里亚的，但眼前的情景使她非常生气，弄得不巧是要出大事的，她不由得当即责备了几句。

天上早已不见太阳，浓浓的乌云布满大半个天空，远处响起沉闷的雷声，一场暴风雨眼看就要袭来。家长们全都拉着各自的孩子，匆匆跑回家去。

妈妈和两个姐姐也带着柯里亚朝家里奔。还没到家门口，一阵狂风刮过，大颗大颗黄豆般的雨点噼里啪啦地砸了下来。

柯里亚一进屋，见妈妈和姐姐都忙着擦脸，拧出头发上的雨水；二姐卡佳更是满身湿透，得换掉衣服。自己方才太贪玩，差一点儿闯出大祸，这下要挨骂了。怎么办？怎么办呢？

有了。趁着她们在忙碌，趁着外面风狂雨急，电闪雷鸣，大雨倾盆，柯里亚悄悄地爬到床底下，蜷缩着一动不动。过一会儿，自己爬出去认个错，妈妈消了气，就没事儿喽。这么一想，他觉得好困，手捂住嘴巴，压低声音，打个哈欠，便迷迷糊糊的了……

妈妈突然想到柯里亚，人呢？她环顾四周，没有；问两个女儿，也茫然地说没看见，怎么一眨眼工夫踪影全无了呢？

电光闪闪，一个特大的迅雷犹如就在屋顶炸响。妈妈打个激灵，让两个女儿冒着风雨，一家家去问，去找。

娜佳、卡佳，心慌慌，意乱乱，不顾暴雨如注，冲出门去。

妈妈心里像有十五只吊桶，七上八下，不知小儿子去了哪里。

两个女儿回来了。哪儿也没找到小弟，人家都说没注意，不晓得。

母女三个，急成一团，一时间不知如何是好。

正在这当口，床底下窸窸窣窣一阵响，只见柯里亚脚在前，头在后，倒爬着出来了。

"妈妈，饶了我吧。我想在床底下躲一躲，可睡着了……再也不敢了，妈妈……"

奥里加愣了片刻，抱起孩子，紧紧地搂着。身上湿漉漉的两个姐姐，脸上的惊讶之色转为舒缓的笑意。

一场虚惊过去。吃过晚饭后，外面的风雨也已停息。大家围坐在一起。妈妈奥里加似乎要抚慰孩子们似的，唱起了歌谣——

草地上啊，绿草地，辽阔宽广无比，在那悠闲的马群里，遛着马儿一匹。

马儿你在草原上，逮住你不能再游荡，我要把笼头给你套

第1章 童年历险

上……①

　　这首民歌,妈妈唱过多次。柯里亚听了又听,百听不厌。其实,他还未必听得懂歌词的含意。但每当妈妈唱起来,那嘹亮而不尖利、浑厚而不粗哑的嗓音是如此悦耳,使他感到如此熨帖。而且,妈妈一唱歌,神态就变了,双眼仿佛大了不少,炯炯有神,整个面庞容光焕发,柯里亚仰着脑袋,怎么看也看不够。

　　奥里加怎么唱得这么好?她上过什么学校?学过音乐吗?

---

① 乌克兰民歌《草地上啊,绿草地》的部分歌词。常适译词,麦子配歌。本书内的乌克兰民歌歌词,皆引自薛范主编的《乌克兰歌曲选集》。

第2章 军人情结

柯里亚的父亲阿列克谢是葡萄酒厂的制曲工，可干这种活有季节性，一年就做那么几个月，实际上可称为季节工。所以，每年有半年左右的时间，他不得不另外找工作。他有一手木匠手艺，有时也帮附近的农民下地干活，或者去给地主当雇农，但更多的时间是离开本村，去一些城镇打工，好在他吃得起苦。

另有一个情况，以前为尼古拉·奥斯特洛夫斯基撰写传记的作家，要么确实不知，要么明知而故作懵懂，语焉不详，特意回避。

什么情况呢？

柯里亚的父亲阿列克谢是世袭军人，也就是说，连这孩子的祖父伊凡也是军人。伊凡脾气暴躁，动辄顶撞长官，可打起仗来总是冲在前面。不仅如此，他们父子作为十分勇敢的士兵，都得到过上级的褒奖，都曾被授予军士衔；更巧的是，还都荣获了乔治十字勋章。"军士"是介乎士兵和尉官之间的军衔；乔治十字勋章则是从1807年起，用于奖励特别勇猛、立下战功的士兵与军士的。

正因为祖父和父亲都当过兵立过功，柯里亚的两个姐姐，娜佳和卡佳，才得到优待，可以免交学费，进校读书。当地政府出的一纸证明上写得清楚，说她们是"塞瓦斯托波尔保卫战参加者的孙

第2章 / 军人情结

女"。轮到柯里亚,就没有这样的好运气了。

祖父和父亲虽然立的是守土卫国的功,可那年头毕竟当的是沙皇的兵。父亲退役后,又在海事部门工作数年,当的是跑腿送文件的通信员。为了养家糊口,他还曾开过一爿小酒店。时代在变,观念在变,有些事情变得简直说不清道不明。荣耀的史实,也能变成不提为妙的复杂往事或曰历史污点……

不过,在性格层面上,在精神层面上,祖辈父辈的遗传基因显然起着作用。

柯里亚小时候便爱玩打仗游戏。甲方乙方,他无论身在哪方,十次中有九次是抢着当指挥员的。而且,每一战他都身先士卒,率领队伍迅速地绕到敌方的背后,仿佛神兵天降,"抓活的!""缴枪不杀!"哦,大获全胜!

后来,柯里亚尚未成年,便不止一回偷偷离家,要投奔革命部队。再后来,1919年,作为骑兵旅的一名侦察员,他听到了这样的当众宣读:

由于尼古拉·奥斯特洛夫斯基作战英勇机智,特向他致谢……

这份由首长亲笔写的、表扬性质的命令,宣读后交给了柯里亚本人。他十分看重,在很长的一段时间里,一直带在身边。

这一确凿无疑的细节,对于柯里亚这个未满16岁的、因伤离开部队的"老兵"来说,既印证了他的天性勇悍与渐趋成熟,也表露了他的自豪感与孩子气。

分明是一份嘉奖令,郑重其事地使用他的大名,却又出现了致谢这个词儿。这恰恰从一个角度表明,尼古拉·奥斯特洛夫斯基,即柯里亚,因为年龄未到,尚不在正式编制之内,但又确实是一名立过汗马功劳的战士。

1921年，为了争取进航空学校学习，当上飞行员，17岁的柯里亚一次又一次地跑，简直把司令部的门槛都要踩坏了。闯过一道又一道关，直到眼科医生那里才被卡住。老医生揭穿了尼古拉竭力要掩盖的真相：右眼近乎失明。老医生检查完毕，生气地提高嗓门问："你哪儿见过独眼的飞行员？啊?!"

柯里亚无言以对。

十五年后，1936年夏天，AHT-25英雄机组沿着莫斯科—堪察加彼得罗甫洛夫斯克—乌德岛航线完成了不着陆飞行后，来到索契休息。契卡洛夫①对两个伙伴拜杜科夫和别利亚科夫说："我们到索契了，要做的头一件事情，就是一块儿去拜访奥斯特洛夫斯基，看看活生生的保尔·柯察金，跟他谈谈心。"

契卡洛夫他们来到尼古拉·奥斯特洛夫斯基的白色别墅。双方初遇，却似重逢，谈笑风生。尼古拉说起自己1921年想进航空学校的往事。契卡洛夫当即诙谐地接过话头："您可以告诉那位老医生，不是没有这样的飞行员。有位著名的飞行员一目失明，依旧驾驶飞机直上蓝天，好不逍遥自在！"

尼古拉笑得更灿烂了："哎，您那时候便告诉我就好啦！"

契卡洛夫和尼古拉，两个都是1904年出生的人，谈得兴致勃勃，忘了时间……

1932年，在索契市的简陋住处，尼古拉正艰难地进行着《钢铁是怎样炼成的》第二部的创作。12月22日，他终于收到了日思夜想的、由莫斯科挂号寄来的此书第一部的样书。是的，作者自己看

---

① 瓦列里·巴夫洛维奇·契卡洛夫（1904—1938），飞行员，苏联英雄，创造过许多高级飞行特技。

第2章 / 军人情结

不见书的样子。然而,他闻到了,闻到了新书的油墨清香。

正是由于过分激动,他伸出手去,轻轻地、嗓音微微发颤地索要样书。正好在旁边的一位朋友——共青团员贝欣内夫赶紧把书递到他手上。这时的尼古拉·奥斯特洛夫斯基内心愈发激奋,用瘦削的指头缓缓地抚摸书皮。这是什么?在书皮的底边那儿,他摸到了凹痕,再顺着凹痕小心地移过去,来回摸索。哦,窄长的,莫不是……此刻他的思路完全是军人式的了。额头的横纹皱了起来,表明他正在深思苦索。蓦地,他喜悦地、兴奋地喊出了声:"应该是一柄刺刀吧?"

猜得好准!深灰色的细布硬书皮上,确实斜斜地镂刻着一柄银白色的刺刀,与它交相辉映的还有一根已长出两片新叶的小树枝。这使他立刻联想到自己正在创作的第二部作品。保尔给哥哥写信,其中有这么一句:"我依然相信自己能够归队,相信在冲锋的队伍中也会闪亮着我的刺刀。"

他十分满意,格外亢奋,因为封面设计者竟与自己不谋而合,默契到如此程度。他当即精神大振,高声呼喊:"这正是我的刺刀,这正是我的新武器。拿着这种新武器,我又可以和你们、和党、和整个国家一起战斗啦!"

他要求在书里仔细寻找,看看印数是多少。

"哦,10000册!这就等于说,又有10000柄新刺刀投入了为社会主义而战的部队。"

刺刀、武器、战斗,完完全全的军人口吻、军人姿态、军人情怀。

的确如此。他曾告诉文友德米特里耶娃:"我的志向就是当军人。"还进一步表示,要不是得了这种"可诅咒的病",他不会成为作家,而是会成为军人。

1936年1月28日，尼古拉·奥斯特洛夫斯基被授予旅政委的军衔。他激动不已，委托国防人民委员会的一位工作人员——红军大尉薇拉·瓦西里叶夫娜——替他到军需处买一套指挥官的军便服，并在衣领那儿缀上菱形章。当时旅政委的军衔标志，是在袖口那儿缀上星章。

到了3月7日，他写信给秘书拉扎列娃①，说："为了庆祝国际妇女节，为了表示对伟大女性的尊敬和友善，我明天要首次穿上自己的政委服，向在我家占多数的女性展示一名军人、一名未退伍的游击队员的风采。让政委服上的红星、金纽扣和荣耀的菱形肩章，以及其他所有令美女怦然心动的物件，在她们眼前闪闪发光吧。请别见笑。"② 字里行间，跃动着欢欣与自得之情。

是的，他还曾亲口坦言，自己心中一直有个军人情结。

柯里亚的父亲阿列克谢作为士兵，到过不少地方。他也确实开过小酒店，但做不来生意，没赚到什么钱。为了找工作，他多次跑到一些小城镇，还曾到基辅居住，在海事部门干过活。丰富的阅历使他积累了不少人生经验，也给他带来了烦恼与痛苦。

在村子里，父亲算得上是个走南闯北、见多识广的人。柯里亚爱听他讲故事，尤其爱听行军打仗、冒险立功的情节。

阿列克谢在家的日子，会给孩子们讲述部队如何在山地艰苦地行军。比方说有一次，狂风大作，冰雪封山，崎岖狭窄的山路被雪埋得看不清了。他，一名身材魁梧、膂力过人的炮兵，和同伴们一

---

① 拉扎列娃·亚列山德拉·彼德罗夫娜（拉尤史卡）（1891—1981），是尼·奥斯特洛夫斯基的秘书（1934—1936）。索契的尼·奥斯特洛夫斯基纪念馆建成后，她成为该馆的研究人员。

② 引自《尼古拉·奥斯特洛夫斯基书信集》第529封。本书中，凡是直接引用传主信函内的文字，均依据《尼古拉·奥斯特洛夫斯基书信集》（王志冲译）一书。不另注。

道，把马卸下，硬是扛起大炮，翻过山头，赢得了宝贵的时间……

柯里亚听得津津有味，牢记不忘。跟小朋友们一起玩的时候，他会给大家讲这些打仗故事，眉飞色舞，指手画脚，很是投入。

小伙伴们往往听得入神。

正当全村农民感到青黄不接、度日艰困的时候，柯里亚偶尔瞥见两个姐姐流着泪告诉妈妈，她们和几个邻居一同去为地主家干了一个半月的活儿，管家却吩咐账房，拖着压着，不发工钱。妈妈一时也不知怎么办才好。

柯里亚听得清楚，蹑手蹑脚地走出屋门，看到爸爸和一伙村民围成一圈，正在谈论此事。大家非常气愤，却也无可奈何。

柯里亚一肚子火，马上去找几个最要好的小伙伴，也围成一圈，叽叽喳喳地商量起来。他们和大人不同，没有皱眉蹙额，没有唉声叹气，大家七嘴八舌，主意特多，一会儿就已定下妙计，而且讲好，谁也不准泄露秘密。拿定主意后，一群小伙伴就散了，各回各家去了。

当晚，这一带四野阒然，似乎村子已沉入梦乡。

柯里亚没睡，他的几个小伙伴也没睡。

他们偷偷地跑出各自的家门，集中在一起，奔进小树林，探头探脑，观察夜色笼罩下的庄园，找准了两间板屋的几扇玻璃窗。

"打！"柯里亚发一声喊。

"打！"小伙伴们来劲了，跟着叫嚷。

大家从口袋里掏出早已准备好的小石子儿，朝板屋的玻璃窗扔去。

乒令乓啷，窗玻璃破碎了。看家狗吠叫起来了。吱吱呀呀，睡在板屋里的几个账房惊恐地推开门，冲出来，东张西望，乱成一团。

小伙伴们又紧张又开心。大家不敢久留，互相嘱咐别泄密，赶紧撤退，各自回家。

柯里亚悄悄地摸黑走向屋角自己的小床。

"孩子，你去哪儿了？"妈妈的问话声传来，困惑而焦虑。

柯里亚从没对妈妈撒过谎，何况此刻他心里还在打鼓，慌着呢。他直愣愣地望着妈妈，一五一十地吐露了实情，这才觉得松快了些。

妈妈听了，紧闭着嘴唇，什么也没说。她让儿子去睡，自己却难以入眠，她预感到这下惹麻烦了，准得吃亏。但柯里亚还小，何必过早吓着他呢？

的确，事情的结果是相关孩子的家长受到斥责和惩罚，被迫答应赔偿。有的交钱，有的自己或让大些的子女去干活，以工抵账。

柯里亚的两个姐姐，娜佳和卡佳，就白白干了许多活。

妈妈和姐姐们没说一句怪怨柯里亚的话，但小男孩难受得很。接连好些日子，他都没敢看她们的眼睛。

夏去秋来，村民们几乎已经忘了"砸玻璃"事件。

这天，夜深了。维里亚河两岸一片沉寂，笼罩在浓浓的夜色之中。

忽然，地主的场院那边，火苗闪烁了一下，不多时便光焰明亮，空气中散发着烧焦的土豆味儿。

原来，每至深秋，地主便把土豆窖起来，即掘坑埋藏，上面盖好麦秸。这天晚间，柯里亚悄悄地取了家里用剩下的一盒火柴，独自走出门去，壮壮胆，溜进地主家的场院。虽然看清四下无人，一颗心仍然扑通扑通地猛跳。

划亮火柴，点着了一些麦秸。四周依旧没什么人，可孩子面对燃旺的麦秸，那颗心简直要从喉咙口蹦出来了。火柴盒里还有三根火柴，可他已经吓坏了，手抖得不行，把火柴连同盒子往麦秸上一扔，转身逃跑了。

此时，麦秸被火点着，火苗又烧毁了柯里亚扔下的火柴和盒子。紧接着，下面的一些土豆也被烧得焦味阵阵，十分刺鼻。

有人赶来救火了，或提着水桶扑灭明火，或用铁铲挑开阴燃着的麦秸。

此刻，柯里亚已经跑回了家，趁妈妈和姐姐不注意，睡到小床上去了。

那边场院里，火光与焦味引来了更多的人。不多时，火被扑灭，损失不大。可地主怎肯罢休？

然而，大家弄不明白是不是有人纵的火，但都认为，这不同于"砸玻璃"事件，准是成人干的。可怎么也查不出一点儿蛛丝马迹。日子一长，这桩"疑案"也就只能不了了之了。

其实，第二天，柯里亚就把自己干的事告诉了妈妈。妈妈先是一惊，但立刻镇定地嘱咐儿子千万别慌张，只当没这回事，就连在两个姐姐面前也只字莫提，免得她们跟着慌乱，万一出事，妈妈一定会站出来担当的。妈妈的沉稳和安慰，使柯里亚心中平静了许多。

妈妈又轻轻地对他说："俄罗斯和乌克兰都有那么一句谚语：一斧头砍不倒大树。你这么做，从根儿上说并没错，只是人还太小，既没有力气，也没有斧头，只会害了自己……"

柯里亚深褐色的双眼凝视着妈妈，目光中流露出的，不再是胆怯和惊惧，而是沉静与领悟了。接下来的日子里，妈妈只管照常干活，若无其事，孩子心里便也日渐踏实、安定。

这天吃过晚饭，四个人围坐着。妈妈神情开朗，微笑着说："孩子们，为了那桩麦秸起火的事情，全村人，包括我们家，都被怀疑，弄得人人忐忑不安。现在好了，看样子已经平息下去，不会再追究了。来，轻松一下，唱个歌吧！"

妈妈唱起一首诙谐的民歌,两个姐姐伴和。柯里亚不会唱,但胸腔内的那颗心,跟随着快乐跳跃的节奏,轻快地搏动着。

赫瑞秋,赫瑞秋,快去干活儿!赫瑞秋脚上靴子磨破。赫瑞秋,赫瑞秋,快去放牛!赫瑞秋腿疼脚也跛。

赫瑞秋,赫瑞秋,打谷脱壳!赫瑞秋有病不能干活。赫瑞秋,赫瑞秋,快去砍柴!嘿嘿嘿嘿,好难过……①

---

① 这是乌克兰民歌《赫瑞秋,快去干活》的部分歌词。敖昌德译词,麦子配歌。

聪慧好学 第3章

父亲一年中至少有半年出门在外,家里的顶梁柱是母亲奥里加。

奥里加具有的一些特质,如坚毅、乐观、执着,作为遗传因素,在柯里亚身上有所呈现。妈妈有副好嗓子,爱唱歌谣,声情并茂;儿子手指细长,喜欢拉手风琴,指法娴熟,感情充沛,后来几乎达到人琴合一的境界。

实际上,奥里加不但没有专门学习过音乐,连普通小学也没进过。

奥里加的父亲,即柯里亚的外祖父,本是捷克侨民。1862年,贫困迫使他不得不和众多的穷汉一起迁居到俄国。亲友中并非没有可以帮他一把的殷实之家,但有钱人和缺钱人沾亲也疏远,步行者和骑马者想法大不同。

奥里加自幼生活在大树林旁边,因为她的父亲谋到的是一份护林员的工作。

背靠幽深的林木,面对油绿的草场,她从小就熟悉和喜欢大自然。天生一副好嗓子,嘹亮又浑厚。当地乡间的民歌手愿意教,她又聪明,学得快,还是个小不点儿,就已经学会好几首淳朴而优美的民歌了,在屋前屋后亮开嗓门歌唱——

农家附近有樱桃花园,五月的甲虫唱得欢,农夫们忙着在耕田,姑娘们边走边唱,母亲们在准备晚餐……①

奥里加挺想进学校念书,但没可能。她得帮妈妈做家务,得喂牲口,得看管鹅群,况且这儿离学校也远。

有一次,她软磨硬求,爸爸总算买来一册识字课本。小女孩心里乐开了花。

那些天,奥里加看管鹅群时,手里捧着的正是那册已被她翻得半新不旧的识字课本。

偶尔有上学的孩子路过,她便缠住人家问个没完。记性好,课本又是图文并茂的,没多久,她已经大致学会拼音,能拼读出一些单词了。

此刻,奥里加倚着一棵大树坐下,打开课本,仔细地辨认着,念出声来。

阳光明媚,气温逐渐升高,更加燠热。风起处,乌云滚滚翻翻。一阵倦意袭来,她两眼眯缝,打起盹儿来。课本脱手,掉落在地。大雨刮来,课本的纸页散乱了,湿漉漉的。

一只机灵的白鹅,扑扇着翅膀往麦田里钻,其余的立刻都欢叫着跟了上去。

奥里加毕竟还是个孩子,没被闹醒,酣然入梦。

她的妈妈走出屋门一看,尖叫着奔过来……

奥里加的上学梦就此完全破碎。

但她有一股执着劲儿,常常偷偷地读书练字,总算没变成一个

---

① 这是乌克兰民歌《农家附近有樱桃花园》中的部分歌词。塔拉斯·舍甫谦珂(谢甫琴科)词,薛范译配。

全文盲，可以稍微看看写写。

她比丈夫足足小21岁。

老夫少妻？怎会如此？

原来，奥里加很小的时候，曾看到过孕妇由于难产而惨死的情景，她心头便罩上了一片阴影。长大了，她不想嫁人。实在拗不过家长的意愿，就坚持要嫁个年长些的，因为她不知从哪儿听来的，老夫少妻不大会生孩子。当然，她错了。一个接一个，总共怀了六胎，其中夭折了两个。她29岁时生的婴儿是第六个——最小的儿子尼古拉，即柯里亚。

贫困的家庭又添了个小男孩，日子过得更艰苦了。

母亲奥里加必须多干活，挣钱贴补家用。她帮人家洗衣服，看管孩子，在菜园里掘地，还做缝纫活儿——缝一条裙子或短衫10戈比①，做一条围裙5戈比。两个女儿，娜佳和卡佳，渐渐长大，也学着妈妈的样儿，帮着干活。

家里虽穷，却拾掇得干干净净。孩子们肚子半饥半饱，可身上的旧衣服却总是补得整齐，洗得干净。

主妇繁忙，非常疲劳，但慈爱、和蔼，不随便发脾气，与邻近的村民也和和睦睦。晚上临睡前，她有时还会哼哼民歌小调。陈设简朴的屋子里弥漫着温馨的气氛。

柯里亚的两个姐姐都只念到小学毕业。大姐娜佳后来留校当了老师的助手，每月有几个卢布的收入，不过那是后话。这之前，她和卡佳一样，除了念书，尽量帮妈妈干活。

柯里亚的哥哥米佳，才11岁就被送进一片铁工厂去当学徒，希望能早日挣钱，接替年过半百的父亲，撑起这个家。铁工厂老

---

① 100戈比等于1卢布。

板——德国人菲尔斯特，对待工人，尤其是对待学徒，十分苛刻、凶狠。

柯里亚4岁就向往着上学读书，当然，岁数太小，学校不收。

一所乡村小学（教堂办的走读学校）就在维里亚村，离他家挺近。

这天早晨，学校上课了。4岁的柯里亚坐在教室的门槛上，他用手支着下巴，安安静静，一声不响，似乎比教室里的学生还认真。他这样来"上课"已有好几天了，老师发觉了，并没赶他走。

当然，柯里亚虽然听得仔细，也不过一知半解，似懂非懂，可他显然在努力思索、琢磨。同时，他也晓得了，学生回答老师的提问，是必须站起来的。

此刻，老师在讲天空，讲月球，讲星星，太有意思啦。

学生大多是乌克兰人，老师讲课则用俄语。

俄语中，月亮叫"鲁娜"。乌克兰语里，月亮叫"米霞奇"。至于"鲁娜"，在乌克兰语里，是回声的意思。

这时候，老师问一个男生："鲁娜是什么？"

男孩子答不出。另一个男生站起来回答："只要到树林里去大喊一声，鲁娜就来啦！"

好多同学不禁嘻嘻地笑。怎么搞的？只要到树林里去大喊一声，月亮就来了吗？

坐在门槛上的柯里亚也忍不住了，捂着嘴，笑出了声。

教师转过脸来，含笑问他："你也许知道鲁娜是什么吧？"

他赶紧起立，挺直了腰回答："现在还没有鲁娜。"

"什么时候才有呢？"

"它要到夜里才出来呢。"柯里亚很自信地说。

老师非常满意，对这孩子留下了一个好印象。

实际上，没人教柯里亚。他看着姐姐的课本，学着念，还依样画葫芦，描着字母和单词。

那天，二姐卡佳找不到新发的课本，但她猜测，十有八九，是弟弟拿到什么地方去了。

卡佳走出家门，东寻西找，循声来到学校后面。只见一群学龄前儿童围成一圈坐着，站在中间的不是别人，正是弟弟柯里亚。他装作老师，指着新课本上的图画，煞有介事地讲解着。

卡佳跑过去，一把夺下新课本，气吼吼地说："快回家！"

柯里亚觉得真没劲，跟在后面走，懒洋洋的，噘着嘴。

卡佳一肚子的气还没消，举起手来，作势要打弟弟。

柯里亚不躲不闪，头一昂，梗着脖子，瞪着两眼，哽咽地质问姐姐："你大，就可以打人，对吗？"

卡佳毕竟是喜欢弟弟的，而且知道他的倔强劲儿上来可厉害着呢。此刻见他一副受委屈的样子，真要哭了，做姐姐的便赶紧一把搂住，哄他，跟他讲和。

不久，柯里亚已经认识了许多字。老师高兴地表示，等他满6岁，就让他进教室，正式上课。

这下，柯里亚心花怒放，喜眉笑眼，天天数着还有多少日子才可以当上小学生。

他更努力地认字、写字。

在街上走着走着，只要见到地上有一张印着文字的纸，他就会捡起来，试着念。如果这张纸比较干净，他便舍不得扔掉，带回家去，藏进板棚内自己的一个小箱子里。

箱子里可全是贵重物品——钓鱼钩、马尾线（做钓丝用的）、邮票、铁钉、螺丝帽，还有就是一沓沓旧报纸旧刊物什么的，通通都是得来不易的宝贝。

距离能上学还有一个月，柯里亚就已经兴奋起来了。妈妈最理解小儿子的心情，开始为他准备"学生装"。在地摊上，妈妈买到一顶旧的学生帽，上面缀有银色徽章，是那会儿中学生戴的。买来一块农家土布，缝制成裤子，还染成深蓝色，似乎显得好看一点儿。再用这种粗麻布做个书包，配有带子。书包缝得很精致，就像从店铺里买来的，柯里亚非常爱惜，用了三年，还保存了很长时间。

妈妈见他那么爱念书，欣喜得很，郑重其事地带他去拍了一张照片。他身子站得笔挺，头戴学生帽，一手夹着课本。

柯里亚成了真正的小学生。

全班数他年龄最小，但听课用心，回答准确。老师不止一次口头表扬他，让同学们向他学习。

一天清晨，柯里亚醒来后，听见哥哥米佳在和妈妈说话。他晓得，米佳在德国老板菲尔斯特开的铁工厂里当学徒，经常遭受打骂。

在铁工厂里，老板总是差他干重活累活，老板娘叫他做厨房里的杂活，还让他照看孩子。

而且，菲尔斯特十分刁悍，常常会搞恶作剧，使小学徒防不胜防，大吃苦头。

厂里来了客人，是老板菲尔斯特的朋友。两个人喝酒聊天。忽然，菲尔斯特指着熔炉旁地上的铁球，吩咐米佳："去，快把那个铁球拿起来，交给我！"

米佳伸手去拿黑不溜秋的铁球，万没料到，这铁球是刚刚在熔炉里烧过的，看着乌漆墨黑，似乎冷冷的，其实温度高得很。米佳的手指一碰到，就烫伤了，疼得又是挥手又是跺脚，嘴里哇哇乱叫。菲尔斯特和他的客人乐得哈哈狂笑。

米佳伸出烫伤的手指给妈妈看。柯里亚跑过来，看到哥哥的手指又红又肿，伤疤结着痂，还有没完全愈合的创口，血肉模糊，好

第3章 / 聪慧好学

可怕。柯里亚急怒交加,喊叫起来:"哥哥,人家欺负你,你就这么忍着,不揍他吗?回家吧,别去那鬼地方了。"米佳望着弟弟,眼里噙着泪水,什么也不说。

尼·奥斯特洛夫斯基与母亲、哥哥。

这时,妈妈早已泪流满面。小儿子不懂事,她心里却什么都明白。用笔写的字,斧头砍不掉。按照合同,米佳进厂当学徒,三年内没有工钱;中途不干便算违约,奥斯特洛夫斯基家必须赔偿德国厂主100卢布。他们的全部家什卖掉,也换不来40卢布。有什么办法呢?思来想去,妈妈还是擦干眼泪,忍着悲苦,把米佳送回了铁工厂。

人是送走了,可妈妈日夜忐忑不安,只怕厂主使坏,孩子吃亏。她记得乌克兰的民间谚语:对以犄角抵人的羊只需防前,对以后腿踢人的马只需防后,对恶毒刁悍的坏蛋则要防前后左右。

母亲有两儿两女,此时最让她牵肠挂肚的是大儿子米佳——他在铁工厂里,过着怎样的苦日子哦?

母子连心。这天,她思绪纷乱,恍恍惚惚,鬼使神差地走出家门,一路往前,好像要到铁工厂去探望米佳,因为她脑子里隐隐约约地闪现着可怕的影像,只怕大儿子,这个以后要做全家顶梁柱的大儿子,要遭遇劫难了。

急匆匆进了城,对,沿着这条街,就可以到铁工厂的。瞧,前面有个孩子,肩上扛着一大块铁疙瘩,费劲地朝前挪步,看背影很像……

奥里加心头发颤,紧走几步,抢到前面细看。果真是米佳。一张精瘦的脸黑不溜秋,脏兮兮的,两只眼睛却显得格外明亮。妈妈见他这模样,头也晕了,腿也软了,泪水夺眶而出。

"妈妈,我怎么着也得离开那鬼地方!"米佳放下铁疙瘩,一面说,一面撩起衬衣给妈妈看。啊,青一块紫一块,伤痕累累。

奥里加什么也不问了,捂住胸口,疼得揪心啊。

受苦受穷、饱经风霜的母亲,克制住汹涌起伏的悲愤感情,让理智占上风。"孩子,先回厂吧。你快满师了,刁钻的厂主巴不得出点儿事,好不让你满师。这些天,你爸爸在家,我回去跟他商量,看看有什么办法对付菲尔斯特。"

好不容易劝得大儿子扛起铁疙瘩回厂去了,妈妈悲伤地、无可奈何地转过身,返回家里,和丈夫阿列克谢商量。

"无法可想,"阿列克谢皱眉蹙额地说,"只能再熬一熬,学会一门技艺。"

柯里亚在旁边听着,很懂事地一声不吭。他知道,哥哥在吃苦头,为了这个家庭,也是为了他。他左思右想,小脑袋都疼了。当晚睡不着,继续思索,迷迷糊糊睡着了,做了个吓人的噩梦。

次日,醒来不见爸爸。妈妈告诉他,爸爸又外出寻找工作了;还跟他说,哥哥米佳来过,又是逃回来的,躲在地窖里。妈妈去取土豆,发现大儿子半躺半坐着发呆。妈妈赶紧让他进屋,帮他洗了个澡,见他的肚子浮肿得厉害,显然又挨揍了。

"我要到法院去告状,告那个德国厂主!"妈妈声泪俱下。

"没用的。俗话说,人穷打不赢官司。"

懂事的米佳反过来安慰母亲:"我悄悄回来一次,看看你们,这就赶回去。我扛得住,扛得住的!"

听着妈妈的讲述,柯里亚仿佛看到了哥哥米佳,好坚毅,好镇定,好高大。

天有不测风云。这个家庭又要遭遇大风暴、小变故,聚散无常。

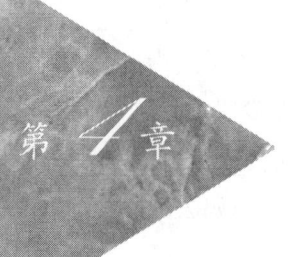

第4章 离散与团聚

柯里亚还没满9岁,但似乎比同龄的孩子要懂事些。

1913年初,他从乡村小学毕业,并且获得一张奖状。

不仅如此,女老师还特地登门,找柯里亚的妈妈奥里加,夸赞她生了个争气的儿子,说在学校里,柯里亚是优秀生,各门功课都得高分,而且品行良好,劳动积极,肯帮助同学……还真诚地建议:"这样聪明的小孩不多见,应该送他进城,继续求学。"

妈妈听着,又喜又愁,唯有苦笑,只能感谢老师的一片美意,送她到门外。

丈夫阿列克谢在外面找工作不顺利,大儿子尚未满师,没有工钱。仿佛雪上加霜,房东刚来过,说要他们家搬走,因为必须尽快卖掉这茅草屋。

怎么办呢?连吃住都大伤脑筋了,哪里还能考虑让小儿子继续上学的问题呢?

这房子虽然破旧,可毕竟租金低,一时上哪儿去租这么便宜的呢?

房东催得紧。万般无奈,母亲只得归还了房子,携儿带女,暂时到本村的一户邻居家寄居。当然,长住下去是不现实的。

第1章 / 离散与团聚

两个女儿虽说都已有追求者，但年纪尚轻，还没到谈婚论嫁的时候，可如今家里遇到这么大的变故，不得不早些把亲事定下，两个女儿就这么嫁出去了。娜佳随同丈夫去了彼得堡附近，卡佳则前往基辅定居。

奥里加带着小儿子柯里亚，离乡背井，到老康士坦丁那边，才总算找到一份工作。

东家是糖厂老板。双方讲好了奥里加给他家当厨娘，工钱不多，但母子俩可以住在主人花园内的一间矮屋子里。

原本可以安定一阵子的，谁知人世间的事情变幻莫测，不久又出现了小变故、大风暴。

糖厂老板有个女儿，年龄跟柯里亚差不多。这女孩子不但骄气十足，而且嘴尖舌利，对同龄的柯里亚更是凶巴巴的，动不动就摆出一副小主人的架势，厉声呵斥。

那天，柯里亚独自在园子里跑来跑去玩。

"跑什么？滚开，这是我家的花园！"远远传来斥责声。

柯里亚抬头一瞧，果然又是这个厉害的女孩子，发辫上一只粉红色的大蝴蝶结，那颜色难看死了。头发油亮，衣裙崭新，满脸霸气，真讨厌。可妈妈叮咛过，人家是女孩，又是老板的女儿，千金小姐，得让着点儿，不能惹恼她。算了吧，柯里亚闷声不响，回到矮屋子里去了。

柯里亚总觉得憋气，仿佛肚子里包着一团火，他想找件事情做做，让自己平静下来。他拿起一张好看的画片，打算把它钉在床边空空的墙壁上。找到了小钉子，他刚动手要钉，千金小姐仿佛影子一般紧追不舍，跑了进来。

"别弄坏墙壁，这是我家的！"屋子小，小姐的喊声显得愈加尖厉刺耳。

小男孩气坏了，忍不住了："你走开！"他一边嚷，一边扯住女孩子的发辫往门外拉。

一个拉，一个挣，缎子做的粉红色大蝴蝶结从发辫上掉落到地上，柯里亚恨得使劲踩了几脚。

男孩这样做的后果是，妈妈被辞退了。母子两人无处投奔，无处存身，吃饭睡觉，又全没了着落。

此时，奥里加接到来信，得知去了彼得堡的大女儿娜佳病倒了，同时得悉丈夫阿列克谢已在靠近边境的图利亚村的亲戚家住下，因为他在那边谋到了一份差事。她当机立断，托人把小儿子柯里亚送到他爸爸身边，自己则赶往彼得堡，去照料病中的娜佳。然而，当她再去寻找丈夫和小儿子的时候，却不知道父子俩被战争的飙风刮卷到哪里去了。

是的，人类社会刮起了一场特大风暴——第一次世界大战爆发了。这场战争，参与的国家有三十三个，死伤人数超过三千万，更多无辜的百姓遭罪，颠沛流离，缺衣少食。

柯里亚刚到图利亚村爸爸这里时，倒也过了一段比较安定的、自在的日子。

爸爸阿列克谢谋到一份护林员的工作。他年近六旬，饱经风霜，心地善良，脾气随和。发现附近的穷汉偷偷跑来捡干树枝，他也不会趁机暗示他们给自己塞钱。穷极的、胆大的甚至来砍树，他也不愿意处罚，不去逼人家赔钱。

那天，有个穷寡妇来拾干树枝，恰巧被林务官撞见，要罚款。阿列克谢傻乎乎地替她求情。林务官轻轻地冷笑一声，装作没听见；事后，说他护林不忠诚，毫不留情地把他开除了。他只得再去各村各乡找活干，维持父子俩的生活。

后来，他还为柯里亚找了一份放牛的活儿，于是，男孩子成了

第1章 / 离散与团聚

小牧童。

这样一来,柯里亚整天在树林里、草地上放牛,看绿树成荫,看青草连片,看碧空如洗,看彩霞半天。白桦树的挺拔主干,无花果树细枝的皱皮,松树木质球果的鳞片,都使小男孩遐思绵绵。他喜欢躺在草地上,将帽子枕在头下,闭上双眼,听鸟雀的啼啭,不知联想到了悦耳的民谣旋律,还是刺耳的喧嚣市声。爸爸还忙里偷闲,教他辨别多种鸟雀各具特色的鸣叫。

在这段似乎平静的日子里,爸爸曾患伤寒症。未满10岁的柯里亚居然镇静如常,悉心照料,使爸爸痊愈了。

1914年8月爆发的第一次世界大战,一直持续到1918年。

阿列克谢父子所在的图利亚村,地处边境,正接近战线。柯里亚看到俄军部队途经此处,开往前线,而一批批难民从国境线上朝这里逃跑,再继续退向后方。

战线似乎日益靠近。大炮的轰鸣,震得茅屋砖房的窗玻璃格格直响;夜幕下,蓝黑色的天空一侧,被连连闪亮的火光映照得通红。村里出现了抬着担架的人们,而躺在担架上的伤兵血迹斑斑,有的还缺胳膊少腿。伤兵们痛苦的呻吟声在空气中回荡,柯里亚目睹耳闻,吓得心在震颤。

大批难民并不在此地停留,而是像潮水似的继续往后方奔涌而去。

数天后,本地的很多村民慌悚不安,也开始收拾物品,汇入这股汹涌的人流。愈来愈紧密、愈来愈迫近的炮声,促使阿列克谢父子也拾掇起衣物,融入了难民的队伍。

接连几个星期,这股洪流滚滚滔滔,往后方移动。人们忍饥挨饿,风餐露宿,形容憔悴,茫无目标。

一路逃难的苦楚,在10岁的柯里亚的心中留下深深的烙印。甚至数年后,他偶尔还会梦见自己置身于难民的洪流之中,蓬头垢面,疲惫不堪;梦见愁眉苦脸的男人们牵着瘦骨嶙峋的马匹,拉动破旧而笨重的大车。柯里亚的耳畔仿佛又响起了妇孺的哭喊声,嘴里感触到涩涩的尘土味……

这天,他们到了舍佩托夫卡。阿列克谢觉得再往前跑,也不知到哪儿才算是个头儿,还不如就在此地停下。况且,这里是乌克兰南方铁路的一个交叉点,一个大枢纽站,找份工作或许会容易些。

柯里亚对舍佩托夫卡的一切都感到新鲜。车站上列车来来往往,旅客进进出出,络绎不绝,昼夜不息。机车库里,晚间也亮着灯,工作不停。这儿有许多工人,生活状况和言谈举止跟村民大不相同。这时,此地的嘈杂喧嚣与乡村的空旷寂静相比,似乎后者对小男孩更具吸引力。

阿列克谢好不容易找到了工作——在火车站上当临时工,清扫月台和路面——但收入极低。

一家人分散了,父子俩单独过活,而且居无定所,异常艰辛。此时的柯里亚,衣不蔽体,头发乱糟糟的,鞋子也破了,久不见面的熟人简直认不出他来。

分散的一家人,在兵荒马乱的恶劣环境中,想尽办法,互相探寻。

不久后,哥哥米佳来了。他历经千辛万苦学成铁匠技艺,因此有机会进入机车库,先干杂活,接着很快就成了正经八百的钳工,不过工资还是很低。妈妈奥里加也来到这里和他们会合。

原本就是贫穷的家庭,如今兵荒马乱,流离转徙,一家人沦为难民。虽说刚在此地找了些活干,但晚间仍和许多难民一样,露宿街头,这总不是长久之计。何况已到了初秋时节,夜里凉意阵阵,似乎也在提醒人们,没有一个遮风挡雨的住处是不行了。阿列克谢

第1章 / 离散与团聚

一家非得赶快落实一个栖身之所不可了。

然而，战争像个恶魔，使整个国家受到重创，百物飞涨。奥斯特洛夫斯基家，除了两个已出嫁的女儿，四口人算是团聚了。父亲和大儿子怎么着也算是天天上班，有工资可领；妈妈也在想方设法接活儿来干，洗衣服，缝缝补补，挣些小钱。但父子俩工资太微薄，跟不上飞涨的物价；妈妈的收入不仅少得可怜，而且时有时无，并不稳定。

柯里亚人虽小，但见妈妈面黄肌瘦，他也知道疼惜。可这么小个孩子，要找份临时性的活儿也不容易。

爱玩是儿童的天性，柯里亚却不贪玩，他常常陪在妈妈身旁，见妈妈接的洗衣活儿多了，便帮着搓洗、晾晒。刚熟悉的当地小伙伴来招呼他去玩，他也往往摇头拒绝。

小伙伴恼了，拉腔拉调地喊叫："洗衣婆！洗衣婆！"

他不发火，更不同人家争吵，似乎已懂得一点儿生活的艰辛、家庭的困难。小小男子汉，应该尽可能分挑担子了。好不容易找到事干，挣来一点儿钱，贴补家用，他就高兴得什么似的。

爸爸不得不辞掉工作，到四乡八镇去找活，但求增加些收入。

妈妈当前最大的心事，是要解决住房问题。购房，想都不必想；租房，根本交不起租金。

天无绝人之路。妈妈带着小儿子柯里亚在斯拉夫街发现一所小屋子，墙坍壁塌，破败不堪。经打听得知，房主觉得这屋子已经破旧得无法再住人了，就将它改成了畜圈，后来房屋继续损毁，似乎连畜圈也做不成了，房主不想再修葺，就弃之不顾了。而且，房主已经全家搬迁，离开了舍佩托夫卡。这个消息让妈妈觉得有了一线希望。

"我们就在这儿修盖吧。"她以一种拿定主意的口气对柯里亚说。

"修改？修改什么？"小男孩没听明白。

"修房盖屋！"

于是，母子俩大忙特忙起来。或者说，很多时候是妈妈一个人忙。柯里亚只要没在外面找到零活干，就帮着妈妈一起忙。大儿子米佳下班后也帮着干。丈夫阿列克谢则腾出几天时间来干活，他可是主要的技术力量。

奥里加在两公里外的一座荒坡那边找到了可用的黄土。母子俩合力提着破损的铁桶，硬是一桶又一桶地将黄土搬运了过来，然后和泥，修房盖屋。爸爸和米佳配合默契，把倒塌的墙扶起来，妈妈和柯里亚赶紧把和好的泥涂抹上去。修理门窗也主要是爸爸的技术活。

有意思的是，修房盖屋的设计师和指挥员不是别人，正是母亲奥里加。

秋意日浓，秋风渐紧，再也不能露宿了，必须加把劲，早日盖好居所入住，有时全家人从傍晚一直干到深夜。难，累，苦，可妈妈总是有说有笑，丈夫和孩子们便也铆足了劲儿，攻坚克难，直至浩大的工程基本接近收尾。大家心中都萌生出一种成就感。奥里加瘦削的脸上荡漾着满足的微笑，两句乌克兰谚语脱口而出："兔子靠腿狗靠牙，各有各的谋生法。不怕万难，只怕孤单。咱们全家齐上阵，有了新屋子啰。"

房屋挺牢固，也还算漂亮，毕竟是自己千辛万苦修建的呀。

这天白天，妈妈独自在粉刷墙壁，接着又擦洗地板。突然一阵头晕发作，她知道自己太疲劳了。此时，在外打零工的柯里亚正好回来，抢过湿淋淋的抹布就擦洗起来。不一会儿，哥哥米佳也回来了，没脱鞋便要进屋。柯里亚把他挡住，说："等一下，等地板干

第1章 / 离散与团聚

了再进来。"

米佳多半是累坏了,不听弟弟的,硬要进去。柯里亚气坏了,顺手把脏抹布朝米佳扔去。米佳身子一偏,啪的一声,抹布扔到刚粉刷过的墙面上,又随即落了下来。墙面上留下一块污渍,湿漉漉的,还有几条脏水正顺墙往下淌。妈妈不由自主地叫了一声:"哎呀!"

柯里亚气极了,这是妈妈的劳动成果呀!小男孩扑到妈妈怀里,似喊又似哭地说:"妈妈,好妈妈!没关系的。我明天再刷一遍。"他转过头去,冲着尴尬地站在一边的哥哥嚷嚷:"你坏,你坏!"

"柯里亚,明天我跟你一起粉刷还不行吗?"

妈妈微笑着说:"对哥哥怎么能这样竖眉瞪眼的呢?全家和睦,胜过财富。你们哥儿俩明天一块儿干!"

新房子终于修盖成功。不远处,战争的浓云依旧滚滚翻翻。难民的洪流仍在经过这里,涌向后方。军用列车运载着新兵,到达此地便停靠下来,士兵们跑步上前线。运载伤员的车子则从前方退到此地,再往后撤。也有不愿意打仗的士兵成群结伙地撤退下来,和被宪兵逼迫挡住他们去路的增援部队打起来。子弹乱飞不认人,老百姓担惊受怕,都逃得远远的。在如此复杂而危险的环境里,他们一家四口居然能够团聚,也算是不幸中之大幸了。

由于种种原因,父亲阿列克谢并没有经常和尼古拉·奥斯特洛夫斯基同住一处,而大姐娜佳因病早亡,柯里亚实际上是和妈妈和二姐一起生活的。虽然阿列克谢没有留下任何提及小儿子的文字,但父子连心,二人一直保持着充满亲情的书信联系,小儿子的孝顺在书信中展露无遗。"未来先说",从奥斯特洛夫斯基的两封家书里摘录一些文字如下:

我亲爱的父亲：

  我给你写信，我的慈祥的老人家，是要把自己的近况和将来告诉你……我常在你们的来信中读到抑郁的字句，诉说家里的贫穷困苦。我的心情不由变得非常非常沉重、憋闷……亲爱的爸爸妈妈，我向你们保证，你们只要再稍稍忍耐……情况会好转，我会给你们足够的资助。我把所有的一切都给你们。我亲爱的老人家，我什么也不需要，我是共产党员，通通给你们。（此信写于1925年4月8日。此时，尼古拉21岁。）

爸爸：

  你好！……今天汇去2000卢布，这是预付到1936年6月为止的、你的生活费……你一取到汇款，就把所有的钱存入储蓄所。只拿当月要花的250卢布……否则可能会被偷掉的……除了你的这2000卢布，我再汇去200卢布。你不妨以自己的名义给济娜和格利沙①，让他们帮你做些杂事。传话给他们，只要他们关心你，我会奖励的……吃的方面，别舍不得花钱……（此信写于1935年10月。此时，尼古拉31岁。）

---

  ① 尼古拉·奥斯特洛夫斯基的侄女和侄子。

如饥似渴地汲取知识

第5章

　　妈妈知道小儿子柯里亚最爱读书,但兵荒马乱的,顾不上安排送他上学的事儿。

　　舍佩托夫卡是个多条铁路线在此交会的枢纽站,每天过往的列车,如今大部分是军列。柯里亚会出现在下了车却尚未整队出发的士兵们中间,找准目标,向人家索取旧刊物、旧书报。这个方法,每每有所收获。

　　日积月累,他居然拥有了个人的藏书——将近两百本书和杂志。当然,其中没有一本是崭新的。

　　不仅如此,有时在书报摊上发现一本喜欢的读物,想买却没钱,怎么办?他把自己的午饭送给摊主吃,人家就免费让他看这本书。

　　有一天,柯里亚在家里认真地读书。哥哥米佳值夜班,早上也没回家,他要连着再干一个早班。这样的加班是常有的。妈妈叫小儿子到机车库去给哥哥送早饭,还叮嘱他别在什么地方耽搁时间,送完饭赶紧回家,千万不要贪玩,那儿全是火车来来去去地开,危险。

　　妈妈一再叮咛是有原因的。前不久,有个孩子从车厢底下往对面爬。蓦地,列车启动了,孩子被压在车轮下。就这么一瞬间,惨祸发生,无可挽回,孩子的父母哭得死去活来。

此刻,柯里亚嘴里应着,人已经往外跑了。

妈妈在家里等,过了好久好久,还不见柯里亚回来,她有点儿着急。怎么搞的?小儿子平时蛮听话的呀!她心慌意乱,走出门口张望,连人影也没有。她惴惴不安,慢慢往前走去,两眼惊恐地搜索着前方和两边。

柯里亚到底怎么了呢?他确实碰到了意外,不过并非妈妈所害怕发生的那种。

他挺顺利地来到了机车库,把早饭交给哥哥米佳后,就转身出来,一路往回走。

突然,传来女人孩子的嚷嚷声、母鸡小鸡的乱叫声。

循声望去,原来有个老婆婆背着两个装得满满的大口袋;一只手提着篮子,里头有一只母鸡和好几只小鸡;另一只手牵着个两三岁的小男孩,这孩子正在发脾气,犟头倔脑,哭着吵着,就是不肯走。老婆婆显然是要去赶火车,被孩子一闹,力气也没了,迈不开步,一点儿办法都没有,干着急,快要跟孩子一起哭了。偏偏这时候,那只母鸡从篮子里挣脱出来,几只小鸡也跟着飞扑出来,欢叫着乱跑,真是雪上加霜。

柯里亚看得清楚,急忙奔过去。他先抓住母鸡,放进篮子,让老婆婆摁住;再一只接一只地抓住小鸡,塞进篮子,用绳子牢牢地捆住;然后,又帮老婆婆提着两个大口袋,把她送到火车站里。老婆婆乐得千谢万谢,柯里亚挥挥手,三步并作两步走。刚出火车站,就看见妈妈满脸惊恐地迎面寻来。

男孩子这才想起,自己耽搁了一大段时间,让妈妈担心了。

他快步奔过去,搂住妈妈,简略地讲了一下刚才的事情。妈妈转忧为喜，连连亲吻孩子。

是的，柯里亚小小年纪，已经这么富有同情心，做母亲的当然十分高兴。

一回到家，柯里亚又拿起书来看了。

离他们家不远，有个两年制的高级小学，那是一幢砖房，坐落在苏齐尔科夫街的许多白色小土房中间。学生的琅琅读书声、嬉戏喧闹声，隐隐传来。柯里亚常常会露出羡慕的神情。妈妈看在眼里，记在心上，暗暗拿定了主意。

高级小学这学期早已开学。妈妈去跟校方商量，终于让柯里亚入学了。不过，柯里亚要保证，一定努力学习，追上同班同学。柯里亚果然没让妈妈失望，没多久，他在班里的成绩就已名列前茅。

他的同班同学尼娜后来回忆说，尼古拉·奥斯特洛夫斯基所有的科目都很优秀。他自己读过许多书……组织能力很强。同学中谁功课落下了，他会出力帮助……

当时还是沙皇时代，小学生上圣经课，要背诵许多祷告词。这些都是古老的斯拉夫文，佶屈聱牙，背了半天也不知道是什么意思。更糟糕的是，教圣经课的瓦西里神父总是体罚学生——使劲拧耳朵、把脑袋往桌子上撞，甚至强迫学生跪在豌豆或荞麦粒上。不仅学生，连教师也讨厌他，因为只要有人流露出一点儿进步的思想，对受压迫的工人表示同情，他便会向宪兵队告密。

柯里亚的记忆力一向极好，按说只要能顺利地背出祷告词，受体罚是轮不到他的。但他年纪虽小，看的书却不少，何况自然课上学到的许多知识，和神父讲的明显针锋相对。这孩子既爱思考，又很调皮。他粗略地知道什么叫恒星、行星，懂得地球上的人类从何而来。他会出其不意，提出一两个在瓦西里神父听来极其刁钻的问题，使他无法对答，狼狈不堪。因此，瓦西里神父恼羞成怒，一有机会便对柯里亚实施最严厉的处罚。后来,他甚至扬言,一定要把这顽劣的学生撵出学校。他成功了,确实找了个借口,开除了学习成绩优秀的柯里亚。当时仗还在继续打,局势混乱,物价飞涨,就在这孩子被迫离开后不久,学校也维持不下去,关门了。没过几天,校舍被占用,改成了军医院。

失学了,又没有正式的工作,柯里亚有时便在外面闲荡。

那天,仿佛发现了奇迹似的,他在车站后面看到一片小树林,那绿色的密林中间怎么会闪闪发光呢?嘀,那里竟然有座被低矮的老柳树团团围绕、遮蔽着的古老池塘,水色清亮,碧波粼粼。男孩子立刻联想到故乡维里亚村的池塘。那会儿,池塘历险,虚惊一场,此时回想,倒觉得好亲切、好快乐。远方村野的空旷和静谧,使他沉浸在甜甜的思念中。连带着,映入眼帘的这座池塘似乎也让他萌生了一种亲近感。好奇心引领他再往远处走去,那儿还有一些废弃已久的石矿……

于是,他经常到这里来。有时带着书,倚坐在老柳树粗壮的枝干上,静静地阅读。有时带着钓竿,钓到了什么鱼的话,家里就能改善伙食了。此情此景深深镌刻于心,后来写长篇小说《钢铁是怎样炼成的》时,这里很自然地成了保尔和冬妮娅邂逅的地点。

原来,当地的孩子是知道这块"宝地"的。他们会相约着,有时也叫上柯里亚,大家一起玩军事游戏。不过柯里亚更喜欢独自前来看书。真正的战争就在近处进行,再玩打仗游戏没什么劲儿。

一些比较大的孩子,挺想到前线去打仗。他们瞒着家长,悄悄地做准备。烤好面包干,出发时带上,算是自备的干粮;涎皮赖脸地向途经此处的士兵讨来旧的行军水壶,背上倒也能显出三分军人的样子。其中有两三个居然真的被红色游击队留了下来。

柯里亚好不羡慕。一天夜间,他偷偷地攀上一节刚卸了货的空

第5章／如饥似渴地汲取知识

车厢。天亮,列车启动了。可才过了两站,他就被一个机车库的钳工认出来了,并被送了回来。柯里亚不罢休,再次尝试。这回他灵活地爬到机车里躲着,可又被司机发现,送回了家。一进屋,见妈妈消瘦的脸沉着,就怕了、慌了、急了。妈妈非常生气,声音发颤地责备:"你怎么搞的?家里原本就困难,你还添乱,让我操心!"

他轻声轻气地认错:"妈妈,我下次再也不敢了。"

不知从什么时候起,小男孩爱独处,爱遐想。池塘边正是独处遐思的好去处,可以安静地坐着,任由脑袋里风急浪高,思绪翻飞。

有一天,柯里亚带来的书是《牛虻》。在这部小说中,英国女作家伏尼契[①]描写了19世纪30年代意大利革命者争取祖国独立和统一的艰苦斗争。主人公"牛虻"出生于富裕家庭,经历无数磨难,成长为坚定、刚毅的革命者。他被捕后,拒不屈服,慷慨就义。

牛虻无所畏惧、投身革命的精神,大义凛然、宁死不屈的品格,使柯里亚的心灵受到极大的震撼。他决心以牛虻为榜样,将来献身于壮举伟业。这种决心,他一辈子没有改变。在《钢铁是怎样炼成的》一书内,他借已成为坚定革命者的保尔之口,说出自己的肺腑之言:"有的书,塑造出革命者光彩夺目的形象,使我产生了要做他们这样的人的愿望……我赞同他的主要方面——他的勇敢精神、非凡毅力。我钦佩这种类型的人。他们能忍受痛苦,不在任何人面前叫屈。我喜欢这种革命者的典型。在他们心目中,个人的事情绝对不能和集体的事业相提并论。"

柯里亚不仅自己精读此书,还给小伙伴们讲这个故事。他面部

[①] 伏尼契(1864—1960),英国女作家。主要作品有《牛虻》《奥丽维亚·拉塔姆》等。

表情逼真，肢体语言丰富，尤其在讲到起义领袖如何顶住威逼利诱，如何面对死亡，在气势上压倒敌人时，这小男孩全身心地投入了，似乎他就是牛虻，对着刽子手们轻蔑地揶揄："'开枪吧！有朝一日我们要你们的命，不会用六枝生锈的破马枪。我们可是要动用大炮啦。'士兵们惊慌失措，待在那里。军官色厉内荏，下令枪杀牛虻。但第一排枪没把牛虻打死。牛虻又冲着他们喊话：'枪法太糟糕啰！伙计们，再试一次吧！'然后，他就牺牲了。真是个英雄哦！"

1915年，柯里亚刚满11岁，就在舍佩托夫卡车站食堂里干起了烧水锅的活。这份工作是哥哥米佳设法替他找到的。他实在太小，还无法进到机车库当工人。

但实际上，小锅炉工干的是重体力活，柯里亚常常十分疲劳。然而他不仅不叫苦叫累，甚至还经常主动再另外找点儿活干——往进库机车的备用煤箱里装煤。他挺开心，因为自己能多挣些钱给妈妈。

即使在如此辛苦、如此艰困的情况下，柯里亚仍然没忘记看书。他的身边经常带着书。

有几次，他下班时借了别人一本书，答应第二天一定还给人家，只好当天晚上偷偷地开夜车，几乎没睡觉。次日还要上班呢。如果不是妈妈或哥哥板起面孔，绝对不让他看，这孩子肯定会一直看到大天亮的。

不过他晓得，妈妈和哥哥有时阻止他看书，是出于关心、爱护与怜惜。

尤其是半文盲的妈妈，实际上非常支持他读书求上进。而且，有时她手里干着家务活，见小儿子坐在一旁看书，还会让他念一段给她听听。

这不，那天柯里亚下班回来，认真地读着一本刚借到的书。妈妈让他念出声来。

这是一本很旧的法国小说。柯里亚看到这么一段：有个脾气古怪的伯爵，闲得无聊，就以打骂仆人为乐。或者大喝一声，吓得仆人两腿发抖；或者冷不丁刮一下仆人的鼻子，疼得仆人哭又不敢哭，走又不敢走，连连后退。

柯里亚念道：仆人端着盘子过来，那伯爵扇仆人的耳光，疼得他双手发颤，盘子连同一杯茶全掉到了地上。仆人卑怯地、谄媚地挤出笑意……

念到这里，小男孩满肚子怒气，快要爆炸了。这怎么念得下去呢！

他眉头一皱，灵机一动，眼睛看着书，似乎在继续念，其实这位未来作家开始首次"创作"了："当时，仆人冲到伯爵跟前，手一挥，就给了他一个耳光。打了一个耳光，再打一个耳光，直打得伯爵眼冒金星……"

"等一下，等一下，"妈妈觉得不对头了，"哪见过仆人敢打伯爵的？"

柯里亚的脸涨得通红，激怒地叫喊："这可恶的坏蛋，就该狠狠地揍他，要他晓得，不准打工人！"

妈妈仍然疑疑惑惑："可哪见过这种事情哦！我不信，把书递给我，我问问米佳。我猜书上准保没有这样的描写！"

柯里亚悻恨地把书往地上一摔，使劲儿嚷嚷："没有就没有，当然没有！换了我，非要打断他的肋骨不可！"

这以后的好些天，柯里亚还一直愤愤不平，心潮起伏。

第6章 我投一票

柯里亚在车站食堂工作，经常加班加点连轴转，累得晕头转向。

食堂的地下室阴暗、潮湿。柯里亚干的活极其繁重，一个成年人干不了多久也会累趴下。他还从这个底层，窥见了现实生活暗无天日、乌烟瘴气、邪恶龌龊的一面。他即使毫无过错，也随时都会莫名其妙地挨打挨骂，受欺凌被侮辱。

两年后的一天，他疲倦得不行，在锅炉旁睡着了。这个童工挨了一顿毒打，被赶走了。

幸亏哥哥米佳想方设法，又替他在材料仓库找了份临时工作——锯机车用的木材。工钱虽少，总归也是一笔收入。

就这样，柯里亚差不多每天都和米佳一起出门去上班，一个进机车库，一个去材料仓库。

很快，柯里亚就结识了一些工人师傅。他喜欢听他们讲述发生在自己身边的各种大小事情；他呢，也会给大家讲自己亲身经历的或从书本上看来的故事。这孩子感情强烈，绘声绘色，工人们听得津津有味，都说他讲故事的本领不小。

1917年早春的一天，舍佩托夫卡火车站出现了前所未有的、特别奇怪的状况，引起了轩然大波。

第6章 / 我投一票

仿佛与平时一样,快车由基辅开来,进站,停稳。乘客们鱼贯而下,井然有序。

忽然,乘客当中闪出一伙特别的人,他们身穿工装或学生装,手中却拿着上了刺刀的步枪,其中还有几个戴着红袖章的士兵。这些人迅速分头冲进站长室、电报房。驻守火车站的宪兵惊慌失措,立刻被缴械并逮捕。苏维埃的代表让铁路工人、车站员工和乘客们通通到月台上集合,然后神采飞扬地宣称,2月27日(新历3月12日),彼得格勒起义的工人和士兵推翻了沙皇。现在的俄国,代替沙皇掌控政权的是临时政府。

获知这一信息后,当即便有一部分铁路工人、糖厂工人加入了这特别的队伍。他们立即抓捕了宪兵队长和警官。舍佩托夫卡的旧政权崩溃了。

柯里亚发现,这里的气氛大变,凝滞变为活泛,沉闷变为灵动;人们的表情丰富了,惊喜、好奇、激奋、渴求。他一有空就上街溜达溜达。这儿,有人在拉横幅,贴标语;那边,刚搭建的简易讲台上,宣传者在激昂地发言,耐心解释,竭力鼓动。他们说的话,柯里亚似懂非懂,尤其是一些从未听到过的新名词。他努力细听、揣摩、思考。他听出来了,演讲者属于不同的党派,各有一整套纲领、原则、主张,各有自己的领导、代表和拥护者。噢,好复杂,真带劲。日子久了,听得多了,柯里亚似乎逐渐有所领悟。有两点,他觉得自己明白了:一是各党各派互有分歧,互有矛盾;二是他们都在说服和争取尽可能多的群众。

不仅要看标语、听演讲、读报纸,电线杆上、篱笆墙上也贴出了各种宣言、告示、通知等,经常更换,其中,各式各样的观点和立场在打架,同样值得细读与分析。因此,独立思考非常重要。

大量出现的新名词,仿佛大量语言和文字的炸弹,冲着人们的头脑狂轰滥炸，很多人真伪莫辨，难以决定何去何从。

在所有这些新名词中，有一个的使用频率特别高，人们的关注度也特别高，这个新名词便是"布尔什维克"。绝大多数工人和市民怀着喜悦、亲近、憧憬与期盼的情感，互相传递、念叨着这个新鲜的，或者说具有崭新含义的词儿。也有人一提到或一听到这个新名词，便会狐疑、紧张甚至惊惧。

如今，许多铁路员工已经熟知这个词。他们以友善的口吻，甚至带着掩饰不住的亲切感、自豪感，讲说布尔什维克。还有士兵——厌战的、从前线逃回来的士兵们，也在议论布尔什维克。

是的，周围发生了某些变化。当地的报纸改用乌克兰文出版了；柯里亚就读过的那所学校改名为两年制人民学校，重新开始上课了。然而，不知为什么，厂主和地主并没有被触动。沙皇的军官卷土重来，指挥着近卫骑兵团，控制了舍佩托夫卡，广大工人的生活状况没有什么改变。

柯里亚看看、听听、想想，觉得自己对时局、战争、革命、国运等重大问题，好像正在形成清晰的视角和结论。

实际上，柯里亚此时才13岁。生活、环境，迫使他过早地开始进行未免沉重的思索。

这一年的春天与夏季就这么闹哄哄地过去了。

刚一入秋，这里变得越发热闹。篱笆墙上、电线杆上，贴满了色彩缤纷的标语。原来，各党派都公布了自己的候选人名单，鼓动人们积极投票，选出代表，去参加制宪会议。

瞧，那边人头攒动，还传来一阵阵对答声、鼓掌声。柯里亚快步走上前去，从人缝中往里钻。看清楚了，是一个肩阔腰圆、精神抖擞的中年人在台上讲话，激情喷涌，很吸引人。柯里亚听见身边

第6章 / 我投一票

有人说自己认识这个演讲者,是手艺不错的木匠林尼克①。他正在号召人们踊跃投票,选举布尔什维克的候选人当制宪会议的代表。

布尔什维克?这个木匠师傅是布尔什维克的头儿?柯里亚真想进一步弄弄清楚,布尔什维克究竟是怎么回事。他钻到最前头,跟林尼克面对面,冒冒失失却又一本正经地接连提出好几个问题:"大叔,布尔什维克是些什么人?他们保护谁?他们的目的是什么?"

众人见这个小不点儿冒出来,连问三个大问题,不由露出微笑。演讲者显然经验丰富,当即就此侃侃而谈,用通俗易懂的语言向全场观众讲解、宣传和鼓动。柯里亚全神贯注地听着,觉得基本上明白了,便一脸严肃、满腔热情地大声表态:"我投布尔什维克一票!"

人们不由善意地、赞赏地哈哈大笑起来。

柯里亚不知道大家在笑什么,诧异地左顾右盼,好像在问"为什么呀"。林尼克以长者的关切口吻告诉他:"孩子,成年人才能投票,你要快快长大……"

林尼克组织的这场宣传活动相当成功。柯里亚在这样的场合和林尼克初次接触,给对方留下了独特而良好的印象。后来,林尼克担任本地的革命委员会主席,在他的影响下,柯里亚做了一些力所能及,甚至超过自己能力范围的事儿。这是后话。

---

① 林尼克,《钢铁是怎样炼成的》一书中多林尼克的原型。

第7章 优秀生

1918年，柯里亚14岁，已经杂七杂八干过好多种活了。在站台上扫垃圾、在车站食堂烧锅炉、在材料仓库锯木材，以及为东家西家做各类零活、帮着妈妈替人家洗衣服等。这样多少会有一点儿收入，贴补家用，他自己也较早地感受到了生活的艰辛，而且较早地开始了成人般的思考。

妈妈和哥哥米佳为他想得多些、远些。要不是家里贫穷，怎么会让他干诸如此类学不到真正技术的杂活呢？这样下去总不是长久之计，还是得另想别法。

哥哥早就打算在铁路上给弟弟找份工作，学到真本事，比如进机车库或材料仓库，跟着师傅干技术活；若能当学徒，学钳工，那就更好了，身为钳工的哥哥，也可以直接帮上忙。但柯里亚还是年龄太小，人家不收。

这年的春季，出现了一个机会。米佳打听到，工业家朱斯曼在本地创办的发电厂里需要一名司炉的助手。他心想，只要弟弟进了这家发电厂，他这个当哥哥的就可以设法托人，让弟弟尽可能通过学习，成为一名电工。

柯里亚进了发电厂，被安排到夜班岗位上。于是，他每天傍晚

第7章 / 优秀生

出门去厂里，整夜整夜地守在熊熊的炉火前，手握铲子或通条，忙个不停。幸好曾在车站食堂干过类似的活，他并不觉得特别艰难。

在尚未进发电厂之前，他就已经和这里的机修工费奥多尔·别列德莱楚克①很熟了。费奥多尔曾在机车库当过钳工，跟柯里亚的哥哥米佳既是同事又是好朋友。他在奥斯特洛夫斯基家进进出出，就像在自己家似的，有时还在这儿吃饭睡觉呢。

这个费奥多尔似乎并非寻常之辈。他体格健壮，阅历丰富，灰色的双眸闪耀着聪慧和坚毅的光彩。1905年的革命事件他并未亲身参加，那会儿他还没有加入什么党派，可他关注政治，渴求进步，接触先进人物，善于分析研究，而且口才极好。在工友们中间，他讲述一些革命人的活动，并不声嘶力竭地以嗓门儿唬人，而是娓娓道来，给人沉稳、刚正的感觉，并令人产生一种基于钦佩的、跃跃欲试的期盼。

柯里亚很喜欢听他描述工人罢工、军舰起义、政治犯越狱、革命者紧张而危险的地下活动。真人真事感染着他，使他自然而然地生发出强烈的愿望：以这样的革命者为榜样，为了正义的事业，不惜抛头颅、洒热血。他甚至觉得，费奥多尔提到的这些人物，与自己从书本上看来的，如同牛虻那样的英雄相比，前者显得更高大、更光辉、更亲切，更令人钦慕不已。

柯里亚上班归上班，同时仍在上学读书。

1918年，他以优异的成绩毕业于两年制的学校（此时已更名为两年制人民学校）。他的成绩确实堪称"优异"，据资料显示，他所获得的六十个分数中有五十六个属于优秀。同年，他插入本地开办

---

① 费奥多尔·别列德莱楚克，《钢铁是怎样炼成的》一书中费奥多尔·朱赫来的主要原型之一。

的高级小学二年级就读。不久，在苏维埃政权存在期间，学校改组，称为"统一劳动学校"，或称"七年制统一劳动学校"。他这个学生情况比较特殊，不单大多数老师和学生对他记忆颇深，连校长也对他印象深刻。

当时，统一劳动学校的校长是罗让诺夫斯基。他很了解柯里亚，这个学生不仅各门功课成绩突出，品德也优良，而且是老师的好帮手，是积极、活跃的"学生干部"。

一般人大概都以为俄国的学校都是十年制的，即相当于我国的小学、初中和高中。实际上，这是一个变化、发展、定型的漫长进程。现在回顾，当初舍佩托夫卡的这所学校，即柯里亚于1921年毕业的学校，大致相当于我国的初级中学。换句话说，这儿的毕业生，其文化水平和我们的初中毕业生相当。

先提一下女教师玛丽娅，因为尼古拉·奥斯特洛夫斯基对这位性格直爽、风风火火的老师极为尊敬，甚至在《钢铁是怎样炼成的》一书中，用她的姓名——玛丽娅·雅科夫列夫娜为主角保尔的母亲命名。

那是1918年春季的一天，刚从别处调到舍佩托夫卡的老师玛丽娅·雅科夫列夫娜正在独自值班，为前来报名的学生登记。新生大都由家长陪伴着。

看看天色渐暗，一天的工作可以结束了。玛丽娅老师收拾收拾，打算回家，儿子舒拉还独自在家里等着她呢。

吱呀一声，门被推开了，进来一个显然是要报名的孩子。玛丽娅凝神看去，只见这个没有大人陪伴的男生，十三四岁的模样，个子不高，瘦削而结实，一头深栗色的头发，肤色微黑，前额宽阔，眼眸明亮，闪露着友善、聪明、探求和疲惫等多种神情。其他小孩进来时往往面带羞涩，急着要求报名入学，这个男生不同，他不慌

第7章 / 优秀生

不忙，先提出一连串问题：七年制的统一劳动学校和之前的人民学校有什么区别？老师讲课，是用俄语还是乌克兰语？圣经课是否会继续开设？……

玛丽娅以一双明眸审视着小男生，心中暗喜：这孩子善于用脑，胆大心细，如此提问，事先必有准备，是棵好苗子。如此一想，她不厌其烦，详细地答复了柯里亚。她还直爽地袒露自己的想法，说用本地居民日常使用的语言授课，同学们可能更欢迎。至于是否会继续开设圣经课，她本人其实并不清楚，但在好问的男生面前，她毫不犹豫地亮出了鲜明的观点：不会。紧接着，她好奇地反过来向男孩探问："你为什么提出这样的问题呢？"

柯里亚对初遇的老师已产生了信任。他坦率地承认自己曾经得罪过教授圣经课的神父，还忐忑不安地说："我跟他捣蛋，往他家的发面里撒烟末，是因为他不仅非常凶狠地打我，还打所有的男生！他哪来的权力？老师，您听了我这番心里话，不会不收我吧？"

"怎么会呢？"玛丽娅确定地回答，并且安慰他，叫他放心，说今后不同了，学校里没有哪个老师会动手打学生了。

柯里亚望着玛丽娅老师清澈、坦诚的双眸，高兴地露出笑容。他看到课桌上堆着一摞书，不由两眼发亮，急切地问："能借给我一本看看吗？"

玛丽娅从中抽出一本乌克兰文的《文化史》，说："带回家去细细看吧。"

柯里亚谢过老师，办妥了报名手续，喜滋滋地离去了。

实际上，当时办学异常艰辛。舍佩托夫卡的政权几度易手，居民因为遇到"拉锯战"，生命财产缺乏最基本的保障，长年累月胆战心惊。

德国部队又侵入了舍佩托夫卡，甚至一度控制了整个乌克兰地区。正规的红军部队声东击西，神出鬼没，每每能如奇兵从天而降，收复一些城镇。但随后为了避免造成太大的损失，都随即撤离了。处于地下的革命者频繁活动，极其艰难，极其危险，经常被追捕、遭杀戮，但觉醒的工农大众给予他们有力的支持。环境如此动荡，学校要排除干扰，力争秋季准时开学，谈何容易？

校舍尚未完全盖好；课桌不够，现有的也大半破损，需要修理；教员尚在陆续到来；还有经费的缺乏、当局的冷漠与刁难……所有这些无不使教育工作者玛丽娅感到困厄和压抑。

敏感的柯里亚感觉到了玛丽娅的窘迫，他每天都去找这位老师，探问有什么可以帮忙的。

他白天协助玛丽娅，整理少量的课本和其他图书，到承接修理课桌任务的工厂里去交涉、催促……晚上，他依然准时去发电厂上班。

快点儿开学吧！柯里亚这么希望。爱读书的、报了名的孩子都这么希望。

终于盼到开学了。

可第一天上课，柯里亚就遇见了瓦西里神父。

瓦西里一眼就认出了他。这位神父脸上的表情难画难描——假装的和善掩饰不住内心的仇隙与厌恶。他拿定主意，要找个岔子狠狠地惩罚一下柯里亚。柯里亚当然也认出了这位神父，一下课他便去找玛丽娅老师问个究竟。

"目前，在我们舍佩托夫卡，表面上执掌政权的是沙皇派来的海特曼将军，其实真正掌权的是德国侵略者。德国人说学校里必须继续开设圣经课，不得违拗。这是我也没想到的。"玛丽娅皱起眉头，压低嗓门告诉他。

瓦西里存心要找柯里亚的岔子，不过柯里亚小心得很，不让他

第7章 / 优秀生

得逞。他绝不是学乖了、退缩了,他悄悄地干着正事、大事呢。

瓦西里则依旧随心所欲地欺辱学生,连玛丽娅老师的儿子舒拉也挨打了。

玛丽娅听了儿子的诉说,强压怒气,找瓦西里谈:"您怎么可以这样对学生进行体罚呢?您也有孩子,您是个当父亲的!"

对方却恬不知耻地声称:"我只有女儿。男孩子全是流氓和混账东西!"

玛丽娅见他如此不可理喻,又得悉他跟德国入侵者关系暧昧,就不让舒拉再上圣经课了。柯里亚作为舒拉的同班同学和要好朋友,也不再上这门课了。

柯里亚一有空就去舒拉家,两个男孩在一块儿,或做作业,或看课外书,或闲谈神聊。

性格直爽而心思缜密的玛丽娅老师注意到,柯里亚身子瘦弱,脸色有些苍白,看样子,他吃得很差,大概还半饥半饱的。穿得也很单薄,这么冷的天只穿了一件短袖上衣和一条不厚的长裤。后来她还得知,这孩子在发电厂上夜班,睡眠不足。

这天,柯里亚又来找舒拉一起看书。玛丽娅端出一些点心让他吃,但孩子不肯碰,笑嘻嘻地说:"老师,我不饿,一点儿也不想吃东西。"

玛丽娅没办法说服柯里亚吃点儿东西,柯里亚也从不在老师面前吐露家里的困难情况。后来,玛丽娅不硬劝了,她把两份点心放到舒拉的小桌子上,什么也不说,就走开了。孩子总归是孩子,互相不讲客气,多半会一块儿吃的吧……

在班级里,柯里亚不但自己学习成绩突出,还常常主动帮助后进的同学。遇到大扫除什么的,他总是干得最欢,经常替同学,尤其是体单力薄的女生值日。多少个清早,同学们走进教室,就看到男生柯里亚已经把教室打扫得干干净净、桌椅摆放得整整齐齐。

尽管大环境非常恶劣，经费短缺，师资不足，课本匮乏，但在岗的教师大都尽心尽力，教书育人。

他们除了上好课，还支持学生开展丰富多彩的课余活动，甚至吸收学生出席教务会议，柯里亚便是必定出席的一个。

每逢星期日，文学小组组织活动，读书、讨论，柯里亚都积极参加，因为他看过的书特多，发言总是相当精彩，很吸引人；学校合唱团活动也不少，举办过音乐会，柯里亚是团员；出墙报，柯里亚很起劲，一直是编委会成员，几乎每一期上都有他写的文字。后来，同学们还兴致勃勃地计划办一份乌克兰文杂志——《少年之花》，可是没有纸张，因为被德国入侵者控制着的当局监管得很紧。大家决定把杂志"办"在练习本上，登出同学们的习作，包括诗歌、童话、短篇小说等，柯里亚是积极的撰稿者之一。这份杂志共出过三期。

百物飞涨，民不聊生。学生缺少课本和其他学习用品，而且本地无货供应。据说日托米尔买得到，不过价格更昂贵。在讨论中，学生会会长柯里亚提出，可以由本校同学自编自导，演一场话剧，主要面向家长卖票，得到的钱可以用来购买课本等学习用品。

学生演话剧不容易。编写剧本，反复推敲，边排边改，不怕辛苦，甚至推倒重来；服装道具，一无所有，东借西挪，拼拼凑凑。有一幕，背景应是朦胧的夜晚，柯里亚用一条毛巾把电灯泡包了一层。不错，效果挺好。谁知毛巾取下来时，才发觉已经被烤了个大窟窿。这条毛巾绣着花儿，全新的，是一位同学向妈妈要来的。这下怎么办？最着急的是柯里亚。弄坏了东西，怎么交代？玛丽娅老师好不容易才让他平静下来，由她出面，处理好了这件事。千难万难，最后话剧终于顺利演出，而且成功了。

话剧的女主角由女生柳芭·阿列克山德洛夫娜·鲍里索维奇扮演。她演得逼真、动情,家长观众们看得挺高兴,也给柯里亚留下了很深的印象。从此这两个同学成了好朋友。若干年后,尼古拉·奥斯特洛夫斯基创作长篇小说《钢铁是怎样炼成的》,其中的重要人物冬妮亚·图马诺娃,就是以柳芭为主要原型的。

卖票得到的一笔钱,买了不少学习用品。

学校的教务会议,柯里亚作为学生代表,每次都会参加。他熟悉情况,积极发言,言之有物,言之有理,无论建议或批评,校长老师都比较容易接受。

那会儿,柯里亚才十五六岁。老师和同学们见他身子孱弱,有时还请病假,都挺关心的,有的还上门去探望。妈妈告诉他们,儿子患有风湿症,发作时甚至要撑拐杖。

同学们很为柯里亚担忧,同时也为他的母亲所表现出来的淡定、坚强而感动、钦佩。

第8章 邂逅"冬妮亚"

其实,早在成为同学之前,柳芭和柯里亚就早已互相"久仰大名",有所交往。柳芭听说过,外来户奥斯特洛夫斯基家的小儿子柯里亚酷爱读书,还擅长讲故事。柯里亚则知道,有个叫柳芭的女孩,受父亲的影响,是个书迷;她的父亲费德洛维奇·阿列克山德尔·鲍里索维奇爱书如命,藏书不少。

费德洛维奇是车站值班长,全家共十口人:费德洛维奇夫妇、奶奶、七个子女(两女五男)。柳芭是大姐,生于1907年,比柯里亚小3岁。这个家庭算不上富裕,但长期以来,父亲热衷于选书、买书、藏书。多年积累,如今居然有了个私人藏书室,从古典名著到高尔基的作品,大量收藏,另有一些法国和英国的著作,更珍贵的是有一部小百科全书。他在当时,在这一带,已堪称藏书家了。

应该说,柯里亚和发辫长长的活泼女孩柳芭成为好友,是基于对书的同样酷爱。

二人友谊的建立,有两件事情起到了催化剂的作用。一是入学不久,那天轮到柳芭值日。她大清早走进教室,惊讶地发现柯里亚先到,而且已经打扫完毕,连课桌椅都重新摆放好了。后来,柳芭还听说,另外几个女生同样得到过柯里亚的关心帮助。二是如前所

第 8 章 / 邂逅"冬妮亚"

述,柯里亚很欣赏柳芭在那次话剧演出中的演技。这么着,他俩熟悉了,话题多了。尤其是谈到读书,越发觉得对方是博览群书之人,并且没有贪多嚼不烂,而是经过大脑思索,具有自己的看法。柯里亚脱口而出的俄罗斯谚语"学问是光,不学心不亮",柳芭觉得挺经得起咀嚼。这样一来,谈兴浓了,交往多了,友谊深了。不知不觉,柯里亚几乎每天都会到柳芭家去,她家的藏书室吸引着男孩子。柳芭的爸爸费德洛维奇,以及她的六个弟弟妹妹也非常喜欢这位小客人。

正如柳芭的一个妹妹塔吉雅娜后来回忆的那样:"尼古拉·奥斯特洛夫斯基经常上我家,几乎每天必到。他来找大姐,借书还书。我不记得他有不带书的时候。他总是在读书。"

柯里亚和柳芭开始交往的具体情况,柳芭本人写过回忆录。我们惊喜地发觉,这和《钢铁是怎样炼成的》一书中,保尔与冬妮亚的邂逅场面何其相像。

早在上学前,我就和尼古拉·奥斯特洛夫斯基认识了。当时他在发电厂工作。这是 1918 年的事。我们首次不期而遇的情景,和奥斯特洛夫斯基在小说中所描写的酷似。

当时我经常去池塘那边,在抽水站外、老柳树附近游泳。有一次我来到这里,看见有个小伙子坐在柳树底下钓鱼。我走近问他,鱼上不上钩。他回答说:

"当然上钩。不过要是被人一搅乱,那就什么也钓不着了。"

接着,我们聊了起来。那会儿我手里拿着一本书。他问我是什么书。随后,我们就一起读起来。书名现在想不起来了,不过肯定不是《牛虻》。这一点我记得很清楚,因为后来他专门拿来过这本书并为我念了几页。我们正在读书的当儿,有两个中学生过来了。

其中一个大概是铁路工厂里小头头的儿子尤里克，另一个是斯达西克。他俩有意要和我结识，所以出言不逊，嘲弄柯里亚。柯里亚惩治了他们，揍了一个，把另一个身穿白色校服的摔进了池塘。当时，我邀请柯里亚去我家，但他回绝了。他不愿意穿着工作服去，说穿得太破旧，不好意思。后来，过了两个星期，他才来到我家，但已经穿着一新。这是他用自己挣的工钱买的。

柯里亚还告诉我，他怎样从窗口偷走德国人的手枪，藏了起来。

后来，他教我用这支枪射击，说以后兴许用得着。其实，我可不敢真的朝着谁开枪。

关于被捕的事，他也曾亲口告诉我。获得自由以后，他在我们家的养蜂场里躲了两天，还给我描述为了救一个水兵，他在狱中挨毒打的遭遇，整整谈了一晚上。

他被捕的消息，我最初是从女友普洛吉琳娜那儿获悉的。奥斯特洛夫斯基在书中也有类似的描述。后来，我找到奥斯特洛夫斯基的哥哥德米特里·阿列克谢耶维奇。不久，他便带着奥斯特洛夫斯基上了机车。……我同柯里亚从未吵过架，我们也没有在窄轨铁路那儿见过面。

其间，还发生过一件事情，使得柳芭全家难以忘怀。

正是1919年，德国占领者掌控着乌克兰大地上的许多城镇。舍佩托夫卡这个铁路枢纽站，车来车往，似乎更加繁忙了。人们发觉，被大量掠夺、运往德国的，是肥壮的牲畜、精选的小麦、洁白的砂糖、乌克兰的特产——玫瑰色猪油等。而这里百物飞涨，甚至有价无货，工农大众生活越来越困苦，怨声载道，以各种方式奋起反抗。恰恰在如此艰难的时候，作为一家之主的费德洛维奇竟然病倒了，得了斑疹伤寒。更糟糕的是，药品已成为德国占领者重点管

第8章 / 邂逅"冬妮亚"

制的特殊商品，一般老百姓根本买不到。

15岁的柯里亚，也为同学的爸爸患了病却无处买药而着急。他有办法出把力吗？

他没有一天不来探视。柳芭一家住的是公房，在男孩子眼里，是一所非常好的大房子。他见费德洛维奇起不了床，还时不时地昏迷过去，愈发焦虑。可是在当地买不着需要的药品呀！火车不是老在这里那里开来开去吗？火车司机、乘务员，自己认识的多得很呀！

男孩说服了柳芭一家，不花钱乘上列车，去外地找药买药，居然没过多久，他们就买到药从基辅返回了。

费德洛维奇总算被从死亡线上救了回来，他对柯里亚另眼相看了。卧床个把月，他全身疲软，无力起身，他让柯里亚坐在旁边别走。

热心又能干的男孩子，给他讲述了一个个多半是自己亲身经历过的事情，他听着，觉得挺感动的，竟提起精神，给柯里亚讲起自己的所见所闻来。两个人就此成了"忘年交"。

柯里亚上班、上学，同时积极参加一些社会活动。当这里红旗飘飘，出现苏维埃红色政权的时候，他兴奋异常，缠住革命委员会主席——就是那个木匠出身的革命家，那个登台演讲，使柯里亚激动地高喊"我投布尔什维克一票"的林尼克——要求做点儿革命工作。

林尼克也特别喜欢这个老相识，常常信任地委托他做些力所能及的事。当红军撤退，革委会转入地下的时候，他也几乎成了"少年地下工作者"。

第9章 鬼不像画的那么可怕

舍佩托夫卡的上空，乌云密布，暗无天日；舍佩托夫卡的大地，铁蹄震响，怒火遍燃。

广大的爱国者，不惜抛头颅、洒热血，要把入侵的德寇赶出去。他们的主心骨正是转入地下的布尔什维克——以主席林尼克为首的革命委员会。

林尼克已经和柯里亚很熟了。这孩子渴望参加革命工作。年龄小，是弱点也是优点，传个口信、送个秘密情报什么的，不容易引起敌人的注意。柯里亚兴冲冲地干了几次这类工作，后来觉得很不过瘾，很希望能干件轰轰烈烈的大事，像炸毁敌方军火库啦、颠覆运送丘八的列车啦，可林尼克一直没派他去做诸如此类惊天动地、出生入死的革命工作，连地下革委会开会，也很少通知他参加，好像把他当外人看待似的。

有时候柯里亚想想，还真觉得挺委屈，但只要接到任务，他总是竭尽全力去完成，而且尽量干得圆满、漂亮。林尼克见他日趋成熟，嘴上不说什么，心中暗喜，开始委派他做比较重要的侦察工作。于是，柯里亚开始观察宪兵的活动规律，刺探德军的调动状况，连连得手，受到地下革委会的肯定与表扬。为了开展此类工

第9章 / 鬼不像画的那么可怕

作,有时他不得不请一两天假,不去上课;重新来校时,就说自己生了一场病,决不透露真情。这可太不容易了,因为他最爱讲故事。如此刚刚亲身经历过的、生动、紧张的冒险故事,藏在肚子里,冲到喉咙口,却不能吐露半句,多难受,多憋闷啊。请假落下的功课,他每次都能很快地补上。有些老师和同学,虽然隐约能猜到他在干什么,但都如同约定好了似的,为他保密,替他打掩护,不让突然闯到学校里来检查、盘诘的占领者发现任何蛛丝马迹。

有一天,地下革委会编印了一批特殊的传单,是专门写给德国士兵看的。传单号召他们赶快觉醒,拒绝上面的命令,不再对乌克兰人民进行凶残的抢劫和血腥的镇压。传单还鼓动他们,以俄国人为榜样,奋起反抗本国的威廉皇帝及其反动政府,在全国建立红色政权。

地下革委会决定,把一包这样的传单交给柯里亚,要他和几个小伙伴合计一下,怎样小心谨慎地分头行动,执行这一任务。林尼克再三叮嘱柯里亚,千万小心,注意安全。

这种传单针对性强,除了大量张贴,最好出现在德国兵容易看见的地方。但是,既要让敌兵看到,又不能被他们抓着,难度可想而知。

柯里亚很兴奋。虽然仅仅是贴贴传单而已,但相当危险,危险得让人心跳加速,跃跃欲试。他和几个年龄相仿的小伙伴商量妥当,确定了行动路线,就分头去办了。必须在一夜之间完成,才能收到最佳效果。远离故土,出来打仗的德国兵至少会心头震颤,思乡厌战。若其中有人响应布尔什维克的号召而起来反戈一击,那就更好了。

小城沉浸在迷蒙的月色中。这里那里的街巷内黑影憧憧,时现时隐。

柯里亚和伙伴们在无声地战斗着，一些电线杆、篱笆墙被贴上了此刻看起来尚模糊不清的传单。他们勇敢、紧张、激奋，明白自己正从事着陷入苦难的乌克兰所需要的革命工作。柯里亚本人呢，此刻接近了最危险的区域——德国占领者的城防司令部所在的地段。他已经把一些传单张贴到几栋住宅的外墙上。此刻，他正躲在墙角的阴影里，小心翼翼地做着准备。

这不，准备就绪，他壮壮胆，从阴影中闪出来。

在门前岗亭里的卫兵听见响动，非常警觉，立即出来查看。哦，惨淡的月光下，依稀可见一个半大不小的少年，前额宽阔，身穿用毡子改做的烟叶色短上衣，脚上一双破靴子；手上夹了半截没点火的卷烟头，一步一歪，步履踉跄，大大咧咧，简直有点儿吊儿郎当的样子。卫兵想，这大概是个喝醉了酒夜归的路人吧。

对，这是柯里亚。他走到卫兵跟前，把烟头凑过去，比比画画，叽里咕噜，显然是要求借个火。

起初，卫兵懒得搭理他，晃晃步枪，作势让他离远点儿。但他做出一副醉眼乜斜、死乞白赖的样子，一点儿没有走开的意思。卫兵暗忖，何必和一个小酒鬼纠缠呢，烦不烦？他掏出打火机，打着，向前一伸。火苗亮得耀眼，柯里亚好像被吓着了一样，往后退了一步，脊背碰到岗亭的侧壁。好一个机敏的少年，他立刻暗暗使劲，贴靠上去，又马上若无其事般开心地朝火苗凑去，点着了卷烟头。他挥挥手，算表示谢意，转身晃晃悠悠地走开了。卫兵也以为没事了，进了岗亭。

柯里亚转过街角，悄无声息地微微一笑，撒腿飞跑……

次日，晨曦乍露。出来换岗的卫兵发现了张贴在岗亭侧壁上的传单，大惊失色。

原来，柯里亚把一份传单的背面刷上厚厚的糨糊，有文字的正

第9章 / 鬼不像画的那么可怕

面则稍稍刷那么一点儿,粘在自己的衣服后背上,这才走向德军司令部门旁那岗亭的。

此时,司令部内,响起官兵们慌张的吆喝声、斥骂声,夹杂着凌乱的脚步声。怎么可能呢?布尔什维克竟然就在鼻子底下活动!一忽儿传来消息,全城不少街巷,还有火车站,到处都发现了同样的传单!俗话说得好:受惊的乌鸦连枝叶颤动的簌簌声也害怕呢。

两天后,在近郊一所不引人注目的破旧屋子里,柯里亚列席地下革委会的一次会议。林尼克表扬了他和他的伙伴们。

德国侵略者的镇压日益残暴,乌克兰人民的反抗日益英勇。柯里亚和地下革委会的关系日益紧密。除了主席林尼克,他参加会议时,还欣喜地遇见了切尔诺佩日斯基[①]——自己就读的统一劳动学校的教员。意外遇到了,柯里亚才得知他担任着人民教育委员一职,当然是秘密的。因此,这对师生在学校里碰见,总是装作不大熟悉。另一位人民委员,柯里亚何止认识,应该说早已是要好的朋友了。是谁呢?费奥多尔·别列德莱楚克,铁路机车库的钳工、柯里亚的哥哥米佳的同事和挚友。不过,费奥多尔的保密工作做得特别好,米佳和柯里亚兄弟俩一直不知道他还有革委会委员这么一种秘密身份。如今晓得了,柯里亚才回想起,他有过不少似乎异于常人的言行;才回想起,他润物细无声,自自然然地给过自己许多启示。

如今,在柯里亚的心目中,费奥多尔·别列德莱楚克是了不起的英雄,真真切切,近在身旁,看得见,摸得着,经常相遇,一起

[①] 切尔诺佩日斯基·德米特里·戈里高里耶维奇,1919—1920年舍佩托夫卡革命委员会成员——人民教育委员,是尼古拉·奥斯特洛夫斯基就读的统一劳动学校的教员。奥斯特洛夫斯基称他为"我的朋友和老师"。后来他发表《在斗争中炼成》一文,回忆奥斯特洛夫斯基当年的事迹。

谈笑。这样的英雄，值得学习，可以学习，太好啦！

这天，柯里亚忽然接到革委会的紧急通知，让他立即去参加秘密会议。

原来，费奥多尔被当局逮捕了，具体情况不明，但确知他会被送往战时军事法庭去审判、处死。因此，革委会扩大会议立刻讨论研究，集思广益，制定计划，力争速战速决，万无一失地救出别列德莱楚克。计划十分周密，并确定了行动小组的人员。最后，林尼克嘱咐大家，要绝对保密，如果发现任何新情况，务必尽快报告。

柯里亚独自走在公路街上，四下无人，寂静无声。他的脚步不紧不慢，似乎漫不经心，又像心事重重。有时，一脚踢开小石子儿，仿佛无意，又似出气。实际上，他自己都理不清一团乱麻般的思绪。费奥多尔·别列德莱楚克意外被捕，他着急万分；革委会调兵遣将，设法营救，他于心稍安；行动小组中没有他，他大失所望。于公于私，自己都应该冲在最前面，即使一命换一命，也要搭救费奥多尔·别列德莱楚克。在紧急而严肃的会议上，他没敢鲁莽地请战，此刻却有些后悔，脑子里乱糟糟，又好像空落落。

生活有时候恰如万花筒，瞬息万变，令人眼花缭乱，不知怎样应对。

柯里亚突然发觉——哦，此后出现的情景，即柯里亚救助费奥多尔的经过，与长篇小说《钢铁是怎样炼成的》中描绘的保尔救助朱赫来的场面酷似。当然，后者为创作，拥有更丰富的细节描写。下面从小说里摘引部分字句（仅把小说人物的名字改为现实生活中真人即原型的名字，以便阅读），来更精准地重现当年尼古拉·奥斯特洛夫斯基身处的环境和采取的行动。

……两个人从公路拐弯处走过来。前面是个工人，身材矮壮，

第9章 / 鬼不像画的那么可怕

胸脯宽厚，上衣敞开，露出里面的水手衫，黑色的帽子压在额头，眼角有一块青紫的瘀血斑。

他双腿微微弯曲，穿着短筒黄皮靴，脚步沉稳有力。

在他后面三步远，走着一个匪兵，身穿灰色军装，腰带上挂着两盒子弹，刺刀尖几乎抵着前面那人的脊背。

匪兵头戴毛茸茸的皮帽，一双眯缝着的眼睛警觉地盯着被捕者的后脑勺，被马合烟熏黄的小胡子，朝两边翘着。

柯里亚的双脚像生根似的挪不动了，因为他认出了走在前面的那个正是费奥多尔·别列德莱楚克。

别列德莱楚克渐渐走近，柯里亚的心猛跳起来，脑子里思绪如潮，抓不住，理不清。时间过于紧迫，难以做出决定。有一点是明摆着的：费奥多尔·别列德莱楚克活不成了。

眼看别列德莱楚克越走越近，柯里亚心乱如麻，茫然失措。

"怎么办？"

最后他才想起自己口袋里有一支手枪。等他们从身旁走过，立刻朝这个端着枪的匪兵的后背开一枪，别列德莱楚克就能获得自由。一瞬间做出了决定，他便不再犹豫。他使劲地咬着牙，咬得生疼。就在昨天，别列德来楚克对他说过："干这样的事，需要大无畏的弟兄……"

柯里亚回头匆匆扫了一眼。通城区的大路上空荡荡的，连个人影也没有。柯里亚走到公路边。等到相距几步远的时候，别列德莱楚克也看见了他。

别列德莱楚克偷眼瞧瞧他，两道浓眉微微抽搐一下，他认出了柯里亚，感到意外，不由得放慢脚步，刺刀尖碰到了他的脊背。

"喂，快走，要不我用枪托揍你！"押送兵尖着嗓门刺耳地吆喝。

别列德莱楚克放大步子。他本想对柯里亚说什么，但克制住了，仅仅挥了挥手，仿佛打个招呼。

柯里亚怕引起黄胡子匪兵的注意，把脸转向一边，让别列德莱楚克从身旁走过去，装作对周围发生的事情毫不在意。

其实他脑子里正紧张地转着念头："我朝他开枪，万一偏了，只怕子弹会打到别列德莱楚克身上……"

匪兵已经到了身旁，难道还能多想吗？

于是发生了这样的情况：黄胡子押送兵走到了柯里亚紧跟前，柯里亚出其不意地朝他扑去，抓住步枪，狠命地往下一压。当的一声，刺刀撞在石头路面上。

匪兵没有想到会遭遇袭击，不禁一愣，但随即用尽全力往回夺枪。柯里亚把整个身子压在步枪上，就是不松手。突然一声枪响，子弹打在石头上，呼啸着蹦起来，掉进路边的壕沟。

枪声响起时，别列德莱楚克往旁边一闪，同时回过头去。押送兵怒不可遏，从柯里亚的手里夺着枪。他转动着枪，扭绞少年的双手，但柯里亚依旧抓住步枪不放。于是，匪兵发疯似的，一个凶狠的动作，把柯里亚摔倒在地。然而，即使这样，他还是没有夺回步枪。柯里亚跌倒的时候，借着这股势头，把押送兵也拖倒了。此时此刻，根本没有任何力量可以迫使柯里亚松手放开武器。

别列德莱楚克一个箭步就冲到了近旁。他抡起铁拳，猛击押送兵的头部。转瞬间，刚从倒地的柯里亚手中挣脱出来的匪兵脸上又连挨了猛烈的两拳。他像一只沉重的口袋，滚下壕沟。

仍是那双强劲有力的手，把柯里亚从地上扶起，让他站稳。

长篇小说中的描绘与现实生活中的情状确实酷似。不过，地下革委会并没有表扬柯里亚，倒是林尼克针对他在途中救助别列德莱

第9章 / 鬼不像画的那么可怕

楚克的行动,特地找他谈了一次话:既感谢他救了一位同志的命,又批评他如此冒险,尤其责怪他在知晓革委会已制定营救计划的情况下,仍然沉不住气,擅自行动。林尼克认为,这是无组织无纪律的鲁莽行为,可能造成无法挽回的严重后果——不仅救人不成,而且会使众多的爱国者陷入更加危险的境地。林尼克还告诉他,别列德莱楚克已经秘密转移,去了别处。

柯里亚听着听着,渐渐明白自己错了,所以一直闷声不响,可心里却还不大服气,他寻思着,鬼不像画的那么可怕,我毕竟搭救成功了啊。

林尼克从他的眼神里看出了这少年的念头,便慎重地告诉他,这次成功,有偶然的因素。敌人可能会恼羞成怒,疯狂反扑。正因如此,革委会才紧急安排,让别列德莱楚克迅速转移,离开了舍佩托夫卡。

"那我还会和他见面吗?"孩子急切地问。

"山和山,相逢难;人跟人,能相见。"林尼克回答,还面露喜悦,压低嗓门说,"红军的队伍已经攻下了基辅,正在向这边移动。咱们这儿又要出现苏维埃政权了。"

"是吗?太好了!"柯里亚特别高兴,当然是因为这里即将红旗飘扬,而且听起来,林尼克完全把他当作亲密的革命同志了!

"柯里亚,黎明之前天更黑。万一咱们有人,比如说我、你,落入占领者的魔掌,可要挺住,不能招出其他同志哦!"

这话语,这口气,让柯里亚憋屈地叫了起来:"我就是死掉,也绝不会招出其他同志!"

形势变化急遽。黎明前果然天更黑。由于叛徒的告密,柯里亚被捕了。

第10章 少年侦察员

柯里亚被逮捕,恰恰证明了占领者的疯狂,而不是强大。

他们只凭一个渴求领赏发财的无耻之徒的告密,就抓捕了少年柯里亚。实际上,他们已经感觉到身下宝座的倾斜、脚下大地的震颤。红军的两支队伍正从不同方向轻装奔袭而来,目标是拿下舍佩托夫卡。这里的居民侧耳谛听,远方的炮声依稀可闻。

柯里亚被关进了德军城防司令部的监狱。他看见这儿关押着许多人,有的受过严刑拷打,在咒骂,在呻吟。

凶残的敌人频繁地提审、拷打,枪杀了一些他们认定是布尔什维克或有点儿像布尔什维克的被捕者,他们很少做出坐牢几年几个月的判决,因为他们知道自身已朝不保夕。何况一个又一个被捕者仍在被投入牢房,这儿人满为患了。

经受毒打却什么都不招认,看着也不像布尔什维克的人,他们会放掉一些。这并非出于仁慈,而是做做样子,给本城百姓看的。但这样侥幸活下来的人很少,柯里亚是其中的一个。年龄小,又瘦削,装傻充愣,也是让他逃过一劫的原因。

这是1919年初,他还没满15岁。

出狱后,柯里亚在继续上班的同时,照旧上学读书,却总是心

第10章 / 少年侦察员

神不宁。炮声越来越清晰，红军的部队逐渐逼近，占领者虽然仍在负隅顽抗，其实已军心涣散，要不了多久，准得逃之夭夭。城里，商店关门，学校停课，铁路员工、糖厂工人、绝大部分市民，全在悄悄地准备迎接红军。当然，投靠占领者、残害过同胞的败类，则在琢磨着如何保命，如何寻觅退路，他们抓耳挠腮，焦头烂额。

现在，不仅炮声，连枪声呐喊声也传入城区了，毫无疑问，敌人的溃败指日可待。

到4月底，红军已兵临城下，猛攻猛打，先头部队直插火车站，交战更趋激烈。城里城外，有些草房茅舍起火了，居民大都躲藏在地窖里。

女教师玛丽娅·雅科夫列夫娜带着小儿子舒拉，躲进了学校附近一座石头房子的地下室。柯里亚出狱回家后，很快便找来了。分开的日子并不多，却大有隔世之感，讲述不完的话语中，饱含着师生的深情、同窗的厚意。

依旧处于地下状态的革委会主席林尼克在大街拐角处陡然现身，在柯里亚身旁，轻声夸赞他在狱中坚强与机智的表现，指明怎样才能帮助即将进入舍佩托夫卡城区的红军战士。听听就晓得，林尼克对他这些日子的情况了如指掌。显然，地下革委会一直关注着他。

和革委会重新接上关系，柯里亚热血沸腾。他怀着一颗欢快跳跃的心，忙得不亦乐乎。

这天，他又来到石头房子的地下室，两眼闪闪发亮，兴奋地告诉玛丽娅老师，红军的一颗炮弹打中了敌人的巢穴；城里的大街小巷，时而空寂无人，时而闹闹嚷嚷，争相传阅不知来自何处的传单；攻城的部队已占领了近郊的什么镇什么庄，守城的军官纷纷沮丧地把家属塞进军列，看来确已无心恋战，随时打算脚底搽油，逃离这可怕的地方……

玛丽娅笑了："你可真称得上消息灵通人士哦。"

柯里亚也笑了，笑得有些神秘兮兮的。玛丽娅猜到了三分，当下并不多问。

没过几日，傍晚时分，柯里亚快步跑进熟悉的地下室，脸涨得通红，压低声音，报告老师："我刚从郊外的树林里回来，布尔什维克的一支部队就在那儿。明天我还要去一次。"他挺有把握地说，显然正在执行某种不便明讲的任务。"然后，然后我会和战士们一起行动的。"

他满脸亢奋，匆匆地走了。

到了5月3日，上午10点，枪炮声忽然沉寂下来。玛丽娅老师和舒拉听见外面传来一阵阵喧闹的说话声，又响起零星的枪声，不知是怎么个态势。舒拉轻手轻脚地走到院子里，从大门的缝隙向外窥探。只见一个人在躲躲闪闪地奔跑，后面有人追赶，双方还打着枪。可影影绰绰，看不真切。

玛丽娅跟出来，拥着儿子回到地下室，同时悄悄地说："当心流弹！"

不多时，枪声喧闹声听不见了。女教师让舒拉别动，自己壮壮胆，把大门拉开一点儿，探出头去张望。

稍远处，一群红军战士在朝这边走。柯里亚，的确是柯里亚，跟他们在一起。身上仍是原先的旧衣服，但胸前扎着个好大的红蝴蝶结，腰间挂着手榴弹，一顶军帽斜斜地戴在头上。他双眼闪耀着快乐和兴奋的光彩，忽左忽右，和战士们叽叽呱呱地谈着什么。

有个战士眼尖，看见了玛丽娅，快步上前，问她是干什么的。

"同志们，这是我的老师。好多天了，为了躲避流弹，她都待在地下室里。"柯里亚赶紧快步上前说明情况，又转过身来，眉开

第10章 / 少年侦察员

眼笑地问玛丽娅："老师，你还记得吗？我讲过要跟布尔什维克一起回来的呀。"

说完，他一边和红军战士们往前走，一边回过头来告诉玛丽娅："这会儿我没空，待会儿再来看你们。"

不久，天色渐暗，几乎已没什么枪声了。玛丽娅老师琢磨，要不要回学校或到家里去看看，再一想，柯里亚可能会来这儿找她，不能让他白跑一趟。又等了一会儿，她有点儿焦急，挽起舒拉的手往外走。刚出大门，只见柯里亚带着五名红军战士迎面跑来，请求老师帮忙，找个地儿让这几名战士睡觉。玛丽娅一口答应了。

柯里亚谢了一声，又去忙他的了。看样子，他的任务是安排一部分战士过夜。

进入舍佩托夫卡的是红军的两个团。入侵者溃败后仓皇逃离，革命的红旗飘扬起来。

处于地下的布尔什维克的革命委员会公开了，成了当地负责的政权。

革委会主席林尼克和委员们肩负重任。委员大部分是工人，也有教师——柯里亚的老师切尔诺佩日斯基。

局势尚在动荡，任务繁杂而紧迫。必须迅速恢复全城百姓正常的生活秩序，特别要保证供应足够的口粮；要帮助红军部队筹措足够的粮秣；更重要的是，必须安排力量，协助正规部队保卫城区。

革委会快速动员党团员，组成一支队伍，协助新政权维持城区的稳定。

舍佩托夫卡最初总共只有五名团员，柯里亚便是其中之一。在领取团证的同时，每个人还领取了一支步枪、两百发子弹。他们都斗志昂扬，随时准备为革命献出年轻的生命。

入暮时分，居民会看到一支小小的队伍穿街过巷，走向革委会。他们是奉命前去守护的。虽然并不穿军装，但步伐整齐，神态严肃，俨如正规的部队。走在最前头的，就是尼古拉·奥斯特洛夫斯基。这个瘦瘦的少年，扛着步枪，精神抖擞。他清点人数，喊口令，布置任务，一丝不苟。

柯里亚还为革委会当通信员，送信、送通知、送文件。更过瘾的是，他还多次当侦察员，出城执行秘密任务。这可得胆大心细，弄不好是会掉脑袋的，但他不害怕。总之，革委会让干什么，他就干什么，竭尽全力干好。

舍佩托夫卡城区内，已是布尔什维克的天下。不过，郊外的一些村镇，仍未挣脱反革命武装队伍的控制或侵扰。他们对红旗飘飘的城区仍然构成威胁。双方的斗争继续着，呈胶着状态。严酷的形势，使得四郊的农民不敢公开支持布尔什维克。

艰苦作战的红军部队，需要不断地了解敌方诡诈的活动情况，以便伺机出击，狠狠地打。柯里亚人小，不容易引起敌方怀疑，已数次奉命出城，侦察敌情，俨然已经是一名积累了不少经验的侦察员。

那天，他再次去远郊的一个小镇，想方设法，刺探到了重要的敌情。返回途中，疲惫不堪的少年看看天色已晚，夜空中云团飘浮，阴沉沉，暗蒙蒙，虽已至近郊，居然辨认不清顺着哪条小路返回才最近。正在彷徨，只见旁侧有个大草棚，他便决定过一夜，养足精神，次日再上路回去。

草棚里堆着不少干草，这可真不错。柯里亚铺开一些干草，倒头便睡。他的脑袋刚碰到干草，就哈欠连连，迅速进入了梦乡。

酣睡乍醒，晨光已透过不少且不小的缝隙照射进来。他一骨碌爬起来，机警地四下环顾。哦，有个跟自个儿年龄相仿的少年正注视着他，那也是一种警惕的目光。看样子，他也和自己一样，深夜

第10章 / 少年侦察员

摸黑进了大草棚，睡了一夜刚醒来。有几秒钟，两个少年互相凝视着，谁也不开口。

柯里亚的脑子里，念头一个接一个地闪现。不知怎么的，对方的眼神面容、穿戴衣着，让他觉得像是自家人，也像是在为布尔什维克、为红军收集情报的。可究竟是不是呢？怎么确定呢？那会儿，为革命工作的少年并不少，柯里亚曾在侦察途中遇到过好几个，他们彼此偷眼打量，没搭话，没交谈，至多给对方一个几乎察觉不到的微笑，便擦肩而过了。没错，那时这样的少年似乎特别敏感，也特别谨慎，彼此能辨识出来，但都严守纪律，互不暴露身份。

此刻，柯里亚已胸有成竹。他笑眯眯的，仿佛随口问了一句："你要去哪儿呀？"

对方眼珠一转，也泰然自若，含笑回答："去舍佩托夫卡。你呢？"

"哦，我是要回舍佩托夫卡。咱俩同路，一块儿走吧。"柯里亚仍然挺随便地说，心想进了城区就可以摸清对方的底细了。

"太好了！我正愁不认得路呢。"

于是，两个人便一同上路了。他们并不多说话，显然都紧绷着心弦，随时准备应对态势的骤变。但走着走着，看神态，听口音，柯里亚心里有了八分把握：对方非但不是舍佩托夫卡人，而且显然根本不知道这儿已是近郊，离城区不远了。

越走柯里亚心头越放松，不觉进了城区，他带着可疑的陌生少年，径直走向革委会的大门。

进门头一个碰到的是革委会委员切尔诺佩日斯基。柯里亚快步上前，压低声音说了几句话。切尔诺佩日斯基瞅了陌生少年一眼，点点头，轻声说："知道了。这样，你先去向林尼克汇报打探到的情况，我来和这个孩子聊聊。"

柯里亚扭头望望自己带来的同龄人,见他脸上露出自得与调皮的微笑,一点儿也不困惑或慌张。哦,柯里亚有了九分把握——这是自家人,也是个为布尔什维克做秘密工作的。看样子,他比自己更勇敢,更机智,多半是将计就计,让自己带路,径直来到了舍佩托夫卡的革委会。

带着心头的猜测,柯里亚熟门熟路,拐进林尼克的办公室,汇报此行的收获。

柯里亚猜得没错。才几分钟,切尔诺佩日斯基就带着陌生少年进来了。真相大白:柯里亚是奉命去远郊探明白匪武装的动向,特别要弄清楚有没有红军部队朝这边移动;陌生少年呢,正是从远方朝这边移动着的一支红军部队让他前来,初步了解舍佩托夫卡城区及周边村镇的现状,尤其是军事方面形势如何,是否需要正规部队强有力的支援。

两个少年都圆满地完成了任务,两个小战友搂抱在一起了……

转眼已入夏。天气逐渐炎热起来,柯里亚一直在做大量革命工作。尽管他常常请假,却没有荒废学业。当然,他付出了更多努力。

由于时局动荡,态势多变,经费缺乏,环境恶劣,学校开开停停。每当这里被入侵者短期占领时,日常的教学便会受到严重的干扰。柯里亚和所有的师生都常常被搅得心神不宁,然而,他们依旧坚持,依旧努力。在红色政权支持下,1921年,柯里亚和为数不多的同学,断断续续读满了三年,终于毕业了。他们是学校的首届毕业生。大家兴高采烈,举行了仪式,还拍照留念。

这个班学生不多,女生总共才四个,都蹲在第一排,两侧各增添一个男生,显得不那么稀疏。中间一排坐着六位老师,三男三女。后排站着七个男生,左二即尼古拉·奥斯特洛夫斯基。

就在毕业日这天,老师们兴致勃勃,纷纷为学生写评语。此时

第10章 / 少年侦察员

1921年,尼·奥斯特洛夫斯基(后排左二)毕业于劳动学校。

此刻,师生们心情舒爽,又有些依依不舍。要分别了,教师笔端流淌出来的,全是赞扬词、鼓励话。有一位老师提笔写出对柯里亚的评语,竟说他将会"一举成名"。师生们乐得眉飞色舞,笑个不停,笑得最欢、最率真的是柯里亚。

后来,据柳芭回忆,同学们毕业后便分手各奔东西了。她听说,尼古拉去了基辅,要进技术专科学校,争取将来当个电气工程师。

柳芭还说,在《钢铁是怎样炼成的》一书中,冬妮亚·图马诺娃和保尔·柯察金的交往,有些便是依据现实生活中他俩的友谊写成的。当然,那是文学创作,其中有很多内容与情节的变更、场景与氛围的改变……这是后话先说。

且回到1920年的夏天。位于舍佩托夫卡远郊的小镇伏林斯克,经常受到白匪的骚扰,人心惶惶。那里的红色政权派出联络员,向舍佩托夫卡的革委会求援。

林尼克已经获悉,那支主要由富农极端分子组成的武装队伍,乃是乌合之众，聚散无常，没有可能占领伏林斯克，只是扰乱一下，就急速撤退，不久再卷土重来，扰乱一阵。实际上，他们是在等候时机，只要外国侵略者到来，便可为虎作伥，帮着入侵者抢劫、屠杀。目前，驻扎在舍佩托夫卡的红军正规部队另有紧急任务，三天前刚刚开拔，忙于作战，无暇顾及；留守的红军战士仅有三名。林尼克决定，调动这三名红军战士，带领一支由铁路工人组成的特别小队，前去支援。他本人也一同前往。此次行动的要求是：先声夺人，以智取胜，避免伤亡，撵走就行。

特别小队商议，怎样才能稳操胜券呢？有人建议，立刻装备一节敞车，架起大炮；炮声一响，岂不就先声夺人了？好是好，可正规部队已经把大炮带走了，革委会只有一些步枪手枪。哦，没有大炮也不要紧，还是能以智取胜的。七嘴八舌，人多主意多，很快就想出办法来了。

工人师傅们挑了一辆大大的敞车，四面堆起沙袋，又用枕木加以固定。正干得欢，得到消息的柯里亚飞跑而来，要爬上敞车，一同前往。战士和工人忙把他拦住，说这次可能会开火打一仗，要死人的，所以特别小队不能随随便便带上个孩子。

这话柯里亚不爱听。他正要接嘴辩驳，却见林尼克和两名工人滚动着一个空空的大啤酒桶过来，停在敞车近旁。柯里亚赶紧过去，要求他这个革委会主席说句话，让他参加这次行动。林尼克点点头，拍拍他的肩，似乎很赞许。柯里亚高兴得两眼放光。不料，林尼克又摇摇头，笑着说服他留下，理由同样不外乎两条：交战实在太危险，年龄太小不能去。此时，敞车上的人在叫林尼克，林尼克急急地说："就这样了。等我回来，咱俩再聊。"

柯里亚还想热切地再讲些什么，林尼克已在往敞车上攀爬了。

"真没劲。"柯里亚嘟哝着，叹了口气，跟大人似的。接着，他

第10章 / 少年侦察员

灵机一动,"嗨"了一声,在附近转来转去,手插在裤兜里,一副闲逛的样子……

敞车里头,林尼克他们忙着把空啤酒桶挪移到当中,敲掉桶底,另一面则把口子开大,以便步枪可以伸进去。枪声一响,在远处听,还蛮像炮声隆隆的。

特别小队乘坐的敞车,缓缓启动,出了车站,立即加速,汽笛鸣叫,威风凛凛,朝着伏林斯克疾驶而去。两侧的景物——房舍、电线杆、开阔的田野、葱郁的林木,近的急速,远的徐慢,向后移转。突然,沙袋旁边钻出颗脑袋,两眼骨碌碌转。嚯,是柯里亚!不知他什么时候,怎么样上了敞车,躲到沙袋后面去的。

柯里亚得意地笑了。他侧身钻出来,手里还握着一支步枪。别看这小战士只比步枪高一点点,可挺直身板儿,来一个敬礼,还真有军人气派呢。声声汽笛,恰似在赞赏柯里亚的机智灵活而发出阵阵笑声。此刻,连林尼克也没辙了,他气恼地说,等返回舍佩托夫卡,要重重地处罚一下。

路程很短。离伏林斯克镇不远了。林尼克认为,敌情不明,再快速前进,只怕过于冒险,要防白匪施诡计,搞阴谋,自己这支小小的队伍吃亏。他让敞车停下,和大家合计,是不是先去一个人,侦察清楚再行动。柯里亚在旁听得明白,急切地说让他去吧,因为人小,不会引起怀疑,而且有经验,准能搞定。几个战士和工人师傅觉得这话有道理,你一言我一语地表示赞成。林尼克反倒语塞了。最后,他一锤定音:"行,就你去。但千万小心,快去快回。要这样……"

柯里亚跳下敞车,独自一人,顺着小路溜溜达达,走进小镇。见路人不少,脚步从容,神色悠闲,他绷紧的心弦渐渐松开。他来到镇革委会,从几位干部的口中证实了一点:白匪不知从哪儿听说，将有红军正规部队前来剿匪，要把他们一网打尽，两天前他们便斗志全无，纷纷逃窜，销声匿迹了。

看来，红军先声夺人，不战而胜。太好了！柯里亚带回了好消息，还带回了伏林斯克镇革委会的深深谢意。敞车上的战士和工人也喜眉笑眼，这一仗用不着打了，"大炮"也不必开了。胜利返回吧，汽笛声声，犹如凯歌。林尼克微笑着说："这个小鬼呀，真叫机灵。我们对他怎么办？处罚还是奖赏？"

战火纷飞 第11章

驻守舍佩托夫卡的红军部队一再调动,来来去去,可见远远近近,战事频繁。

无论哪支部队开到,总有些战士跟柯里亚搞得挺熟。柯里亚帮他们做事,与他们说笑打闹。只是柯里亚还没有一套完整的军装,要不然,看起来,他就完全是一个矮个子红军战士了。

不久,波兰侵略者由西部闯入乌克兰,甚至有小股部队钻到了日托米尔城附近。

形势变得十分紧张。根据上级指示,为了避免不必要的牺牲,舍佩托夫卡革委会准备尽快撤退。

胜利来之不易,苏维埃政权尚不稳固,城区的革命秩序刚刚理顺,遭剥削、受欺压的工人和绝大多数居民刚刚扬眉吐气,怎么舍得放弃,怎么舍得撤离?可上级机关是胸怀全局,着眼于未来的。感情与理性在脑子里打架,革委会的主席和委员们,都阴沉着脸,郁闷着呢。然而不管怎么难受,命令总得执行,不折不扣地执行。

那是一个风声呼呼、黑沉沉、雨蒙蒙的夜晚。车站的一条侧线上停靠着一节车厢,是专为革委会成员准备的。此刻夜色迷蒙,大家凭着嗓音辨认对方是谁,互相招呼着。

柯里亚从远处跑来。革委会白天匆忙地商量过：少年柯里亚这个名气不小的积极分子，留在这里十分危险，必须带上他一起走。柯里亚得到这个消息，既感到兴奋和温暖，又觉得困惑，一时间犹豫不决。随同革委会的成员一道走吗？当然挺好。不过在林尼克他们眼里，他像个长不大的孩子，只能帮着干些琐碎事儿，干些零星活儿。这阵子他常往军营跑，接触了不少红军战士，觉得那儿真像个大家庭，战士们都是同生死共患难的亲兄弟。如今自己也真的老大不小了，趁着战事吃紧，部队肯定需要大量补充兵员，此时不去，更待何时？在他的脑海里，军人情结颤动着，翻腾着。

林尼克嘱咐他，趁着天色未明，快回家去，跟母亲、哥哥他们辞别。

黑咕隆咚的，林尼克没发觉少年柯里亚脸上的复杂表情。无疑，柯里亚很希望赶回家去，当面向母亲告别，因为这一走，不知何年何月才能归来，母子重逢。尤其今日，自己多半会下决心，并不跟随革委会暂时离开，而是设法投奔某一支红军队伍，辗转各地，争立战功，随时可能为抗击入侵者而牺牲，马革裹尸。分手之际，只怕母亲会止不住伤心落泪，从今天开始便心烦意乱，寝食不安；自己也会十分心酸，不知用什么话来安慰母亲。那样的别离场面必定久久地影响情绪，削弱斗志。

柯里亚沿着铁路线，步履沉重地缓缓走着。此时此刻，他竟愁肠百结，泪流两行。他狠狠地把泪水擦掉。迎面过来一队红军战士，在熹微的晨光中，一把把刺刀闪闪发亮。他们是奉命抵挡一阵，压一压来犯之敌的嚣张气焰，随即撤走；抑或按计划后撤，保持战斗力，以便择机反攻，赢取新的胜利呢？无论哪一种，都意味着战斗，意味着考验，意味着胜利，意味着我们家第三代军人梦的实现。妈妈，你早已习惯了小儿子为了革命，为了苏维埃，一直活跃着，奔忙着。你思虑，你担忧，可从不追问，从不阻拦。此刻我不回家，两三天内你不至于太慌张，因为我在好同学家过夜是常有的事。再过几天，你准猜得出小儿子是投身于革命洪流了。你要为我高兴，为我祝福……

想到此处，柯里亚转过身去，迎着晨曦，毅然迈开军人般的步伐。他的心中，喧响着高尔基《海燕之歌》中铿锵有力的字句：

海燕在叫喊着，飞翔着，像黑色的闪电，箭一般地穿过乌云，翅膀掠起波浪的飞沫。

这是勇敢的海燕，在咆哮的大海上，在闪电中间，高傲地飞翔；这是胜利的预言家在叫喊："让暴风雨来得更猛烈些吧！"

这是海燕的呐喊，也是少年柯里亚——尼古拉·奥斯特洛夫斯基的心声！

实际情况与柯里亚的猜测大致相同，或者说稍有出入。

苏维埃政权的红旗消失了。波兰侵略者出没在街头巷尾，耀武扬威，白色恐怖笼罩着整个舍佩托夫卡城区。

母亲奥里加·奥西波夫娜心神不宁地等了两天，都未见小儿子柯里亚的人影。她强自镇定，出去寻找。凡是熟悉的地方，几乎跑遍了，连女教师玛丽娅那儿也打听不到一点儿消息。她让大儿子德米特里去原先的革委会所在地探看，那里早已人去屋空，门口站着凶神恶煞的波兰兵。

"弟弟准是上前线打仗去了。"德米特里对母亲说。

其实，母亲心里已经这么确定了。她既理解、赞许，又担心、忧急。她盼望着，只希望柯里亚平平安安，早日归来。

那么，尼古拉·奥斯特洛夫斯基去了哪里呢？他于1919年8月9日找到一支急需补充兵员的红军队伍，他年龄差一截，便软磨硬缠，终于得到允许，加入了部队。他跟随大家，开赴前线。

第一次与敌方交锋，是在伏芝辛斯克城附近的一场战斗。激战中，柯里亚负了伤，但并不重，住进基辅军医院治疗。同室战友——一个很热心的小伙子，出院归队，要经过舍佩托夫卡。柯里亚嘱托他顺路去一趟自己家，见到他的母亲奥里加，就告诉她，"柯里亚受伤了"。

母亲闻讯大惊，忙问他柯里亚伤得怎样。

"这……这我也不知道……柯里亚不让说。反正并无大碍，等痊愈了，他就会回来看望你的。"

母亲忐忑不安：去探视小儿子吧，没钱乘不了车；托人写了封信去，没有回音。她愁死了，只能继续干等。柯里亚呢，治愈归队，继续打仗。战斗间隙，他忙里抽空，去信安慰母亲。

后来他调入骑兵旅，当了侦察员。这个做侦察工作实际上已相当有经验的"新兵"，干起来不慌不忙，任务完成得准确、及时、漂亮。

到了冬季，一个晴朗的日子，七百名骑兵排列成阵。

"立正！"一声令下，声音略带沙哑而更显威严。

不仅全体战士，连所有的战马都仿佛绝对服从，四肢笔直地站立着，挺拔，肃静。这时传来了响亮的宣读声，虽简短却字字句句钻入战士们的耳朵，在他们的脑海里激起波涛，毕竟，签署命令的是深受将士们爱戴的旅长柯托夫斯基啊——

……由于尼古拉·奥斯特洛夫斯基作战英勇机智，特向他致谢……

第11章 / 战火纷飞

这话语,这场面,永远镌刻在少年柯里亚,即尼古拉·奥斯特洛夫斯基的心中。

可是后来,人们在部队档案中查寻,怎么也找不到有关他立功获奖的文字资料。原来,按生理年龄计算,他仍是一名少年,不在征召范围内,只能算一名编外战士。他1919年8月9日参加红军,当时还不满16岁。

根据骑兵军团指挥部的指示,尼古拉所在的骑兵旅正积极地准备,要重创波兰侵略军。

1920年6月5日拂晓,红骑兵恰似铁拳猛挥,狠狠地打击波兰第二军,冲破防线后乘胜追击,势如破竹,夺回了日托米尔,歼灭驻军,缴获了大量的马匹、枪械和军服,其中有的都已经装上军列,只是还没来得及运走。红骑兵还从死亡线上解救了被俘的战士和布尔什维克机关干部。

红军部队士气高涨,连重伤员也拒绝下火线。有的战士两腿截了肢,仍坚决不离队,坐在拉着重机枪的车上,让愤怒的烈焰喷发,似火龙一般,追击敌兵。他们被称为"无脚机枪手",令侵略者闻风丧胆。

正当尼古拉和战友们一起,辗转各地,出生入死,奋勇杀敌之时,驻守舍佩托夫卡的波兰入侵者仿佛嗅到了什么,闯进学校来了。

那是1919年底,几个波兰兵突然闯进统一劳动学校。他们叫来女教师玛丽娅,疾言厉色地盘问:"有一个栗色头发的男孩,是你们这里的学生,他为布尔什维克干活,如今在哪儿?"

玛丽娅一听便猜出,波兰入侵者要抓的是柯里亚。她虽然知道这个学生很可能早就离开了舍佩托夫卡,可心里还是咯噔了一下,有些担忧。她深深地吸了一口气,强自镇静,反问道:"哦?这学生姓什么?"

"大概你心里已有数了吧?"波兰兵的口气里带着威胁。

女老师暗暗嘱咐自己别上当,要沉着应对,显然他们所知甚少,只是在瞎蒙,耍花招呢。她耸耸肩,假装糊涂地说:"我怎么会有数呢?我们学校里栗色头发的男孩多了去了。"

入侵的波兰兵一无所获,怏怏离去。

他确实已是个年少的"老兵"了。战友们都喜欢他,因为他开朗、乐观,跟大家合得来;因为他好像满肚子装着故事,有情节有悬念,而且常常来点儿幽默,挺吸引人;还因为他手风琴拉得好,不仅指法熟练,并且饱含感情。母亲喜欢唱歌,音乐细胞遗传到他身上,奇妙地拐了个弯,转为对摆弄乐器,特别是对拉手风琴感兴趣。他家有一架普通的手风琴,柯里亚钻研过一阵子,达到了相当不错的水平。这么说吧,手风琴到了他手里,就好像活了,有性格,有内涵了。

夜半时分,属于柯托夫斯基骑兵旅的一队士兵,进入树林内的大片空地,纷纷下马,生起篝火,围坐着休憩。其中一名战士,大概是想活跃一下气氛吧,他拉起了手风琴。但看样子,他在这方面十之八九尚系生手,技巧不娴熟,对曲子也陌生,边想边拉,每每按错琴键,曲子被拉得支离破碎。几分钟过去了,还没有一个战士被琴声引逗出起舞的兴致,都只管坐着说说笑笑。手风琴手不免有点儿落寞,有点儿狼狈。

忽然,黑黝黝的夜色中,冲出两名骑兵通讯员。他们飞身跃下马背,来到篝火旁边,席地坐下。手风琴声仍在断断续续地传来。通讯员之一的尼古拉站起身来,循声走去,招呼一声:"来吧,我试试怎么样?"

这战士见有人接班,如遇大赦,立即把琴递给来人。尼古拉接过琴，使劲儿一拉，波浪式的风箱如扇子般张开，手指在琴键上灵活地滑过，立刻飞出了欢快的舞曲。一名善舞的战士马上起身，小跑过去，摆开架势，随着熟悉的旋律，跳将起来。节奏清晰、热情洋溢的乐曲，使舞者兴奋不已，欲罢不能。他扬起双手，如同大鹏展翅，绕着圈子，做出各种花哨的动作，豪放地拍打皮靴筒、膝盖、后脑勺、前额，又用手掌把靴底拍得震天响，最后拍打大张着的嘴巴。手风琴以起伏不断的声浪鼓劲，以热情奔放的曲调催促，舞者跟陀螺似的，飞快地旋转，双腿交替着伸直缩回，同时气喘吁吁地吆喝："嗨！哈！嗨！哈！"

这是一首俄罗斯民间舞曲。伴随着欢快的乐曲，不但这个舞者亢奋无比，篝火旁的好几名战士也站起来，跳得欢快、热烈。

同来的另一个骑兵通讯员提醒："尼古拉，别拉了，该上路啦！"

尼古拉·奥斯特洛夫斯基意犹未尽，但任务在身，不可懈怠，他赶紧把手风琴交还给人家，和伙伴一起，飞身跃上马背，疾驰而去……

此时的柯里亚，个子确实长高了些，可军大衣穿在身上仍然嫌长。经过了许多时日艰苦而危险的战斗考验，他面色黑了些，两颊深陷，额头被皮帽子盖住，双眼则炯炯有神。特别是在给战友们讲述自己的童年往事，或转述书上看过的精彩片段时，他那真挚的情绪、生动的语言，感染着大家。

红骑兵节节胜利，连连收复一座座大小城镇，但也并非没有鏖战。波兰入侵者在一些地方修筑工事，负隅顽抗，甚至一个小村子、一座小木桥，红军也得付出血的代价才能拿下。整个局势则无疑在向着有利于布尔什维克的方向发展。

这天，大部队不断推进，逼近了伏林斯克，只要攻克了这座城，前面便是以铁路枢纽站闻名的舍佩托夫卡了。尼古拉所在的骑兵部队，就在大部队的左翼作战。母子重逢，指日可待，尼古拉分外激奋。

然而，波兰侵略军顽固地坚守着。战场上硝烟弥漫，相持不下。天色渐明，柯里亚和战友们的前面，清晰地呈现出一座桥。指挥员认为，必须把它炸毁。骑兵们争着请战，要冒着很大的危险去爆破。争抢到这个任务的是尼古拉。他勇敢机智，炸桥成功。这在气势上大大压倒了敌方。红军士气大振，一天中发起十七次冲锋，终于收复了伏林斯克。

后来，部队顺利进入舍佩托夫卡城区。尼古拉急匆匆地去找玛丽娅老师，报告自己的"军旅生涯"和"立功受奖"的美事。老师问他：独自去炸桥害怕吗？有生命危险吗？

"不害怕。当然，如果傻站着，像根木头，那是会丢了命的。得掌握好时间，迅速闪避。"他回答得从容而自信，活像经验丰富的工兵。

玛丽娅听得开心，笑了。尼古拉误以为老师不大相信。他从上装的右边口袋里掏出一张纸来，把旅长亲笔写的嘉奖令或曰感谢信读了一遍。那模样，既有革命军人的自豪感，又有未成年人的孩子气。

尼古拉·奥斯特洛夫斯基忘不了，自己随同部队重返舍佩托夫卡，是1920年的6月30日。

人最宝贵的 第12章

母子重逢，喜极而泣。

母亲奥里加望着长高了变黑了的小儿子，把他搂到胸前，不住地抚摸他的栗色头发，满心欢喜又涕泪俱下。需要妈妈保护的孩子，如今能够保护妈妈了。尼古拉望着似乎衰老、瘦削了许多的妈妈，依偎在妈妈跟前，恍若又回到幼年时代，不由轻轻地拍着妈妈的肩背，喃喃地劝慰，说把入侵者驱逐出去以后，一切都会好起来的。

母亲告诉他，在波兰侵略者占领舍佩托夫卡的日子里，由于物价飞涨，度日艰难，老百姓常常饿肚子，而且占领军像疯狗一样，接连不断地抓人杀人。不少爱国爱家、敢于抗争者，被投入牢狱，被押上刑场，死于非命。一些工厂停工，商店关门，学校停课，市面萧条，社会秩序混乱不堪。敌寇滥杀无辜，要让工农大众、普通居民，无论昼夜，始终置身于悚惧和惶恐之中。白色恐怖犹如无形的恶之罗网，笼罩着城区和四郊。尤其是3月底，白色政权公开枪杀七位布尔什维克的地下工作者，其野蛮凶残暴露无遗，而革命人慷慨就义之举撼天动地，激起被压迫受凌虐的人们的强烈义愤。七人当中，有一个花季少女格外引人注目。她年纪虽轻，信念坚定，受刑虽重，刚强不屈。在被押到刑场之时，少女带头唱起了《国际歌》，其他六个难友，齐声应和。波兰入侵者强迫他们排成一列，少女冲着他们大喊："苏维埃政权万岁！""列宁万岁！"

枪声接连响起，革命人一个个倒下，他们的呐喊声在目睹者耳畔久久萦绕。占领军希望血腥的屠杀场面会使人们惊恐万状，彻底崩溃。然而，他们面对的是沉默——火山爆发前的沉默。

尼古拉·奥斯特洛夫斯基还得知，和自己同样胸怀壮志的挚友——舍佩托夫卡首批五个青年团员中的另外四人，都已牺牲；儿时的一些玩伴，也有惨遭杀害的。他心头郁闷，走出大门，缓缓地信步走去。路是熟悉的，前面便是广场。哦，那边有七座新坟，并不高，却那么触目惊心。是的，正是七位烈士的坟茔。悲酸、愤怒、仇恨，敬佩、尊崇、缅怀——复杂的感情，由心坎内萌发，搅和在一起，向上，向上，直冲脑门。

他加快步子往前走，来到坟茔前伫立，他摘下帽子，思绪如潮，汹涌澎湃。

人最宝贵的是生命。生命给予人只有一次。应当这样度过人生：回首往事，不会因虚度年华而悔恨，也不会因碌碌无为而羞愧；临终的时候能够说，我的整个生命和全部精力，都已献给世界上最壮丽的事业——为人类的解放而斗争。

此时，尼古拉想了很多很多：童年的苦难，劳作的艰辛，革命的热情，战斗的无畏，胜利的喜悦。

又想到无数同志与战友半途倒下，而征程漫长，困难尚多，自己负伤、体弱……对，对！他的思考在继续，生发出一种与自己的年龄不相称的紧迫感——

第12章 / 人最宝贵的

必须抓紧时间生活。一场暴病，或者一次横祸，都可能使生命终止。

面对长眠而永生的烈士们的坟茔，尼古拉·阿列克谢耶维奇·奥斯特洛夫斯基感到，自己的襟怀领受了一次重要的洗礼，意志经历了一场重大的考验。方向更明确了，视野更开阔了，决心更坚强了，精神也更饱满了，他准备迎着更多更大的困难，迈步前行。

舍佩托夫卡的革委会重新掌控了一切，主席仍是林尼克。尼古拉在警卫连工作，一如既往，干得十分称职。

红色政权的各个部门开始为百姓办事，工厂恢复生产，商店开门营业，学校又传出琅琅书声。城区的生活秩序逐渐恢复。尼古拉要求进原先的学校继续读书，并保证在念好书的同时，依旧承担革命工作。苏维埃政权已把三年制的初小和高小合并，在此基础上，修缮校舍，延聘教师，开办了七年制的统一劳动学校。尼古拉作为原先的学生，插入较高的年级继续就读，直至毕业。

他忘不了，自己小时候要找本书读有多么困难，所以心心念念想在舍佩托夫卡城区建立一个图书馆。现在，得悉由于战事频繁，时局不稳，一些有钱人家相继逃离，大量书籍被遗弃，他便打报告，反映情况，提出建议。革委会事务处开具证明，让他负责此事，和几个年轻人一起，去这些人家挑选好书。就这样，他们收集了将近四百本书籍。不久后，在此基础上，舍佩托夫卡图书馆筹备、建立起来了。

然而，革委会获悉，国内外的敌人并未偃旗息鼓，并不善罢甘休。在乌克兰，在其他地区，地下的反革命组织互相串联勾结，妄图同时开始武装暴动，制造混乱，损害乃至颠覆红色政权。不仅如此，革委会还接获可靠情报，近期将有奸细潜入舍佩托夫卡活动。

林尼克对尼古拉说，你积累了不少侦察工作的经验，这些日子多长个心眼儿多留点儿神，发觉什么异样的状况、可疑的人，要迅速汇报。尼古拉点头应承。

这天，赤日炎炎，革委会门口来了个陌生人，头光面滑，衣冠楚楚，说要见林尼克主席。他声泪俱下地向林尼克诉说，波兰占领军的迫害使他家破人亡，他要报仇，要投身革命队伍，愿为布尔什维克效劳，不需任何酬金，只想报仇雪恨。林尼克听着，观察着，思索着。随后，林尼克请他先回住处，第二天再来细谈。陌生人彬彬有礼地接受了邀请，鞠躬告辞了。

此人刚走，尼古拉便进来报告，说陌生人方才在门口向他探问革委会的情况：主席林尼克是哪儿人？性格如何？文化水平如何？革委会其他成员都是些什么人？林尼克点点头，说自己听出来，此人讲话似乎带点儿波兰腔，蛮奇怪的。当然，仅仅根据这些，并不能下任何结论。

"这样，你快去跟踪，了解陌生人住处的状况。"林尼克吩咐，对这个"老侦察员"不再多叮嘱什么。

尼古拉答应一声，转身就朝外跑。

……

当夜，林尼克和三名革委会委员，带上尼古拉，或者说，由他带路，前去搜查。

白天，尼古拉跟踪陌生人时，出于侦察员的本能，已初步查看过住房及周围的情形，还特别留意到屋子一侧，有两扇窗是朝着花园开的。此时，他们来到这里，林尼克让尼古拉在边门旁警戒，自己和三个伙伴上前，侧耳倾听。屋内没有动静。轻轻叩门，里面依旧声息全无。

尼古拉十分警觉地四下察看。夜色蒙蒙，只能依稀分辨出房舍

第 12 章 / 人最宝贵的

的大致轮廓、树丛摇曳的影子。

还是没人回应敲门声。周围好静,静得令人紧张,似乎立即要发生重大的事件,出现惊险的场面。

对着花园的两扇玻璃窗原本关着,这时,其中的一扇被推开了,几乎没发出任何声响,只有微光闪射了一下。尼古拉不由紧缩身子,尽量不让人发现自己。他藏在暗处,继续观察。被推开的窗子里头,伸出一只手,把一件小小的东西挂到套窗上,然后,窗子又无声无息地关上了。又过了数秒钟,传来开门的声音,革委会的人员被放了进去。

尼古拉悄悄地走进花园,来到窗边,小心地伸手从套窗上摘下一个小皮包。他带着这小皮包,轻手轻脚地走进屋子。这儿,搜查刚结束,没发现什么可疑的东西,一件能当作犯罪证据的物件也没搜出。陌生人主动出示的身份证明似乎也非常周全、正宗,无懈可击。陌生人站在旁侧,貌似恭顺与谦卑,革委会的人员却总觉得有点儿不对劲,隐隐感到他在竭力掩饰内心的狡诈和惊恐。但,证据呢?没搜到。

尼古拉把小皮包交给革委会主席林尼克。陌生人眼角的余光瞟到了小皮包,顿时骇然失色,腿脚一软,跌坐在椅子上。

林尼克打开皮包,发现的重要东西还真不少。舍佩托夫卡城区和火车站的详细地图,驻守此处的红军部队的营地、武器装备的数量,还有与本地反动组织接头的秘密地址。原来这个陌生人正是苏维埃政权要缉拿的奸细、妄图发动武装暴动的小头目之一。

这次行动,收获可谓巨大。革委会当场逮捕了这名奸细,并封锁消息,立即依据已掌握的线索,抓捕、诱捕、追捕了近六十名嫌犯,抢先挫败了一场血腥的武装暴动。

放眼整个乌克兰,战火依然在猛烈地燃烧,一城一镇的争夺仍旧十分激烈。胜负的转换，每每就在瞬息之间。1920年7月，红军骑兵第一军团的各个部队攻势凌厉，驱逐波兰入侵者，接二连三收复城镇。然而没多久，波兰白军组织反攻，战况又骤然变得不利于红军。

8月初，在舍佩托夫卡安营扎寨的红军奉命紧急出发，尼古拉也跟着这支队伍，再次上前线，甚至来不及回家和母亲道别。舍佩托夫卡的革委会也再次紧急撤离了。

母亲和哥哥找不到尼古拉，好在心里都明白，他是跟着红军走的。

波兰侵略者卷土重来，实行残酷的统治，直至同年11月才撤退、逃遁。

9月，母亲收到尼古拉从基辅寄出的一封信。信中小儿子说自己负了伤，但不重，在治疗，即将康复出院，重上前线，狠揍入侵者。其实，他被抬下战场时，伤势严重，信里这样说，是为了安慰母亲。

负伤前，他正策马疾驰，近旁有炮弹爆炸，气浪把他从马鞍上震落。落地时，是后背猛然着地的，脊椎骨负伤，他立即失去了知觉。幸好不多时就醒来了，当时他觉得好像也没什么大碍，便急速纵身上马，去追赶自己的部队。不久，他再次投入鏖战，二次受伤，炮弹皮打进头部和腹部，又晕厥过去，是战友们把他救起的。他的战马横倒在距他仅几步之遥的地面上，被炮弹爆炸震昏了。

尼古拉·奥斯特洛夫斯基被送进基辅的军医院疗救，是8月22日。

住院约两个月，性命保住了，但右眼等于瞎了。不过，虽然近乎百分之八十的视力无法恢复，但这只眼睛看上去却完好无缺，甚至依旧目光炯炯，别人根本看不出他一目失明。10月份，他被通知

第12章 / 人最宝贵的

退伍了。

尼古拉·阿列克谢耶维奇·奥斯特洛夫斯基生于1904年9月29日,因此实际上,他退伍前不到一个月,才刚刚满16周岁。

母亲奥里加获悉尼古拉要回家了,便去火车站接。她知道小儿子受过伤,但一眼看见他的模样,心头还是抽紧了。此时的尼古拉艰难地跨出车厢门,面色蜡黄,瘦骨嶙峋,撑着双拐。他动过手术,身子疲软,现在若不撑拐杖,很容易摔跤。母子连心,奥里加十分忧急,可她不敢表露出来,怕小儿子更急更愁。

其实,尼古拉见识了那么多,经历了那么多,思考了那么多,与不少同龄人相比要显得成熟多了。

母亲搀扶着他,说说笑笑,慢慢地出了车站,顺着熟悉的大街小巷,缓步走着。

第13章 出任团支书

到家了。一个陈设简陋,却如此亲切、如此温暖、如此可爱的家。尼古拉有这样的感觉,是因为家里有母亲——里里外外地走来走去,忙忙碌碌。母亲好像瘦削了些,呵呵,是自己长大了些吧?才一会儿,哥哥米佳也来了。他已结婚另住,是回来看望母亲的。亲哥儿俩久别相遇,搂抱拍肩,自有讲不完的话。谈及负伤之事,尼古拉尽量往轻里说,表示在家里养养伤,不久便可痊愈。

经历过部队紧张的战斗生活,接受过医院正规的手术治疗,而今尼古拉回到自己家里,由母亲日夜陪着,悉心照料,轻柔地洗濯按摩,他感受到,或者说享受着一份难得的舒适与安恬。母亲还每天让他喝一杯牛奶,他怎么推也推不掉。伤痛迅速减轻,体质逐渐增强。

统一劳动学校的同学得悉他回家休养,纷纷登门探视,其中自然包括跟他一样特别喜欢看书的女生柳芭·鲍里索维奇。

很快,尼古拉抛开了双拐,跟大家一起上学去了。

同学们跟他越发亲热。要知道柯里亚,不,尼古拉·奥斯特洛夫斯基,曾是一名了不起的战士,打过仗负过伤,如今只要细看,他右眼上方还留有一道光荣的伤痕呢。他走路有点儿瘸,从椅子上

第13章 / 出任团支书

站起来还有点儿费劲儿。现在他继续上学,由于功课落下了许多,要补上相当吃力。可同学们见他信心十足,孜孜矻矻,恶补急追,很是钦佩。他自己则说:"学问是光,不学心不亮。我一定要赶上你们。"

尼古拉的性格仿佛没变,又似乎变了。仍然那么乐观,那么爱说爱笑,而且笑得那么率真,能感染人,但有时候他爱独处、深思,对同伴们喜欢玩的小孩子游戏,不怎么感兴趣了。年长些,他希望能够重返红军部队,回到战友们中间去。1920年10月,苏维埃政权与波兰缔结了和约,尼古拉便对同学们说,自己希望毕业后前往基辅,争取边工作边读书。他还真行,毕业后,拍好毕业照,果然就去了基辅,找共青团省委。

于是,根据当时的需要,尼古拉·奥斯特洛夫斯基被派往西南铁路总厂做电工的副手,同时担任团支部书记。

这个年轻的工人,身材瘦削,精力充沛,穿军大衣,戴骑兵帽,一看就知道来自军队。

他个性直爽,常带三分笑,善于在适当的场合讲出适宜的话,让人愿意跟他交谈、沟通。他热情、温和,同时也刚正、严格。谁做事不像个同志,不像个团员,他会严肃地批评,使对方理屈词穷,感到羞愧。他在电气车间顶班劳动,工余去其他车间,和年轻人谈心、聊天。

尼古拉所在的车间,无论在劳动成效、工作纪律方面,还是在清洁卫生方面,都名列前茅。在全厂的工人中,团员的标兵作用非常突出。

夏去秋来,阴雨连绵。

这天,工人们正要下班。机车修理车间的绞车上铃声大作,各车间都听得见。工人们,有的用碎麻线擦着手,有的在抽烟,纷纷朝机修车间走去。

这类临时性的群众集会,大都是在午休时开的。通过这些集会,工人们可以了解国内外大事,讨论全厂的工作,决定参加义务劳动等。

此刻是团支部书记尼古拉·奥斯特洛夫斯基站在绞车上说话。他的声音在高大宽敞的车间里回荡。他告诉大家,刚才获悉,有几节满载木材和粮食的敞车开到了,木材要给急需的工厂用,粮食可以让市民不饿肚子。现在的问题是缺乏卸货的人手。他提议,大家下班后全都去卸车,别让列车瘫痪似的停靠着,白白浪费时间……

尼古拉讲话直截了当,热情洋溢,扣动人们的心弦。中青年,乃至老年工人,都不顾疲劳,一同赶往火车站,参加义务劳动。

团支书尼古拉在工人中间开始获得信任和拥护,因为他平时工作做得细致,真心实意地关怀和帮助别人。那天,厂里来了个青工,一口远郊口音,即所谓的乡下人的口音。他蔫头耷脑的,衣服鞋子都很旧很破。尼古拉挤时间找他聊,确知了他家境贫困,生活艰难。到了发工资那天,尼古拉找了几个青年团员商量。大家凑了些钱,由团支书去买了衣服和鞋子送给这位新来的青工,让他感受到集体的温暖。

工厂食堂里,经常贴出墙报,名为《赤色缓冲器》,版面醒目,内容扎实,有表扬有批评,甚至还刊出文字犀利的小品,善意地讽刺吊儿郎当的后进工人。其中,有些精短的文章,便出自尼古拉之手。

正是在当年的西南铁路总厂,团员们集体创作的一首歌曲,不仅在本厂传唱,还流传到邻厂,流传到社会上,整个基辅市的青年工人都唱了起来。又过了些时候,全国的许多城市里,到处传唱着这首已经成为名曲的昂扬旋律,传递着革命青年朝气蓬勃的心

第13章 / 出任团支书

声——

我们的父兄是工人，他们向白匪进攻，离开了自己的火车头，向敌人发起冲锋。

我们正年轻力壮，同父兄站在一起……①

那阵子，基辅的居民过着十分艰苦的日子。石油、煤炭都奇缺，机车由于缺乏燃料，经常半途停驶。甚至连木柴也供不应求。百姓家里取暖没有木柴，无奈之下，只得拆了篱笆，砍下院子里的树。夜里睡觉，要穿着军大衣、皮外套，脚上的毡靴也不脱。口粮少，有时只得忍饥挨饿。铁路工人，尤其是共青团员，虽然经常挨饿受冻，但依旧心头火热，夜晚聚集在俱乐部，学习、讨论，谈笑、唱歌。有时，尼古拉会给大家描述烈士牺牲的场景。真人真事，加上他充满感情，讲得绘声绘色，大家不由面色凝重，思绪绵长。此时，团支书尼古拉掏出一本高尔基②的作品集，情真意切地朗读《伊则吉尔老婆子》中的精彩片段——

忽然他用手抓开了自己的胸膛，从那儿取出一颗心，把它高高地举过头顶。他的心燃烧得跟太阳一般明亮，比太阳更明亮……

"我们走吧！"丹柯呼喊，高举着他那颗烈焰腾腾的心，给人们照亮道路，自己领头向前奔去。

---

① 这是俄罗斯民歌《我们的火车头》的部分歌词。林蔡冰译配。本书中的俄罗斯民歌歌词，皆引自薛范编的《俄罗斯民歌珍品集》。
② 高尔基（1868—1936），苏联作家。重要作品有《福玛·高尔杰耶夫》《三人》《小市民》《底层》《母亲》《没用人的一生》《童年》《在人间》《我的大学》《阿尔塔莫诺夫家的事业》《克里姆·萨姆金的一生》等。

众人勇敢地跑着,而且跑得飞快……丹柯一直跑在前头,他的心也一直在燃烧、燃烧!

这是丹柯的心,而尼古拉·奥斯特洛夫斯基和听着他朗读的年轻伙伴们都热血沸腾,仿佛自个儿就是丹柯。

夜深了,该回家了。

成群的年轻人簇拥着团支书尼古拉一块儿走。这并非是图热闹,基辅的郊外还不太平,常有白匪袭击,抢劫钱财,甚而杀人,市区内有时也会受到骚扰。匪帮主要由土豪、地痞、盗贼和在逃的犯罪分子等组成,他们对苏维埃政府、党团员怀着仇恨。尼古拉和伙伴们,大多接受过军事训练,腰间挂着七响手枪,随时准备和偷袭的匪徒交火。

修筑·抢救 第14章

冬天不远了。基辅市的家家户户,一天比一天更需要燃料,主要是取暖用的木柴,实际上燃料供应却一天比一天少,简直到了令人恐慌的地步。

党省委要求团市委紧急动员,尽快派出800名团员,奔赴远郊的博亚尔卡车站,在那儿修筑一条窄轨铁路,以便把大量砍伐好的原木从森林中运出。这可以改善基辅因燃料奇缺而陷入的危急状态。

在西南铁路总厂,头一个报名要参加铁路支线修建工作的,是尼古拉·奥斯特洛夫斯基。时间紧迫,他很快就带领一小队自愿报名的共青团员出发了。

已是晚秋季节。这些青年工人到达工作地点,近观远眺,荒凉之极。居住的房屋很难看出早先是校舍。房顶透光、漏水,门窗没了,只留下大洞小洞,寒风可长驱直入。这里不仅雨水绵绵,而且已开始下雪,严冬犹如一头喷着冷气的怪兽,正步步进逼。一个个小队陆续抵达。无论环境有多艰苦,年轻人都知道,窄轨铁路非筑成不可,且非高速度筑成不可。若没有柴烧,必定是工厂停工,火车停驶,百姓挨冻受饿。城市就好比一个人,将要机体瘫痪,血液凝滞,生命陷入弥留状态。

小伙子们凭着信念、体魄和活力，自己动手，克服万难。

要门没门，要窗没窗，挂上草席子，稍稍能遮风挡雨便可以；房顶的窟窿多得很，爱漏水就漏吧，睡觉时能让就让开一点儿；没有被子枕头，破旧的衣服鞋袜不脱了，就这么躺在地板上、麦秸上吧；口粮和副食品每每运送迟缓，数量不足，少吃些就少吃些吧，饿肚子也没关系。至于专门与苏维埃为敌的匪帮，以为这些年轻人远离市区，力薄势单，便来侵扰，可他们交火了吃亏了才晓得，这些人当中，很多是接受过军训、身边带着枪的共青团员，遇到他们这种乌合之众是毫不胆怯，会迎头痛击的。

为了在特别艰难的环境中大干，争取早日建成窄轨铁路，大家还展开你追我赶的竞赛，尼古拉所在的小队是一支劲旅。筑路队伍在风狂雨骤的森林里奋勇劳动，尽心竭力帮助自己的城市渡过难关，是大家共同的崇高目标。白雪飘飞，纷纷扬扬，筑路队伍俨如一面红旗，更显艳丽。

基辅市党团组织的领导们，数次来到现场指导工作，给大家鼓劲，同时也负责地、及时地解决一些实际困难。大家感到，党团组织、全体市民是自己坚强的后盾，夺取最后胜利的信心更足了。

这些日子，处处带头实干苦干的尼古拉·奥斯特洛夫斯基累得不行，走起路来飘飘忽忽的，身体不由自主地左右摇晃。衣服破烂不堪，皮靴早坏了，破套鞋捆在脚上，根本起不了什么御寒作用。他满脸疲惫，只有宽阔前额下的双目，依旧闪射着决不言败的光亮。

这天，党省委的一位干部到来。面对如火如荼的筑路场景，目睹劳动竞赛的英雄主义精神，由衷地发出感慨："人们在这里百炼成钢！"

大家争分夺秒，忘我劳动，眼看计划中的窄轨铁路即将修筑成功，兴奋不已。此时，尼古拉·奥斯特洛夫斯基已支撑不住，病倒

第11章 / 修筑·抢救

了。他经常穿着湿透的衣服和破套鞋干活,不顾头顶大雨如注,脚下泥浆翻飞。日子一长,风湿症发作,疼痛不已。接着,膝关节肿胀起来,他站也站不稳了。伙伴们劝他休息,可他一心扑在筑路上,继续猛干。每天清早,小队里总是他头一个起来;每天收工,总是他所在的小队劳动成绩名列前茅。不料,体质日益下降的尼古拉又感染了伤寒。真是雪上加霜。他极度消瘦,眼看就要彻底垮了。那里环境恶劣,无医少药,万般无奈,同志们只好把他送回家去。

那是1921年,尼古拉的母亲奥里加·奥西波夫娜先是接到大女婿从彼得格勒寄来的信,说她的大女儿娜佳病情凶险,速来相见。她顾不得严冬寒冷,乘火车赶去。路况不佳,列车开开停停,千难万难,好不容易到达彼得格勒。一进门,她才得知娜佳已去世。她脑子里"嗡"的一响,浑身瘫软,跌倒下去。醒来时她发现自己躺在床上,这才哭出了声。身子略好些,她又乘车去了基辅,看望在西南铁路总厂工作的小儿子尼古拉。进得厂门,得悉尼古拉根本不在厂里,而是去修筑窄轨铁路了。她放心不下,搭乘火车,赶往筑路工地,见到了尼古拉。

那里的劳动这般辛苦,生活如此艰难,年轻人一个个全都破衣烂衫,面黄肌瘦,她心里难过得要滴血,却忍着没哭没掉泪。她理解儿子,支持儿子,不拖后腿。倒是尼古拉发觉母亲面无血色,神情恍惚,脚步踉跄,急忙扶住。征得领导同意后,他立即护送母亲乘车返回舍佩托夫卡,嘱咐母亲安心休息,自己又急匆匆返回了筑路工地⋯⋯

母亲痛失娜佳,幽明永隔,禁不住老泪纵横。她目睹了尼古拉的工作与生活情状,连做梦也在担忧,牵肠挂肚,忐忑不安。

这一日,母亲正在做家务,突然门被推开,一个不认识的年轻人急步进入，神色焦虑地说："请安排个地方，我们把您的儿子送回来了……"奥里加心头一阵发紧。她见被抬回来的小儿子骨瘦如柴，面色红得异样，双目紧闭，昏迷不醒，身躯被包裹着，犹如一具木乃伊。奥里加的心在抽搐，手脚在战栗。她强自镇定，和来人一起，把尼古拉搬到床上。送走了来人，她让大儿子米佳赶来帮忙。尼古拉全身脏兮兮的，双手冻得通红，仍昏睡着。她和米佳帮尼古拉换上干净的衣服。尼古拉悠悠苏醒，疲软地对母亲微微一笑。

尼·奥斯特洛夫斯基和母亲。

母亲坐在床边，一面喂尼古拉喝水吃东西，一面思索着。她坚信，儿子的生命力是顽强的，只要做母亲的不绝望，不放弃，用草药，用土方，千方百计，耐心救治，他就会好起来，一定会好起来的。

母亲不犹豫，不拖延，想尽办法，精心用药，日夜服侍，一天又一天，终于把尼古拉从死神身旁夺了回来。

1922年初，早春时节，阳光和煦。虽然身体还很孱弱，尼古拉·奥斯特洛夫斯基已经在家里待不住了。他依依不舍地辞别母亲，再次前往基辅。他干的仍然是电工活儿，同时进技术夜校读一

第11章 / 修筑·抢救

年级。

几个月内,他还常去厂图书馆看书,有时看到很晚。他的阅读兴趣相当广,大多泛读,有的则精读、钻研。17岁出头的他,试着阅读马克思、列宁的著作,许多地方很难理解,但总归是一个有益的开端。他认真地读俄国的古典文学,有些以前读过,现今重读,便有了新的感受和领悟。他尤其喜欢高尔基的文学作品。自传体三部曲之前两部《童年》和《在人间》先行面世。尼古拉结合自身的经历,阅读、咀嚼、思索,感悟颇深。不久,第三部出版,他迫不及待地借出来,读得心潮起伏。高尔基在《母亲》一书中塑造的主人公巴威尔(保尔)·弗拉索夫,这样一个自觉地为社会主义而斗争的工运领袖形象,使得尼古拉一再想起费奥多尔·别列德莱楚克讲述的革命者的故事,而在巴威尔的母亲身上他喜悦地发现与自己的母亲奥里加相似的品性:善良、慈祥、坚忍、谦和、吃苦耐劳、深明大义……

干电工活儿,不说身手矫捷吧,至少也得手脚灵便。尼古拉常常需要爬上电线杆或房顶。过去轻而易举,没觉得什么,如今却相当费劲,甚至有点儿力不从心了。好在遇到这种情况,伙伴们会抢着帮忙,不让他爬高。尼古拉在工厂里干活卖力,在学校里学习认真,又一直大量阅读,加上病后虚弱,同志们见他脸色苍白,精神不足,都劝他去看看医生。

厂医为他检查了一番,暗暗吃惊,极力劝说他前往别尔姜斯克疗养院,试试用泥疗医治腿疾。

1922年8月到9月,尼古拉去了别尔姜斯克。疗养院主任医生为他做全面体检,注意到他脊椎上的一处伤痕。医生脸上掠过一丝不易觉察的疑惑,立即问道:"您这是怎么搞的?"

尼古拉不假思索地回答:"有一次在前线,我从马上摔下来脊背着地,当时晕了过去。一会儿就醒来了,好像没事,我立刻跃上马背,追赶部队去了。"

主任医生微微点头,不再问什么。可他心里升起一团疑云,恐怕尼古拉会发病,这是一种非常麻烦的病——脊椎硬化。主任医生当时并未点破,此病预后不良,将会导致全身瘫痪,并且无法治愈,连延缓其发生发展的对症良策与良药也没有。若此时直言相告,恐怕会徒增病人的惊恐焦虑。

出于对这个年轻病员的关爱,主任医生特别用心地为他进行泥疗,似乎不久便已略见效果。在此期间,尼古拉和比自己小3岁的别莲富斯①熟悉了,后来还通过信。

尼古拉觉得病情似乎有好转,便急着返回基辅。

又到了晚秋时节。新的威胁再次向基辅逼近。淫雨连绵,第聂伯河水位猛涨,岸边堆积着的大批原木,面临被暴涨的河水冲走的危险;还有已经散开而尚未从水中捞起的木排,更是随时可能被大水冲往下游。

情况紧急,时不我待。党组织发出号召,共青团员们立即响应,赶赴现场,争分夺秒,抢救原木。

尼古拉·奥斯特洛夫斯基和伙伴们一起,白天黑夜连着干。他压根儿没考虑到,站在没膝深的、冰凉的河水中工作,对他伤病尚未痊愈的身体多么有害。这不,大量原木抢救成功了,尼古拉着了

---

① 别莲富斯·柳德米拉·弗拉季米罗夫娜(柳茜、柳茜克),别尔姜斯克疗养院主任医生的女儿。1922年8—9月,奥斯特洛夫斯基养病期间和她相识,此后两人再也没见过面。据柳德米拉回忆:尼古拉·奥斯特洛夫斯基"总是不说话,闷闷不乐,避开年轻人和热闹的人群,更喜欢书,而不是周围的伙伴……柯里亚以其成熟、严肃和对生活的追求而有别于同龄人……我尽量使他忘掉忧愁,逗他乐,唤起他对生活的爱"。

第11章 / 修筑·抢救

凉，一下子病得很重——膝关节再次疼痛不已，腿还肿胀起来。他发觉，两条腿要伸直，竟然非常吃力，不由心里一阵发慌。

他不得不去当地的医院看门诊。医生让他住院，但在医院里住了两个月，病情仍未见减轻。不上班干活，见不着伙伴们，他心情格外郁闷。

医疗委员会为他检查的结果是不能出院，更不能上班。他已属于重残，可以享受按月领取抚恤金的待遇。然而，他待不下去，自己做主，出了院。

无法上班，总不能在基辅东游西荡吧。倔强劲儿上来了，他不管不顾，返回舍佩托夫卡，看母亲去了。

母亲见儿子面色焦黄，憔悴不堪，禁不住泪珠夺眶而出。但她也有倔脾气，叫儿子安心住下，自己开始着手给儿子疗伤治病。

她东打听西打听，弄来各种草药，煎成热汤，倒进小木桶，让儿子把双脚伸进去，反复浸泡，同时帮他擦洗、按摩，再仔细地包扎好……

母亲没说一句"我支持你和疾病做斗争"之类的话，但一天又一天，她不怕累和苦，确确实实、实实在在，用民间土方，帮儿子治疗。虽然并未收到霍然痊愈的神奇效果，毕竟肿胀消退了些，酸痛减轻了些。尤其是和母亲相聚，尼古拉的心灵获得了莫大的抚慰。

然而，静极思动，毕竟尼古拉是不安稳的。他的心魄向往着远方，向往着基辅，向往着工作，向往着沸腾的生活。母亲留不住他。让他老老实实地当一个残疾人，吃了睡，睡了吃，就这么过一辈子，他受不了，不愿意。于是，他又辞别母亲，拖着病残的身躯，振奋精神，踏上了新的人生旅程。

第15章 锤炼

不甘尚未成人便成废人的尼古拉·奥斯特洛夫斯基,一再要求组织安排工作,终于获得支持。

1923年的冬季,共青团舍佩托夫卡州委员会让他担任别兹多夫镇的团支部书记,开展工作,激发年轻人的活力,做好党的助手;同时作为全民第二军训营的政委,抓日常军训,协助苏维埃政权,维护一方平安。

尼·奥斯特洛夫斯基(前排左一)参加别兹多夫镇党委会议。

第15章 / 锤炼

别列兹多夫镇上有个青年俱乐部。这幢房屋,高大敞亮,其中的一间屋子,蛮暖和的,因为装有瓷砖壁炉。此刻,尼古拉正坐在半旧不新的办公桌后,凑着煤油灯半暗不明的浅黄色光亮,写一份调查报告。桌上放着几页写满字的纸。这些天,他到各处巡视,心中初步有数了:这儿的一切工作,都必须从头做起。

有人敲门,轻轻地,似乎怯生生的样子。

"请进。"尼古拉招呼一声,同时警惕地摸摸腰际的手枪。

推门进来的,是个不认识的年轻人。他身穿短皮袄,帽子盖住眉毛,腰间束根带子,脚上穿着毡靴。一眼就能看出,这年轻人十分纯朴、敦厚,什么情绪都写在脸上。此时,他见了尼古拉,立即露出一脸欣喜,问道:"是……团支书吧?我来报……报到。"

奥斯特洛夫斯基使劲一仰头,将浓密的栗色头发往后甩去。在浅黄色灯光的映照下,他前额高高,嘴唇薄薄,两颊则黄得很不健康。

来人又兴奋又腼腆地自我介绍:"我叫高尔松,是团员,来找组织的……"

"这样吧,头一件事,就是登个记——你的团证呢?给我瞧瞧。"

高尔松一边解开短皮袄,在上衣口袋里摸索着,一边问:"咱们这儿团员多不多?"

"主动来报到的,你是头一个。目前在组织里,只有咱们两个。"接着,似乎为自己也为对方鼓劲,尼古拉说:"俗话说得好:今天阴沉沉,明天亮堂堂。小伙子,干起来吧。这儿,优秀的年轻人多得很,数都数不过来。请坐,咱们加足马力干吧。"

别列兹多夫的共青团组织,开始恢复活力,发挥作用了。

这个镇位于乌克兰和波兰交界处的一侧,周围到处是郁郁葱葱的树林。方圆一带，政治环境、社会情况，都相当复杂。前不久，国境线这边的一些村镇刚撵走波兰兵、贵族和地主，可还有武装白匪藏匿在林子里；波兰的谍报部门更是不断派出暗探，越过国界，潜入苏联。

溃散的沙皇官兵、狱中的逃犯、盗匪、流氓——所有仇视苏维埃政权的社会渣滓，往往一小股一小股地纠结起来，自称"绿林好汉"，到处骚扰，抢劫掳掠，无恶不作。他们如幽魂一般，藏身于密密的树林内，埋伏在成堆的原木后，偷袭苏维埃工作人员，杀害党团员及其家属。因此，在别列兹多夫附近的乡村小道上单身行走，是很不安全的。

那天，一辆马车行驶在通向舍佩托夫卡城的土路上，有两个骑马的民兵押运。车上放着一些大麻袋，装的是钱币和公文。

车上半躺着一个年轻人，胳膊肘搁在麻袋上。身穿蓝色斜领衬衫，没戴帽子，浓密的栗色头发，被风微微吹拂；右手支在腰际，按住口袋里的七响手枪；浓眉下双目炯炯，观察两侧的小丛林，同时轻声跟车夫聊着，询问村镇的今昔、青年的现状。他正是别列兹多夫镇的团支部书记、第二军训营政委尼古拉·奥斯特洛夫斯基，奉镇苏维埃执委会之命，携带着紧急公文和大量现金，前往州财政厅。

年老的车夫轻轻地抽一下马，直爽地给同行的年轻人讲述，在偏僻的村庄里，有个姑娘明明和邻村的一个男青年相爱，却不敢嫁给他。为什么呢？因为听说那男青年参加了共青团，姑娘害怕。

"她怕什么呢？"尼古拉觉得诧异，便寻根究底地问。

这下轮到老头儿感到奇怪了。他愣了一下，想了想，点点头说："哦，你是个外来人，什么也不晓得。"他顿了顿，把嗓门压低些，接着说："要是'绿林好汉'晓得了谁家的孩子做了共青团员，

第15章 / 锤炼

会伤害他爹娘的。他们可狠毒啦。听说入了共青团的年轻人,既不信上帝,又不信爹娘,还不尊重老人……"

啊?尼古拉心想,看来当务之急是宣传,正面宣传。除了对年轻人,还得在所有居民中大力宣传。

"老大爷,我跟您说……"尼古拉觉得不妨趁着赶路的机会,先和这老人聊聊。

砰!一声枪响,打断了他的话。

尼古拉虽然膝关节疼痛,一听见枪声,却仿佛什么伤残都没有了,转瞬间已跳下马车,抽出手枪就朝拐弯处的松林里还击。紧接着,两个民兵也开火了。

密林中果然埋伏着匪徒,有十多个。他们以为抢夺一车财物容易得很。双方一交火,尼古拉便已明白这乌合之众的虚实。他让年老的车夫快赶马向前,自己和民兵配合默契,给白匪以有力的还击。土匪们开始还从这棵树后窜到那棵树后,大呼小叫,胡乱打枪,妄图靠近马车。没想到撞上了"老兵"尼古拉和两个民兵,遭到如此沉稳而厉害的抵抗。才一会儿,他们便伤的伤,溜的溜,完全溃散了。

后来,团支书和两个民兵勇敢无畏,面对凶狠而贪婪的匪徒,沉着应战,保护着大量现金和紧急公文,安全抵达目的地——这件事情,很快就四处传扬开了。党团员们深受鼓舞,纷纷主动要求参加肃清白匪的行动。

正气在逼退邪气。别列兹多夫镇发生着极大的变化。尼古拉抓住良好时机,积极进行正面宣传,团结年轻人,发展团组织。

尼古拉的二姐卡佳一家,此时也住在别列兹多夫镇。卡佳见他工作繁忙,腿疾频发,自然经常照料他。尼古拉呢,越发打起精神,不顾身残多病,超负荷地忙碌着。

每天,他大清早起床,外出一整天,深夜才回家,有时甚至整夜不归,忙于追查和抓捕罪犯,或者去某村,指导新成立的团小组开展工作。通过一个阶段的努力,他已和近郊各村庄的许多年轻人建立了友谊。

贝希尔卡村定居着一个吉卜赛人的小部落。尼古拉·奥斯特洛夫斯基听说,前些时候,他们收留了一个到处流浪的孤儿,名叫基列夫,让他干铁匠活儿却几乎不付工钱。尼古拉几次来到贝希尔卡村,找到这个未成年人,跟他聊天,了解情况,和他成了好朋友。接着,尼古拉跟吉卜赛人谈判,说服他们,同意放走基列夫。没多久,别列兹多夫的团组织又增添了一名新成员,就是思想进步、工作积极的基列夫。

方圆一带涌现出一个个新的团支部。近郊参加社会活动的农村青年日益增多,他们视野开阔了,素质提高了。他们不再喝得醉醺醺的,喷着酒气,哼着低俗甚至黄色的小调,欺负女孩子了。他们逐渐理解了什么叫苏维埃政权,什么叫社会主义。

有时,尼古拉几天都没回家,二姐卡佳发觉后好不担忧。她劝弟弟注意自己的健康状况,尽量少走路,以防腿疾大发作。可是,尼古拉倔强得很,不听劝告,只管忙他的。

这天,尼古拉深夜回来,见二姐还在等他。

他坐下,要脱靴子,不料脚肿得根本脱不下来。二姐帮忙也没用,最后只得把靴筒剪开。二姐两眼含着泪花说:"看你把自己糟蹋成了什么样子了,难道还不肯去看看医生?"

尼古拉起初一声不吭,好一阵才开口,答应尽快去找医生看看。但次日凌晨,他又去了近郊的一个村庄。

有一天清晨,尼古拉外出办事,直到晚上还没回家。二姐卡佳知道他这天并没去郊区,所以四处寻找。来到青年俱乐部,发现一

第15章 / 锤炼

间大屋子里人头济济,全是共青团员,椅子上,沙发上,全坐满了,有的索性蹲着。尼古拉靠窗站立,正情绪饱满地讲着边防军抓捕特务的故事,大家屏息静气,听得入了神。卡佳听了一会儿,也被生动的情节吸引住了。等弟弟讲完故事,她才想起自己是来催弟弟回去的。

渐渐地,尼古拉·奥斯特洛夫斯基在周围一带出了名。人们说他不仅具有讲故事的本事,而且人好。他带病工作,不叫苦,不求人,总是抢着做最困难的事情,去最危险的地方。他平时办事认真,热心助人,说话风趣,又很有涵养,同时大家发觉,他发起脾气来也够厉害的。尤其是看到团员同志身上的缺点时,他会直率地批评,不留情面。小青年说他有股子倔强劲儿,语气中表露出的,与其说是不满和抵拒,倒不如说是友好和赞赏。

1924年初,别列兹多夫镇已经拥有123名共青团员,而且建立了活跃的少年先锋队。这时,调令来了。工作成绩突出的尼古拉被派往后进的伊贾斯拉夫当团委书记,手下只有两个团支部,他要做的又是艰巨的开拓性工作。好在尼古拉在这方面积累了不少经验。他脚勤、手勤、嘴勤,上任没几天,便在此处的一家糖厂做报告,结合实际,生动活泼,激起一阵阵热烈的掌声。

尼古拉·奥斯特洛夫斯基心里清楚,自己正在现实生活中经受锤炼,不能自满,不能骄傲,要做一个比水沉静比草低的人……

1月22日,很晚的时候,传来了噩耗——昨天,21日下午6点50分,列宁逝世了。尼古拉和全国人民一样,十分震惊与悲痛。1月27日下午4点,伊贾斯拉夫的工厂拉响了汽笛,沉郁而凄怆。此刻,莫斯科的红场上,追悼大会结束,列宁的灵柩由党和国家的高层领导人从台座上抬入陵墓。全苏各地,工厂、火车、轮船,处处响起汽笛的悲鸣。工农大众、城乡居民,大家肃立志哀。就从这时开始的短短数天内，几十万工人递交了申请书，要求加入布尔什维克党。伊贾斯拉夫糖厂也召开了追悼会，尼古拉·奥斯特洛夫斯基坐在会场内，心中激荡着悲伤、哀痛、坚毅和昂奋的感情。早在三个月前，他已被接受为布尔什维克党的候补党员。他明白，自己必须像一个真正的布尔什维克那样生活与工作。同年8月9日，他成了一名正式党员。

那段时日入党的人，大都年轻、单纯，有过一些革命的实践，对党、对祖国、对人民、对领袖、对苏维埃政权，怀有朴素而热切的感情。同时，他们普遍文化程度较低，理论水平不高。即使已经当上基层干部，也没能预料到，列宁刚一逝世，最高领导层中便出现了争斗，并愈演愈烈……

朦胧爱意 第16章

尼古拉·奥斯特洛夫斯基被鉴定为丧失劳动能力，伤残也确实时刻给他带来痛苦与不便。他力争继续工作，并确实做出了优异的成绩。在从少年过渡到青年的那段时日里，他还经受着心理异常变化的煎熬。这些变化几乎完全不为外人、后人所知。但1922—1924年，尼古拉曾情不自禁地一再给一位异性朋友去信，倾吐缠绕于心底的繁杂思绪，描述摇曳于脑海的虚幻影像。凡此种种，与他一向外露的坚定、果敢、率真、直爽等性格和行事作风大相径庭。凡此种种，仿佛是无法折中的对立与矛盾，却的的确确曾经存在于同一个人身上。

那是怎么回事？异性朋友又是谁？

1922年8月到9月，尼古拉曾去别尔姜斯克治病。疗养院主任医生有个女儿，名叫柳茜——别莲富斯·柳德米拉·弗拉季米罗夫娜，当时15岁，比尼古拉小3岁，常在病房里转来转去地玩。

主任医生和尼古拉接触数次，心中便有了底。别看这新病员才18岁，实际上从小就吃过不少苦，也有些革命经历；作为国内战争的参加者，还受过很重的伤，留下了隐患。可小伙子积极进取依旧，奋不顾身依旧。他入院后显得非常忧郁，除了经历和负伤，也和他的年龄有关。

平时在厂里干活,他处处带头,事事争先,那是一贯的本性、特质。说他年纪太小,说他残疾严重,他都暗暗不服。只要对革命有利,对人民有利,他愿意超负荷地工作,干人家以为他干不了的事,而且往往能够取得有目共睹的突出成绩,得到大家的肯定和称赞。于是,他更自信,更努力,把目标定得更高,把困难踩在脚下。他并未意识到,这样思考,这样苦干,固然能让自己的思想进步得飞快,意气风发,但与此同时,他体内也在滋生种种负面的东西,如愁闷、困惑、疑虑、忧悒,以及茫然自失、孤寂无助。此类情绪越积越多,形成压力,一旦境遇变换,或出现某种状况,比如远离熟悉的环境与人群,他可能顿觉轻松,也可能突感虚空。无形的心理压力骤然倍增,人会变得多愁善感,难以自控。因此,主任医生认为,当前不仅要治疗他的足疾,还得关注他的心理。

这位主任医生本性善良,具有悲悯情怀,不单精于泥浴疗法,而且在心理学方面也颇有造诣。他以关切同情的口吻,用简明易懂的语言,对女儿柳茜讲过自己对尼古拉的观察和诊断。柳茜还是个小女孩,似乎大大咧咧,却有一副好心肠,她格外留意新病员尼古拉。

柳茜初次看到的这位大哥哥,身材高高瘦瘦,前额宽阔,栗色头发浓密,面色苍白,美丽的双目透出忧伤。小伙子郁郁不乐,沉默寡言,每每避开谈笑聊天的众人,独自揣摩着什么。进疗养院时他撑着双拐,随着泥疗效果的逐步显露,后来拄一根手杖就可以走动了。

柳茜打心眼儿里同情尼古拉,俩人熟悉以后,她经常故意逗他乐,引他笑,让他高兴一点儿。尼古拉自己也不知怎么搞的,入院后他总是觉得疲乏、不爽,懒得跟别人说话,脸上布满愁云。柳茜

第16章 / 朦胧爱意

来了，这俏皮的女孩主动和他聊天，给他讲笑话，他逐渐松开了紧锁的眉头。不知不觉，两个人成了挺谈得来的朋友。

有时候，柳茜还带着自己的几个女伴一起来。她们谈天说地，可尼古拉不声不响，心不在焉，弄得大家很没劲。要不是柳茜赶紧找些有趣的话题聊，场面还挺尴尬。

柳茜并不生他的气，因为她从爸爸那儿得知，这是一种病态。

尼古拉俨如一个不合群的、高傲的小男孩，没兴趣搭理一伙小女孩，不高兴和她们交谈、沟通。有时候，他满面倦容，跟柳茜说话也没精打采，走神跑题，还直愣愣地告诉柳茜，他觉得自己像个老头儿，已经尝遍人间的喜怒哀乐，只剩下对往昔幸福日子的回忆。转瞬间，他又说自己根本没有幸福的昔日。有时候，他久久地坐着发呆，其实心中沸腾着各式各样强烈的渴求，要弄清楚生命的意义，向往绝对的自由自在和无拘无束。那副样子傻傻的，柳茜却毫不见怪，毫不计较，仍旧讲这讲那，东拉西扯，仿佛闲聊，实为孩童式的善意诱导，希望他抛弃病恹恹的面容和乱糟糟的情绪。那份亲热，那份急切，那份天真烂漫，是一个15岁的女孩要掩饰也掩饰不了的。尼古拉无疑感触到了，恰如胸中的块垒悄悄化解，有一种释然的轻快感。还有件事颇为奇怪：他明明和柳茜的玩伴们很疏远，似乎话不投机，格格不入，但竟对其中的一位吞吞吐吐地、隐隐约约地表示了好感，提出建立友谊的要求，并自以为准能获得对方的理解与允诺。那女孩子呢，当面不置可否，却去告诉别的玩伴，而且添枝加叶地说他如何鼓不起勇气表白爱慕之情，反倒含混不清地扯了一通恐怕连自个儿也搞不清楚的关于生活目标的大道理，好傻好可笑啊。尼古拉得知后，烦闷得很，暗暗自疚自责。幸亏黑眼珠的柳茜清纯无邪，以孩童的真心诚意劝解一番，使他的快快不快涣然冰释。不知不觉间，尼古拉已经把柳茜当成同胞妹妹一般了。

主任医生不断地观察他双膝的疾患，同时注意他的心理变化，精心治疗，耐心引导。心情舒畅果然有利于治疗，终于初见效果了。尼古拉自己感觉好了些，便开始思念工厂，牵挂伙伴们，才一个月左右，就离开了疗养院。这之后，他振作精神，投身于紧张的工作；再后来，便是不顾体弱多病，膝部伤痛并未痊愈，带头去抢救要被大水冲走的原木……

此刻，尼古拉回忆起那天离开疗养院的情景：自己挂着一根手杖，在别尔姜斯克的火车站，找到了要乘坐的列车。正待进入车厢，忽见一个女孩子远远地疾步跑来，还扬着手喊他。哦，是柳茜，她气喘吁吁的，特意来送行。此刻，尼古拉突然觉得，自己好像确实是在等候她。车站上人声嘈杂，他俩旁若无人，哇啦哇啦地谈着笑着，好不快乐。

汽笛鸣叫，在催促乘客。尼古拉知道，自己多病多痛，前途如何，颇难逆料，此时带着几分伤感，脱口而出："在生活中最艰难的时日，我会想起您的。"

柳茜应该是听出了什么不祥的弦外之音吧，那张娃娃脸上，掠过一抹不易察觉的阴影。在临别前的短暂时刻，她轻轻地拥抱了尼古拉，飘然离去。尼古拉望着她的背影，怅然若失，返身跨上列车，离开了别尔姜斯克。

离开以泥疗地闻名的别尔姜斯克，其实时日不长，可尼古拉·奥斯特洛夫斯基已经很想念那里的一切了——想念那和蔼的、称职的主任医生，想念那可爱的柳茜和她的也可爱或不太可爱的女伴们。每当工作上不如意、生活中不称心之时，每当夜阑人静、身心俱疲之时，思念更为深切，更为强烈。1922年10月3日，他按捺不住思念之情，提起笔来写信了。一开始他就直抒胸臆，字里行间充溢着半似清明半似迷糊的感怀——

第16章 / 朦胧爱意

柳茜小姐：

在别尔姜斯克向您道别，我曾说过会写信给您，等我感到大限临近……或者觉得空虚。虚幻感出现得非常明显，大脑毫不思索，在一些下意识的举动与行为之间，骤然清醒过来，深切地感触到这片虚空。无疑，这是病兆，并非躯体上的，而是精神上的。

他自己分析异常的感觉，并记述下来：

有时，它让我陷入痛苦的思虑，觉得昔日的心境是温婉的，但因为这种感觉的躁动不已而况味大变。您多半知道，这就是那种令人心烦意乱的遗憾，根本不可能领略到哪怕一丁点儿正是自己熟悉的那种幸福。

对于他与柳茜之间的关系，他这样倾诉：

我和您萍水相逢，短暂相处，因而现在只能使您一笑置之。甚至我还不晓得那笑是怎样的笑。我的反应则截然不同，显然要强烈些，因为当火车驶离时，人家说我脸色煞白。但这没啥，柳茜。我绝没有玷污对您的回忆，最后一天您那含情脉脉的双眸，有时会呈现在我的面前；当我从冷漠中惊醒，似乎在睡梦里听见您的"热情洋溢的心声"，这是曾切近地在耳畔响起过的。

同一封信中，他又这样表露，仍然半似清明半似迷糊：

柳茜，当您读着此信时，我确知您全然不会理解我近日沉陷其中的痛楚。我自己也知道，一个人平静下来，就不会为任何事情苦恼。心平气和的人，读到像我写的这类信函，绝不会理解打开心扉、袒露心房隐秘角落的那个人，正如何思潮澎湃。柳茜，在我心目中，您既如此辽远又何等亲近，我那最美好的欢愉时光，永远留存为一段记忆……恰恰是对您，我坦陈萦绕心头的一切。

这样记述着的时候，尼古拉的境况如何呢？看他简略的告白吧：

如今我独自待在这里，待在沃伦省的舍佩托夫卡，距波兰边界5俄里。这小城镇地处偏僻，道路泥泞不堪，通行不便……我病着，步履艰难，满腹郁闷……心情变得沉甸甸的，真怕会发生什么意外。

什么意外呢？在同一封信中他直言：

……任凭"勃朗宁"乌黑的枪口对准着，随时准备一命呜呼。

同时，他也坦陈自己已"热爱一种思想，这种童话般的思想那么美妙和崇高，我们和庸碌之人为伍，便永远难以企及"。

多么复杂又多么单纯，多么晦涩又多么显豁。特定年月的特定袒露，使得保尔·柯察金的原型——尼古拉·奥斯特洛夫斯基展示出精神状态的另一面。半似少年，半似青年，尚未恋爱，却在爱河旁做了片刻流连，被朦朦胧胧、隐隐约约的情感困扰一时。他需要倾吐、宣泄。

此信的开头，称柳茜为"小姐"，这在他是仅有的一次（对别人也似乎从不如此称呼），之后便直呼其名，或前加"亲爱的"，或后添"同志"。信末有几句附言，前面用了两个英文字母：P. S.（英文Post-Script的缩写，意为"附笔"、"又及"），或许不谙外文

第16章 / 朦胧爱意

的尼古拉,也曾一度赶"时髦"呢。

在这以后,1923—1924年,尼古拉还和柳茜通过信。在他心目中,柳茜时而像稚气未脱的黄毛丫头,时而又像情窦初开的大姑娘。在写给她的信内,尼古拉时而欲言又止,如在隐约地示爱;时而直愣愣地表明自身的政治立场,硬生生地把女孩推向"敌方"。他会满怀激情地说:"是党在动员千百万赤贫如洗而心地纯洁的群众。我愿为党贡献最后的力量、最后的希望。我本人是无产者、工人的儿子,生命虽短促,却全身心地投入党的活动,我因而有权在被称为共产主义的大家庭中占有一席之地。"

此信写于1924年3月25日,距离他入党的日子(同年8月9日)将近半载。在信中,他仿佛傻气直冒地对柳茜说:"我不知道您的思想(大概,您置身于敌对的阵营),然而我的信不是写给顽固的资产者或小市民的,而是写给那个当初从车站离去的、可爱又可亲的柳茜的……那种名叫悲观失望的病症再次使我心乱如麻,于是我写信给当时离去的您——唯一的、遥远的柳茜。"

1924年8月8日(次日,8月9日,奥斯特洛夫斯基成为正式党员。他获批为预备党员则是在1923年10月27日),他胸中必定涌动着崇高的政治热情,他在信中这样坦陈:"您在信里问我,党给我什么呢?给我自己所没有的,即由我们所推动的、强大的、宏伟的事业。我们只热爱它,为它献出整个身心。"恰如发出誓言一般,尼古拉直言:"我们的个人生活过于黯淡,为了不背离立场,需要忍受太多的痛苦,但这对我们而言是微不足道的。只要着手工作,只要党率领所有为党贡献一切的人们前进,我们的任何痛苦便都烟消云散。"

对于他俩之间的关系,尼古拉依旧闪烁其词,透露了内心的迷惑与怅惘。他先是怯生生地表示担忧:"我只写信告诉您一个人,当年有位姑娘意外地出现在我的生活中,打那以后,我连一分钟也没再得到过那样的爱抚。"然后又知错要改般地表示："此地众多的同志把我视为伙伴，视为干部，如果他们当中有谁得悉，我这个才20岁、平时硬气得和年龄不相称的人，竟写信给远方某个可能身在另一营垒的姑娘，谈论这样的内容，那人家会怎么想啊？"随即赶紧申明、解释："我之所以写信给您，是因为在我的个人生活中，您是唯一曾给予我温存的姑娘……我不给您说什么爱情之类的话。现在对我而言，这已很遥远，只是留有记忆。那是我个人生活中的一幕情景，完全成了我的隐私，很多人并不知情。"他甚至猜测："谁说得准呢，假如我们此刻相遇，也许会彼此视同陌路。"

尼古拉·阿列克谢耶维奇·奥斯特洛夫斯基和别莲富斯·柳德米拉·弗拉季米罗夫娜，此后再也无缘会面。直至1935年，柳茜从报纸上得悉奥斯特洛夫斯基的事迹后，于12月2日给他发去一封信。奥斯特洛夫斯基当即复函，并寄赠一本《钢铁是怎样炼成的》。在信中，尼古拉说："十三年了！多长的时日。但仿佛才是昨天的事儿。这少年时代的纯洁友谊多么美好。回想起和年轻的女孩子在火车站分手的情景，立刻感到一阵惆怅。回忆那美妙的、无法复制的少年时光，总会如此。"

经过时间的淘洗，尼古拉的回忆何等纯净、温馨。他们的相遇和通信，反映了在现实生活中，尼古拉从少年至青年这一时期言谈举止和念想思虑的另一面，这完全符合其生理、心理的发展规律，并留给我们不小的想象空间。比如，在"清纯可爱的小妹妹"柳茜身上，尼古拉是否想当然地泼洒了不少主流思潮的颜料呢？又比如，在小说中，保尔·柯察金感到"亲吻是如此炽烈"的冬妮亚身上，是否自然投射了柳茜的一些可爱举止的光影呢？

为了不至于过早崩溃

第 17 章

时间暂且稍稍逆转，穿越到 1920 年。

那是 8 月 22 日，头部受伤的尼古拉·奥斯特洛夫斯基被送进基辅的军医院急救。10 月，由于伤重致残，一目失明，他退伍了，要回舍佩托夫卡，要到母亲身边去。一身伤残，离开部队，依依不舍，满腹忧悒；即将见到慈爱的妈妈，又怀着一种迫不及待的心情。

将近年底的一天，北风凛冽。基辅市火车站。候车室内，人声喧闹。尼古拉·奥斯特洛夫斯基，这个刚满 16 岁的小伙子，坐在厚重的橡木长椅上闭目养神。显然和众人一样，他是在等待，要乘车。

这时，从外面进来了一个小伙子，名叫诺维科夫①，乍一看，有点儿像尼古拉，因为他也头戴军帽，身穿军大衣。没错，他也是名红军战士，奉命前往德涅泊尔河右岸，去找一支部队。他要乘坐的列车，要等上整整一夜才开，所以，他现在得在候车室里找个空座位，睡也好，醒也好，挨过长夜。他绕来绕去，到处是人，这儿那儿，还乱糟糟地堆放着麻袋、竹篮、布包，连插足也不容易。

---

① 诺维科夫·彼得·尼科拉耶维奇（彼得鲁什卡、彼佳、彼得鲁尼、彼得鲁什、彼得鲁沙、彼得罗、彼杰奇卡、彼士巧克、彼图首克），尼·奥斯特洛夫斯基的挚友。

哦，那边的橡木长椅上倒……他挤过去，请奥斯特洛夫斯基稍稍挪动，这才总算坐下。尼古拉闲着没事，见他是个现役军人，很自然产生了一种亲切感，随口问道："你打哪儿来？要去什么地方？"

"哦，这是军事秘密。"人坐定，心也定了，诺维科夫打趣地回答，"谁敢保证你不是绿林强盗或者马赫诺匪帮呢？"

马赫诺是一支流寇部队的首领，专和苏维埃政权作对。

尼古拉从诺维科夫诙谐的语调中，听出了友善，便来了谈兴。

"咱俩认识一下吧。我是尼古拉·奥斯特洛夫斯基，共青团员。我听说过绿林强盗，也晓得马赫诺。不过，我跟他们肯定不是一伙的。我不像他们似的，打扮得怪模怪样，年龄也太轻。"

"你多大了？"

"1904年生的。"

"哦，比我小4岁。"

诺维科夫注意到，浓发栗色、面颊消瘦、前额宽阔、眼珠深褐色的奥斯特洛夫斯基右眼上方有一条浅淡的伤痕，就指了指探问："这是什么时候给你留下的纪念？"

"在第一骑兵军的时候。弹片伤着了脑袋，还有肚子这儿。在军医院待了很久，人家都以为我性命难保。可你瞧瞧，还活着呢。这会儿回家去休假，回舍佩托夫卡。哎，你家在哪儿？"

"哈尔科夫。亲属全在彼得格勒。"

两个人越说话越多，仿佛他乡遇故知。他们谈得最带劲的，是部队怎样和入侵者、和形形色色的匪帮作战，包括一些趣事。

诺维科夫说尼古拉伤得这么厉害还活着，真是命大。尼古拉笑嘻嘻地答道："我确实命大。部队里的那些老头兵中间……"

诺维科夫听到这里，不禁笑着打断他："哈哈哈，你们第一骑兵军里也管其实还年轻的战士叫'老头兵'吗？"

第17章 / 为了不至于过早崩溃

"对。老头兵中间流传着一种迷信的说法:在战壕里,如果三个人先后用同一根火柴点烟,最后一个点的人,一定会被打死。可前线的火柴相当紧缺,不够用。为了向老头兵们证明,那种说法是无稽之谈,我偏偏在一场战斗打响前,第三个点烟。结果呀,不讲你也知道,我还活着。这个事实,使他们摒弃了一种迷信观念。"

两个刚刚认识的战友,同时发出爽朗的笑声。

谈得投机,不觉天色渐明。两个朋友得各自上车了,真有点儿舍不得分开。

尼古拉和诺维科夫交换了通信地址后,握手道别。

"哥们儿,咱俩还会再见面的吧?"尼古拉怀着惜别的心情问。

短暂的候车室邂逅,给双方都留下了深刻的印象,尤其是尼古拉的乐观、热情和风趣。诺维科夫发自内心地、真诚地回答:"当然还会见面。山和山,相逢难;人跟人,常相见。咱俩准能成为好

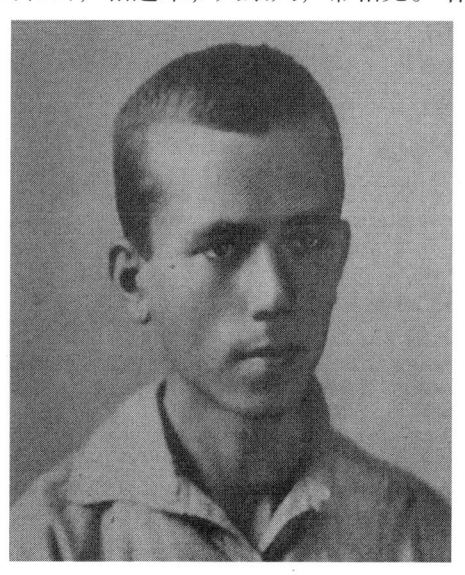

1924年,尼·奥斯特洛夫斯基在哈尔科夫。

朋友。"

确实如此。1924年，奥斯特洛夫斯基去哈尔科夫治病，再次遇到诺维科夫。

奥斯特洛夫斯基告诉他："我的两个膝盖又肿又疼，右膝盖更糟糕些……让我来修理修理……日托米尔的医生断定是膝关节结核，得接受泥疗，要不就完了。"

这回，他在诺维科夫家寄居了一段日子，才进入哈尔科夫市的第一医疗器械研究所附属医院。

住院期间，诺维科夫曾多次去探视，而且不久后，他也进入该院治病。他要求和尼古拉同住一间病房。两个"战友加病友"，或者说，两个"难兄难弟"，一块儿度过了将近一年时间。诺维科夫像陪护的亲属一样，悉心照顾伤残颇为严重的尼古拉，他们的友谊更深厚了。

经过检查，有的医生认为尼古拉的双膝患了一种罕见的、非常难治的病症，需要截肢，把两条腿都截去。尼古拉一听，断然拒绝。主治医生韦格涅尔教授决定采用另一种治疗方法，说可能会有效，但接受此种疗法的患者会相当痛苦。

尼古拉在写给父亲的信里这样说：

目前，我在接受治疗，上次信里讲过的，他们往我的两个膝关节里注射碘仿和其他药物。这很疼。经过三四天的发冷发热，然后渐渐缓和过来，接着照样儿再次注射。这是下猛药，虽然难以忍受，然而是唯一有效的方法。肿胀消退了很多，眼下稍微还有一些。由于体质十分虚弱，他们正在考虑送我去疗养院。

的确是这样。把碘乳化剂注入膝关节，十到十五天为一个疗

第17章 / 为了不至于过早崩溃

程。这种疗法,疼痛剧烈,浮肿明显,忽冷忽热,接连好几天如此。奥斯特洛夫斯基既不抱怨,也不呻吟,还戏称这种疗法为"上刑"。

诺维科夫就在床边,注意到他紧咬嘴唇,强忍剧痛,可怎么也不吭一声。诺维科夫和其他病友,甚至一些医生护士,无不佩服他这一点。

一阵剧痛过去,奥斯特洛夫斯基闭目养神,需要休息较长时间。接着,他照常专心致志地看书;或跟人聊天,还开开玩笑;或找个对手下国际象棋,他的棋艺在这儿算是挺不错的。

后来,有一个病人入住这间病房,无论做多么小的手术,他都大吼大叫,说疼得吃不消。

人家指指奥斯特洛夫斯基说,学学他吧。这位老兄却回答:"他一定是感觉不到疼的。要不然,绝对会跟我一样大叫大嚷!"

奥斯特洛夫斯基听见这话,不由得耸耸肩,苦笑着说:"咳,我好像成了个不知痛痒的人喽!"

在这所医院里,各种治疗方法,包括注射碘乳化剂,对奥斯特洛夫斯基的病症都没有取得明显的效果,反倒使他体质越来越差了。不过,奥斯特洛夫斯基仍对疗伤治病抱着希望。他在一封家书里说:

我这会儿在写信,恰恰是刚刚注射了碘仿和其他一些辅助药物,可见不舒服的、疼痛的感觉确实没什么大不了……但愿像俗话说的,会云开日出,时来运转。

在另一封信里他又颇为乐观地表示:

亲爱的父亲，只要运气好，康复了，活蹦乱跳地回到家中，那我就要在亲爱的党内开始工作，并且帮助你们。我常在你们的来信中读到抑郁的字句，诉说家里的贫穷困苦……亲爱的爸爸妈妈，我保证，你们只要再稍稍忍耐，等到年底，我可能就回来了。

同年，他给哥哥写的信中说得更明确：

我终于产生了切实的希望，健健康康地返回到你们中间……我的前景变得光明些了。

手术后，他只是双膝的症状略有缓和，不久便又恢复原样，甚至更差了些。医生不让他起床走路。实际上，除非有人搀扶，他自己已无法走动。大把大把的时间，他都得坐在轮椅里。在园子里，在露台上，他待腻了，有时也勉强站起来，扶着墙，挪动几步。

尼古拉并没有过多地浪费时光。住院，正好"空闲"，他趁此机会，读书看报。每天清晨，他都盼着当天的报纸快来。除了自己细看，他还会挑选一些，读给病友们听。对于国内外发生的各种新闻事件，他还亮出自己的观点与见解，引发讨论。

在这里，尼古拉结识了女护士达维多娃①。

1924年12月底，达维多娃度假结束，返回医院工作。走进三楼的一间病房，她看见了新病员尼古拉·奥斯特洛夫斯基，顶多20

---

① 达维多娃·安娜·帕夫洛夫娜（加洛奇卡，加利娅、加尔卡）（1902—1977），哈尔科夫医疗器械研究所附属医院的护士。后来，达维多娃在回忆录中这样说尼·奥斯特洛夫斯基："能走动的病人，常常坐在他的病房里，直到熄灯。""很喜欢音乐和歌曲，特别是乌克兰的民乐民歌。""去过我们家几次，认识了我的母亲。""对他最微小的关心，他都很珍视，并给予双倍的回报。"

第17章 / 为了不至于过早崩溃

岁模样,精瘦,中等以上的个子,头发浓密有致,眼睛灵活有神,床头柜上堆着许多书。

才几天,达维多娃就感到诧异。

这个比自己小两岁的年轻人仿佛磁石般有吸引力,连其他房间的病员也会来到他的床边,谈笑、争论、下棋,这间病房经常热热闹闹的。说话最多、嗓音最响的,正是这新来的小伙子。

晚间,休息铃早已打过,那里仍然消停不下来,达维多娃只好去干预,请他们遵守规章。但是,有时候一进去,自己也被他们所谈的内容吸引,身不由己地坐下来听,直到猛然想起自身的任务,才板起面孔,催大家安歇。

达维多娃得知奥斯特洛夫斯基老是由于膝关节疼痛而失眠,便常常守护在他身旁。奥斯特洛夫斯基轻言细语地给她讲述自身的童年趣事、战斗经历。达维多娃职业性的关切与耐心,尼古拉超出年龄的丰富见闻和自控能力,使他们不知不觉亲近起来。

母亲的劳累、父亲的衰颓和家庭的贫穷困厄,与尼古拉自身的病痛和久治不愈相比,更让他难受、自责。无法上班,怎么资助父母?他在家信中也透露了无可奈何的心情:

唉,爸爸,我亲爱的老爷子。妈妈的来信总使我十分痛苦。亲爱的爸爸,你真不知道我有多么痛苦啊。我一直知道,你在那儿过着怎样的日子,所以一直心头沉重,非常沉重。我的好爸爸,因为我没有力量。我身体虚弱,这样的消息使我难过得受不了。但愿能摆脱疾病的魔爪……

现实生活并非台上演的戏剧,并非作家写的小说,可以也必须删繁就简,去除枝蔓,文字精练,主题鲜明。现实生活往往状如一头水牛，身上挂着草茎，或长或短，脏兮兮，滴滴答答滴水；还有泥巴，大块小块，湿漉漉，往下掉落。

尼古拉不仅伤势重，病情复杂，还常常被一些事情搅得心烦意乱、生气发火。父亲年迈体衰，母亲操劳多病。这且不多讲了，先说说"怪女孩"事件吧。

1926年5月，尼古拉去了叶夫帕托里亚的迈纳克疗养院泥疗部接受医治。但他和哈尔科夫的第一医疗器械研究所附属医院的朋友们，比如达维多娃，仍保持着通信联系。

有个消息传来，令他十分恼火。研究所附属医院小卖部有个年轻售货员，名叫托霞·戈罗德茨卡娅，以"痴头怪脑"出名，有一天她忽然公然宣称，她爱上了尼古拉·奥斯特洛夫斯基。医院里的几个好事之徒乐了，来劲儿了，七嘴八舌，添油加醋，把清水搅浑，把子虚乌有的事情渲染得有鼻子有眼儿。起初说托霞单恋尼古拉，后来升级，说俩人偷偷地谈情说爱。细节不少，煞有介事，以讹传讹，招致一片混乱和喧嚣。

尼古拉平时手头拮据，很少去小卖部，跟托霞接触极少，谈不上有任何交往，有任何瓜葛。这种源自托霞之口的，被传得沸沸扬扬、乌七八糟的流言蜚语，使尼古拉非常气恼。他在信中要求达维多娃帮忙查查清楚，究竟是哪个家伙吃饱了撑的，在那儿胡编乱造、胡言乱语。达维多娃旁观者清，回信冷静地劝他"不轻信，不查究，不驳斥"。尼古拉虽然也明白这种"造谣公司"的流言蜚语一钱不值，将怒火压下去一大半，可年少气盛的他依旧忍不住说："倘若我孔武有力，事情就会大不相同。我如果能够，恐怕会不顾后果、狠命回击的。"

他恨哪，恨自己体力上已贫弱到如同乞丐的地步。

没错，有一点他心里雪亮。不能迁怒于售货员托霞，这个怪女孩

第17章 / 为了不至于过早崩溃

只不过是脑子不大好使，爱胡思乱想，又口没遮拦罢了。她也是无聊绯闻的受害者。可恼的是有人存心捣蛋、故意诬蔑，唯恐天下不乱。

幸亏哥哥米佳的一封来函，否则，尼古拉的倔强劲儿一上来，只怕事情会闹大，弄得一塌糊涂。

原来，米佳来信告诉弟弟，家里收到一封信，说他跟托霞如何如何，极尽抹黑、丑化之能事，还请亲友中的党员出面规劝，让尼古拉别自以为是，不要胡来……

尼古拉·奥斯特洛夫斯基又被激怒了，他感到郁闷、憋屈。但毕竟他已积累了不少人生经验，面对莫名其妙的谣传和攻击，他硬是运用自控能力，冷静思索，审慎处理，使身心所受到的伤害降到最低的程度。看吧，他在信中展示了已摆脱烦恼的洒脱心情和诙谐态度："研究所的附属医院里，这段时间吵闹不休，像个议会。如果掺和进去，那可真要命了。"

现实生活时而刻板呆滞，时而变化无常。治疗期间，尼古拉和团干部罗德金娜①成了好朋友。罗德金娜对他非常关心，给过他不少帮助，出院后仍跟他通信频繁，继续关注他的身体状况，乃至他家贫穷困窘的境况。

他们在信中无话不谈。罗德金娜家分配到一所大房子，在切尔卡瑟区，目前正在装修，由妹妹玛尔克西娜·罗德金娜照管，以后她们全家都会搬去住的。罗德金娜向尼古拉探问，是否可以考虑让他的母亲前往切尔卡瑟，帮着做做家务，反正她总要请一位家庭女工。尼古拉是个孝顺儿子，虽然不想让母亲操劳，但他也知道，由于自己尚需疗伤治病，家里的经济情况捉襟见肘。罗德金娜是共产

---

① 罗德金娜·玛丽娅·玛尔科夫娜（玛尼娅、穆霞、玛丽卡），共青团干部，在哈尔科夫和尼·奥斯特洛夫斯基认识后成为朋友。她是《钢铁是怎样炼成的》一书中朵拉·罗德金娜的原型。

党员，素质很高，她的丈夫瓦尼亚①是位军人，让母亲去她家干点儿家务，未必不是个权宜之计。考虑再三，两个人定了下来。于是，尼古拉的母亲乘车来到切尔卡瑟，见过了罗德金娜的丈夫瓦尼亚和妹妹玛尔克西娜，但当天便乘车返回舍佩托夫卡了。为什么没留下来呢？尼古拉写信去问过，母亲没正面回话，要么不置一词，要么含糊其辞。问急了，她就答非所问，说瓦尼亚不错，"绝对是个好人"。听话听音，尼古拉还不了解妈妈的性格和脾气吗？他忍不住在给罗德金娜的信中坦言："你的妹妹玛尔克西娜对待我母亲的态度，完全不是对待老年人所应持的态度。"

这段使双方都觉得尴尬的小插曲，竟一度使二人通信中断，这在尼古拉的意料之中。他在一封信的末尾写道："若有得罪之处，尚希见谅。非常遗憾，可毫无办法。"但后来，待双方心平气和，这事处理得还挺好。美好的友谊并未像游丝般断裂。尼古拉后来去函时并不掩饰，而是直言不讳，倾吐胸臆："如今你我似乎不像去年那么亲密了。真没想到，会弄成这种样子。然而，我忘不了昔日的友谊，忘不了你对我的关切，总之忘不了感受到的一切美好的东西。"最终，双方的坦率、谅解与宽容，驱散了阴霾，俩人的关系多云转晴了。1930年7月6日，他在写给罗德金娜的信内，称此事为"小小的嫌隙"，说真想讲述那份委屈："是你让我感受到那份委屈，而你自己并不知情。当时我觉得满腹委屈，如今回顾，却付之一笑，因为最错的是我，而且我没跟你明讲。不过，那会儿我还是傻乎乎的。只要能够重逢，咱们可谈的话题多着呢。"

一个人在漫长的生活之路上，难免遇到沟沟坎坎，尤其是那些

---

① 瓦尼亚（瓦涅奇卡、瓦纽沙），即伊凡·普塔幸斯基·尼基福洛维奇的昵称，部队政委，1923—1925年生活在哈尔科夫。

第17章 / 为了不至于过早崩溃

意外的、似乎微不足道的琐事，如果处理不当，也可能使人长期纠结苦闷，无法释怀，甚至摔倒趴下，一蹶不振。然而尼古拉在思想感情上抵御住了这类冲击。实际上，那段时日，他的体质特差，治疗特别不顺利。

他自己这样表述："原本就多病，现今又雪上加霜……脱臼的左臂，和肩胛骨粘连，动弹不得。就我而言，这是非常严酷的，因为被剥夺了拄着双拐行走的最基本条件。病情一天比一天糟。此刻我躺着，动弹不了，已有两周。手臂火烧火燎地疼，平静不下来。第二次手术未必会做——我体力不支，而研究所附属医院5月底将关闭大修，人员得转移，去哪儿，我还不清楚。但以目前这种丧失了行动能力的状况来看，向何处转移，今后怎么办，都成了摆在我面前的问题。动过手术的那条腿，完全无法挪步。因此，有了双重困难——手脚动弹不得和膝盖日益肿胀。"

尽管如此，尼古拉精神不倒，乐观依旧。而且，琐琐碎碎的烦恼事儿，反倒让他意志经受磨砺，素养获得提升。诺维科夫、达维多娃等挚友，先是常在身边交谈、帮忙，后来是书信联系、互通音讯，这也使他感到温暖，力量倍增。

是的，尼古拉·奥斯特洛夫斯基日益成长着、成熟着。

达维多娃和尼古拉之间的纯美友情，给双方带来愉悦。这位女护士有着很强的上进心，她边工作边上学，长期刻苦攻读，后来成了一名医生。

尼古拉一直关注着达维多娃的学习成绩，他会打趣地问："小老太太，情况怎么样？快当医生了吧？快要发明什么新药了吧？"

在转院治疗前，尼古拉曾应邀去达维多娃家做客，认识了她的妈妈和妹妹。

泥疗的效果不佳，他自己也无奈地说："反正我离开拐杖寸步难行了。"

1925年9月13日，他写信给达维多娃：

> 读读，写写。周围寂静无声。哪儿也不能去，仅仅去接受治疗，随即返回。这样过了一天又一天。如此长久不变的孤单寂寞，令我心头郁闷沉重。一条走廊好长好长，我的房间在长廊尽头，什么声响也传送不到。唯一能从外界到达我这儿的是信件。仅此而已……层层思虑，团团愁绪，你是无法体会的……我心里升起一个愿望，用什么方法中止这种辗转求医的过程。心烦意乱，日思夜想，要去工作。加利娅，于是我来了傻劲儿！一味固执、自闭……趁着对生活、对工作尚抱有信心，怀有憧憬，随后我将留意各种成功的机遇。

诺维科夫这样回忆尼古拉："他成天躺着，预备写一部历史的、抒情的、英雄主义的小说。他说这并非笑谈，当真要写，但不知会写成什么样子。"

这一切都表明，那时尼古拉主意已定，在为写小说做准备，甚至已经动笔了，但尚无把握，尤其因为病情仍在发展。他对身为医务人员的达维多娃坦言："加利娅，你比别人更理解我的奋斗多么艰难。桀骜不驯、诡计多端的病魔挡住去路，与它的斗争目前还没什么成效。"

尼古拉·奥斯特洛夫斯基是不大愿意跟别人多谈病啊残啊的，达维多娃是个例外。当时，他可以敞开心扉交谈的朋友不多。正如他本人所表露的："我刚一觉得有什么不如意，就会设法排遣郁闷的情绪，给至今保持着联系的友人写信。无论怎样，他们毕竟能使我和外面的世界多少有些关联。要知道，我几乎完全与外界隔离了……我缺少朋友。我指的是彼此理解的朋友。"他一次次地向达

第17章 / 为了不至于过早崩溃

维多娃诉说与咨询,并直言自己的困窘与坚韧:"X光片显示……第二块脊骨出现炎症,是真正的慢性脊椎炎。你知道,这是极糟糕的现象。屋漏偏遭连阴雨。这使得生活的车轮更向一边倾侧。加尔卡,你是否觉察到,我是发掘疾病新品种的高手!我寻思,用不了多久,自己还会有所发现,大发其病。那可就病海无边喽……""另一条战线近况很好。在这条意志的战线上,犹豫和软弱被彻底歼灭……前线异常吃紧,消耗着好不容易才积聚的兵力,这儿正严重减员。谁战胜谁的问题尚未解决,不过敌方(病魔)获得了强大的增援(慢性脊椎炎)。""我担心的是脊椎。它疼得厉害……夜里老是睡不好觉。由于手脚酸麻,仰卧不行,侧睡则腰部剧痛。自己怎么也无法翻个身,得别人帮忙。我几乎不能行走了,一天挪动十步也极其费劲。""为了不至于过早崩溃,需要坚强的意志。当一切显得灰暗时,日子经常过得郁郁不乐,但基本上自己能控制。带着斗争硝烟和建设热情的生活太吸引人,真让人无法轻生。无论怎样,至少永远怀着新的希望,纵然道路坎坷,但我会工作的。目前,生活在打击我,而我还手无力。""不久前,左臂和左肩丧失了活动能力……关节火烧火燎地疼啊疼啊,然后便僵化了。""我留意,我看出,自己最后一线勉强行走的希望正被病魔逐渐侵蚀。不用多久,它会抵达终点的……夜间盗汗,淋漓不止。心情烦闷……有时疼得相当厉害,但我默默忍受,对谁也不诉说,抱怨的感觉仿佛麻木了。我变得面无表情,而心中经常郁闷……你提到精力和意志。后者我有,但前者缺失,它被肉体上的痛苦消磨殆尽。只要这种痛苦有所缓解,我便'轻松'一些。否则,有时我不得不紧紧地咬着牙,以免像狼似的拉长声音狂叫。"

至于诺维科夫和他,更是互爱互助,要好得不得了。尼古拉长期疗伤治病,靠的是微薄的抚恤金,每每青黄不接,囊空如洗。诺维科夫退役后到矿上工作，虽然收入也一般，但他是尼古拉的主要支持者和资助者。

尼古拉在温泉疗养院期间，曾经因为相关部门的官僚主义习气严重，迟迟没收到一笔抚恤金。几经催讨、交涉，对方答应两星期后汇35卢布过来。但是，他必须立即支付两个星期的伙食费——25卢布，否则就得饿肚子了。当时，他的确已身无分文，怎么解决燃眉之急呢？正在一筹莫展之际，他收到了一笔来自哈尔科夫的汇款——不多不少，正好25卢布。这可真是雪中送炭，帮了大忙，问题统统摆平了，尼古拉精神上也不那么焦灼紧张了。当然，那是诺维科夫寄给他的。

后来，尼古拉自个儿动手，装了一部收音机。要不是诺维科夫等好友出力帮忙，这事儿恐怕不得不半途而废。

尼古拉在索契生活期间，有一段时间朋友们很少来信，他和当地的年轻人又缺乏联系。俗话说：不怕万难，只怕孤单。他向有关方面提出要求，终于有机会参与、指导一个文学研究小组的活动。他们每周聚会一次，互相介绍国内外的文学著作，阅读报刊上的评论文字，讨论小组成员刚写好的作品。奥斯特洛夫斯基往往最后一个发言。由于事先仔细阅读，当场认真聆听，他所谈的内容，既有概括性，又见解独到，明晰犀利，令人折服。

1930年9月11日，尼古拉·奥斯特洛夫斯基已经既瘫痪又失明，正在创作长篇小说《钢铁是怎样炼成的》。他给诺维科夫写过信，其中所表露的感情，绝不空洞，更非虚妄，而是激情的迸发、意志的腾跃：

如今我被钉在床上，这并不表明我是个病号。这并不准确！是胡说八道！我是完全健康的小伙子！我的双脚寸步难移，两眼视而

第17章 / 为了不至于过早崩溃

不见——这纯粹是误会,是魔鬼开的愚蠢的玩笑!只要此刻给我一条腿和一只眼睛(我不奢望更多),我准能表现得更好,如同在我国所有建设领域中奋斗着的任何人一样……

通过诺维科夫的介绍,一位名叫洛扎的女病友认识了尼古拉,很快两人就亲密无间,无话不谈。尼古拉曾鼓励她积极努力,争取入党,说:"有了目标,生活便有意义。"同时,他也十分关心病友的健康,说:"既然觉得有丧失劳动力的危险,那就赶紧放弃一切工作,快快修理一下身体。这是一个战士用什么也换不来的财富

洛扎挺感谢诺维科夫介绍她认识尼古拉,称赞尼古拉"心灵水晶般纯净",说自己"在他床边一坐就是几个小时,谈起来滔滔不绝,仿佛我们拥有取之不尽、用之不竭的语言源泉、思维源泉……他那躯体已失去自由,却有一个完全强健的头脑,充满激越的思想,蕴藏着无穷的力量,流露出那么淳朴的诙谐,释放着年轻人特有的激情"。

洛扎后来病重,过早地去世了,诺维科夫和尼古拉等挚友十分惋惜与悲痛。

女护士达维多娃后来毕业于医学院,当上了医生,结婚后离开了哈尔科夫。她给奥斯特洛夫斯基去过信,但不知何故,奥斯特洛夫斯基并未收到。他四处跟人打听,也没弄清她的确切去向。后来,奥斯特洛夫斯基创作成功,名声大振,誉满全国。而达维多娃呢,她的父亲出生于破落的贵族家庭,十月革命前在征税机关任职,母亲则是神甫的女儿。为此,她常常多思多虑,心头沉郁。幸运的是,达维多娃在革命队伍中并未因出身问题而受到歧视或迫害。她自己思想上追求进步,业务上刻苦钻研,但由于主流思潮的无形却有力的影响,她每每受到自卑感的侵扰。得悉尼古拉的成功后,她既为曾经的挚友高兴激动,又觉得自己和他是"来自两个世

界的人",似乎不宜夸示双方的亲密友情,以免让某些人误以为她别有企望。她激奋之余,确实发过一封祝贺信,却没收到尼古拉回复,不知是没寄到,还是淹没在每年数以千计的信件堆里了。但她瞎猜一通,疑虑重重,竟没有勇气再动笔了。

作为一名医务人员,达维多娃在整个卫国战争期间,不顾个人安危,到列宁格勒等地救死扶伤,获得数枚军功章,并在部队中入了党。

达维多娃后来一再回忆起那特别艰困的战争年代,深情地怀念奥斯特洛夫斯基。她说,自己常在脑海中和这位好友谈心,向他请教:该怎样思索,怎样行动——

好像我一直和他在一起,得到他的回答、他的精神支持。我们互换了位置。如果说,以前在哈尔科夫的医疗器械研究所附属医院,奥斯特洛夫斯基有时需要我的照顾和支持,那么现在,我深感到需要他的帮助。他鼓励我必须坚定、勇敢,恰如他以《钢铁是怎样炼成的》一书来教育千百万同龄人一样。

达维多娃战后返回故乡哈尔科夫。接着,她先后到基辅、叶夫帕托里亚工作,担任过骨结核儿童疗养所治疗部主任,退休后还做过一家假肢厂的医生。

诺维科夫与奥斯特洛夫斯基的友谊则是终生的,他们经常通信,也有机会见面。奥斯特洛夫斯基非常重视《钢铁是怎样炼成的》乌克兰文版的出版,有关事宜,他全权委托诺维科夫处理。这个版本于1934年顺利面世。

诺维科夫和达维多娃有一个共同点,即他们晚年都撰写并出版了回忆亡友奥斯特洛夫斯基的书。诺维科夫的那本名为《做一名战士是幸福》;达维多娃的那本叫《追怀尼古拉·奥斯特洛夫斯基》,书中还收入了尼古拉生前所赠的一张照片呢。

第18章 "老爷子"和"二妈妈"

从1924年9月至1925年6月,再从1925年10月至1926年5月,将近一年半时间,尼古拉·奥斯特洛夫斯基在哈尔科夫的医疗器械研究所附属医院接受治疗。没有任何效果。然后,他被送往叶夫帕托里亚的迈纳克疗养院,据说那里的泥疗可能会产生明显的成效。

病残严重,久治不愈,奥斯特洛夫斯基并未丧失信心。谁愿意一辈子病体支离?谁愿意一辈子双拐相伴?1924年底,有医生提出,或许需要考虑双脚截肢,他吓了一大跳,坚决不同意。锯掉双脚,那是韦格涅尔教授赴德返回之前出现的一种建议,是他的助手——另外几位医生提出的,他们打算在别无他法、万不得已时这样做。奥斯特洛夫斯基执拗地说:"明摆着的,我这辈子宁肯脑门上挨一枪也绝对不截肢。锯掉双脚,岂不成了废人一个。"

这是一个普通伤残者很自然、很强烈的第一反应。若是听而不惊,淡然允诺,那反而令人诧异了。谁愿意毫不在乎地割弃一部分肢体呢?

在迈纳克疗养院,医生让他别走路。实际上,那些日子他步履艰难,除非有人搀扶,否则就无法动弹;有时候,扶着墙勉强能稍稍挪动几步。此处正是春暖花开的季节，他经常坐在轮椅上，从阳台上眺望丝绸般起伏的海面，倾听阵阵轰响的涛声，享受着难得的静谧和愉悦。

那些天，他写给朋友们的信函，也透露出这样的情绪。他说自己已"安顿妥当"，"远离市区及其他疗养院，安安静静"，"坐在轮椅车上，被推来推去的，所以自己并不疲劳"，"阳光普照，暖暖和和，真正的南方气候"，"一片寂静，满目苍翠"，"伙食供应充足，我的胃口大得惊人，吃得好不痛快"。此时他对治病，对以后做力所能及的工作，依旧抱着很大希望，甚至能以洒脱而风趣的口吻这样推想与表述："在哈尔科夫，团中央会帮助我找到一份'坐机关当老爷'的轻松活儿，我可以默默地工作和生活"，"我预计能挣100卢布，维持生活。我要找个老婆，否则缺乏支撑，难免夭亡。双翅剪断，空有凌云之志，也只能这么打发日子了"。

先是在叶夫帕托里亚的迈纳克疗养院，后来在索契的老马采斯塔第五疗养院及莫斯科大学第一内科实习医院，奥斯特洛夫斯基有机会结识一些病友，获得他们的真诚关心与种种帮助，有的还与他成了终生的挚友。

比如医学院的一名大学生——芬克利什捷因[①]。结识奥斯特洛夫斯基的时候，他正因病住院。一天，有个重病人躺在担架上被抬进了13号病房。病人脸上的表情很平静，聚精会神的样子，浓眉下的双眼直直地凝视着前方。在被轻轻地挪移到床上去时，他微微地张嘴说："请把枕头放平整一点儿。"

芬克利什捷因是个热情的小伙子。瞧着病床上的奥斯特洛夫斯

[①] 芬克利什捷因·米哈依尔·齐诺符沓维奇（米沙、米申卡、米舒奇卡），尼·奥斯特洛夫斯基的好友。他经常为奥斯特洛夫斯基做一些繁杂而重要的事，婚后还和妻子玛莲卡娅一起，帮助奥斯特洛夫斯基。

第18章 / "老爷子"和"二妈妈"

基那前额宽阔的脸庞、显然动弹艰难的躯身，他真想跟他认识一下，遇事能帮上一把。可年轻的大学生有些腼腆，犹豫了一阵，才走到床前，简直像要请对方伸出援手，帮什么忙似的，他轻声说，自己过来，是要提出一个同志式的建议……奥斯特洛夫斯基终于听明白了，这个医学院的大学生，希望帮他做些琐碎的事儿，比如读读报、寄寄信之类的。哦，太好了。这雪中送炭般的、主动而诚恳的表示，尼古拉听了好不高兴。他笑了，像个小孩子，还不禁伸出手来，和米沙握了握。米沙也不再腼腆。两个人虽系初次邂逅，却似挚友重逢，不一会儿便聊得很开心。

打这以后，小伙子老是到13号病房里来，跟尼古拉说说话，帮他拉拉被褥，扯扯枕头，和护士一起，搬动尼古拉的躯体。当然，借本书或杂志、寄封信之类跑腿儿的杂事，干得更多。《钢铁是怎样炼成的》面世后，尤其是各种版本陆续推出时，奥斯特洛夫斯基直接拿到的样书不多，而他要馈赠的朋友不少，向出版单位购买，有时会耽搁时间。尼古拉·奥斯特洛夫斯基是不愿意让朋友失望的，少不得拜托芬克利什捷因去交涉，或到书店里买。有一回，他在信里如此率性、如此急迫地请求："亲爱的米申卡，我不止一次地写信给青年近卫军出版社，请他们除了送给作者的25册样书外，再卖给75册。我至少要这个数，否则不够分赠给朋友和组织……跑吧，跑遍各家书店，像疯子似的搜索每一本书吧。"

正因为熟稔到这般程度，尼古拉在写给芬克利什捷因夫妇的一封信中，才会使用如此曲里拐弯、满溢着幽默味儿的落款："忠实于你们的好柯里亚，一个爱寻开心爱瞎扯其实是爱交友的小伙子，对你们的忠实'至死不变'。虽然这样表达缺少文采，却是事实。"

前面已提到过，奥斯特洛夫斯基很怕被褥枕头起皱褶，因为他自己动弹不易，常常被硌得生疼，要麻烦别人帮忙。后来，他动脑筋，想办法，一次次试验，希望能不再麻烦别人。首先是意志，一旦下了决心，就要坚持，绝对不退缩，不半途而废，以致前功尽弃。被枕头或褥子硌得生疼，他不叫唤，不抱怨，不发脾气，不招呼人帮忙；他转移心思。比方说，考虑怎样给朋友写一封信，字斟句酌，详细地打好腹稿；在读函授大学时，就满脑子想着怎样做书面问答题，争取成绩好一点儿；至于在接受党团组织的委托，负责一个政治学习小组的日子里，他索性全神贯注地"备课"，力求能真正地帮助组员提高水平。他自己是这样表述的："在家里，在前线，在战斗中，在战地医院，我逐步锻炼。在包扎时，在手术中，我学会咬紧牙关，自我控制。即使松懈一分钟，也会发生不幸……总之，对让自己不好受的琐事置之不理，甚至关节或其他部位疼得厉害，也不去管它。要是屈服于这类感觉，成为它们的奴隶，那真会发疯的。我修炼到这样的程度，可以从意识中驱除身体任何部位的痛感……"

除了芬克利什捷因，病友多半是一线工人和党团干部。病容满面的尼古拉，行动艰困，不是躺着就是坐着，起初只是引起了大家的同情。但时隔不久，他那略带沙哑而挺有磁性的笑声，那热情洋溢、内容充实，而且巧妙地引用民间谚语的讲述，逐渐吸引了不少人。后来，居然每天都有一伙病友围在他身旁听他讲故事。他描述的，仍是亲身经历或所见所闻。有些生动的细节，若非亲历者是杜撰不出来的。在回忆和叙说当年红军的战斗故事时，他甚至激奋地唱起来，病友们也会跟着哼：

敞开喝吧，朋友，用水晶杯喝酒，祝愿躲过枪弹，祝愿军刀不会砍下我们人头！

祝愿我们乌克兰，永远不会衰败，祝愿我们的光荣——哥萨克

第18章／"老爷子"和"二妈妈"

的光荣能够永世存在。①

那时候就有人向他提出,把这些故事写下来呀,一定能赢得读者的欣赏和赞扬的。不过,尼古拉当时依旧相信病能治愈,还没有写书的打算,他要力争继续做共青团的工作。

切尔诺科佐夫②是个老革命了,有过被捕、流放的经历。在疗养院里,尼古拉·奥斯特洛夫斯基和他初次相遇,当时他正坐在桌旁看《真理报》。黝黑的瘦脸、紧蹙的浓眉、深陷的蓝眼睛、许久没刮的胡子,头戴半旧的鸭舌帽,身穿斜领黑衬衫,一副矿工的神态与穿戴,仿佛刚从矿井下上来似的。其实,早在十二年前,他就放下锤子,参加了边疆地区的领导工作。如今,由于腿上的坏疽久治不愈,他差不多已经卧床半载了。尼古拉来到这个疗养院,一经交谈,双方都觉得投缘。

切尔诺科佐夫认为尼古拉·奥斯特洛夫斯基很了不起,任何时候都处变不惊,说自己从未遇见过像他这样年轻而阅历丰富的人。他了解到奥斯特洛夫斯基正身处困境,就写信给一位中央领导人——中央监察委员会成员泽姆莉娅奇卡,建议给这个年轻人提供物质帮助。在信中,他明确地说:"我深信不疑,奥斯特洛夫斯基同志纵然失明,身体也垮了,但他依旧将对我们的党有用。"奥斯特洛夫斯基感到温暖和鼓舞,曾这样说:"布尔什维克的友谊永远连接着你和我。咱们确实是布尔什维克青年近卫军和老一代近卫军

---

① 这是乌克兰民歌《敞开喝吧,朋友》的部分歌词,书沧译。
② 切尔诺科佐夫·赫利桑夫·帕尔洛维奇(1895—1966),1912年入党的老共产党员,在老马采斯塔第五疗养院和尼·奥斯特洛夫斯基相识,成为朋友。他是《钢铁是怎样炼成的》一书中同姓人物的原型。他的妻子是斯科芙雅·安德列叶夫娜·切尔诺科佐娃。在现实生活中,切尔诺科佐夫非常关心尼·奥斯特洛夫斯基。1948年,写过回忆文章《爱他如子》。

的典型代表。"

1933年，切尔诺科佐夫荣获列宁勋章，1935年，奥斯特洛夫斯基荣获列宁勋章，他们彼此祝贺得此殊荣，并相互通信。切尔诺科佐夫在索契时，多次拄着双拐登门探望奥斯特洛夫斯基，关心爱护之情，犹如对待"亲生儿子"。

实际上，他们两人的年龄仅相差9岁。不过，切尔诺科佐夫的革命工作经验要丰富得多。奥斯特洛夫斯基对他很钦佩，很敬重，在送他的《钢铁是怎样炼成的》一书的扉页上题字：赠给我的挚友、老爷子。1948年，即尼古拉·奥斯特洛夫斯基逝世十二年后，切尔诺科佐夫深情地撰写回忆文章，标题就叫"爱他如子"。

切尔诺科佐夫热心地介绍奥斯特洛夫斯基认识了病友日吉廖娃①。

日吉廖娃和奥斯特洛夫斯基初遇那年，已经37岁。她在彼得堡做地下工作那会儿，人家管她叫"金工姑娘小淑拉"。几乎还是个小女孩时，她就尝过流放西伯利亚的滋味。奥斯特洛夫斯基给日吉廖娃的第一印象不错——身材很匀称，浓发朝后梳，天庭饱满，鼻梁笔直，面色苍黄，牙齿亮白，深褐色的眼睛似乎挺有神，毫无瑕疵。令她惊诧的是，他要从轮椅上站起来非常吃力。在奥斯特洛夫斯基眼里，日吉廖娃中等个头儿，圆脸，眼睛不大，颧骨稍稍突出，背有点儿驼；衣着很朴素，总是身穿白领子的蓝色连衣裙，头上缠着浅蓝色的三角巾，底下露出乌黑的短发。她娴静、文雅，遇事则热诚、爽快。当时，她是一家工厂的党委委员，分管妇女部的工作。

---

① 亚历山德拉·阿列克谢耶夫娜·日吉廖娃（淑拉、淑拉奇卡、淑洛奇卡、淑琳卡、淑洛切克）（1892—1956），女革命家。她做过地下工作，曾被流放到西伯利亚。她被以真名写入《钢铁是怎样炼成的》。

第18章/"老爷子"和"二妈妈"

日吉廖娃已经从切尔诺科佐夫处得知,奥斯特洛夫斯基这个比自己年轻12岁、入党四年的小伙子,因在国内战争中作战负伤,失去了健康,如今正辗转各地就医,努力争取归队。理所当然地,日吉廖娃以母亲般的深厚关切,不断地给予奥斯特洛夫斯基鼓励、支持,并主动帮助他解决各种实际困难。

这里要说明一下。1926年,奥斯特洛夫斯基已与拉依萨①结婚了。为了避免故事情节破碎,关于他俩的相识相知、恋爱结合,下面另行叙述。

经过一段时间的治疗,疗效初步显现,奥斯特洛夫斯基拄着一根拐杖,甚至丢开拐杖,也可以走动走动了。这时,奥斯特洛夫斯基的住院期也满了。老马采斯塔疗养院的医生建议他暂时住在索契,离得近些。日吉廖娃去找区党委书记,详细地谈了奥斯特洛夫斯基的丰富阅历、严重病况和当下的艰困处境。区党委书记答应给予照顾,但9月之前,即众多休养者尚未离去之前,很难调拨出空闲的公房。怎么办呢?刚来陪护照料的拉依萨犯难了,因为自己人生地不熟,而且手头没钱。日吉廖娃热心热肠,带着拉依萨,四处打听、寻觅,总算找到一间私房,由她付钱租赁下来,并帮着拉依萨把行动不方便的奥斯特洛夫斯基安顿妥当后,她才返回列宁格勒。

打这以后,奥斯特洛夫斯基和日吉廖娃通信频繁,传递着革命人之间的友谊。再后来,奥斯特洛夫斯基病体难支,一目早已失明,另一只眼睛的视力也越来越弱,亲手写给日吉廖娃的信,一封

---

① 拉依萨,尼·奥斯特洛夫斯基的妻子。她婚后的全名是奥斯特洛夫斯卡娅·拉依萨·鲍尔菲里耶芙娜(1909—1992)(拉娅、拉英卡、拉耶切克)。1940年,莫斯科设立尼·阿·奥斯特洛夫斯基纪念馆,拉依萨任馆长,直至1963年退休。她是《钢铁是怎样炼成的》中塔娅·柯察金娜的原型。1974年,她所撰写的《尼古拉·奥斯特洛夫斯基》,作为"名人生平"系列作品之一面世。此书的中文版不止一种,书名各有不同,如《永恒的爱》《尼·奥斯特洛夫斯基——妻子的回忆》。

比一封字体歪斜、字迹重叠，让人看不清楚。他知道日吉廖娃是近视眼，尽量把字写得大些，结果有些字大得出奇。

在写书出书的很长一段时间里，由于抚恤金很低，奥斯特洛夫斯基的生活十分拮据，必须细细计算，省俭节流，他甚至想提出增加抚恤金的要求。他偶然发现有几个月支出高出收入一大截，这是怎么回事呢？原来，日吉廖娃晓得他经常入不敷出，也了解奥斯特洛夫斯基的性格，所以好几次瞒着他，通过银行，汇款给拉依萨，好应付一些开销。奥斯特洛夫斯基刨根究底，从拉依萨嘴里问清了情况，怀着讶异、感激与愧疚的复杂心情，写信给日吉廖娃说："我终于弄明白了我们取之不尽的生活费的来源……"

奥斯特洛夫斯基夫妻俩亲昵地称她"二妈妈"。

1929年，日吉廖娃前往索契疗养院治病时，再次登门探视尼古拉·奥斯特洛夫斯基。奥斯特洛夫斯基又消瘦了些，视力减退得厉害，看人仿佛透过浓雾，模模糊糊的，而且眼睛不断发炎，疼痛不止。他仰卧在床，自己连翻个身也不行，但他并不抱怨，并不屈服，而是深深地思索着、准备着，恰如石头底下的幼芽，要争一方空间、几缕阳光。他那么喜爱阅读，而今却无法较长时间地看书了。但他请每个来到床边的、识字的亲友邻居帮着念书念报，自己细细听，牢牢记。是的，他开始在心中构想着一本书——自己创作的长篇小说。

后来，他从挚友诺维科夫处得知，假如到莫斯科，找到阿维尔巴赫[①]医生，便可望复明。

只要还存在着一线希望，谁会愿意放弃恢复视力的机会呢！

[①] 阿维尔巴赫（1872—1944），眼科专家、院士。1929年，他为尼·奥斯特洛夫斯基看过眼疾。当时打算做眼科手术，但由于炎症加剧而无法施行，只切除了甲状旁腺，以求遏止双眼乃至全身的发炎。1936年2月，阿维尔巴赫教授再次提出做眼科手术的建议，尼·奥斯特洛夫斯基拒绝了。

第18章 / "老爷子"和"二妈妈"

　　这期间,尼古拉·奥斯特洛夫斯基提出和拉依萨办理结婚登记手续。他提出此事不止一次了。拉依萨一直表示不在乎这么个形式,原因有两个:彼时彼地人们普遍不重视结婚登记,认为无关紧要;二是丈夫僵卧在床,寸步难行,去一次得兴师动众,极其麻烦。或者,请民事登记处的工作人员登门?这种交道恐怕很难打。那些天,拉依萨的母亲也在索契做客。她主张登记一下,往后无论碰到什么情况,拉依萨能以妻子的身份出面,代替奥斯特洛夫斯基办事。奥斯特洛夫斯基向在场的日吉廖娃求助:

　　"你想个办法,让我和拉依萨办妥结婚登记手续吧。应当使我们的关系具有法律依据。"

　　日吉廖娃二话没说,立刻去民事登记处商量。

　　"让男女双方来登记嘛。"办事员回答。

　　"一半能来,一半不能来。"

　　"苏维埃政权已经存在十二年了,我们从未有过这样的先例。"

　　日吉廖娃继续说服他们。次日,登记处的工作人员终于破例,登门办妥了手续。

　　1930年7月,日吉廖娃第三次去索契,原本要住院疗养一个月。可这一个月,她所有的自由活动时间,都花在了奥斯特洛夫斯基身上。

　　一天,已完全失明的奥斯特洛夫斯基听见足音便问:"妈妈,谁来了?"

　　客人一开口,他就辨听出来了。

　　这回,他告诉日吉廖娃,自己决定写小说,以亲身经历和所见所闻、所思所想的一切为基础,描述一个乃至一群年轻人如何投身革命,在枪林弹雨的战斗中奋勇杀敌,在天寒地冻的环境里艰苦筑路……他显然已反复考虑过了。此时面对挚友,他吐露了一个担忧——可别写成了自传。日吉廖娃越听越激动,为他鼓劲,劝他早日动手创作。

不过当时,日吉廖娃也曾暗暗揣想,这么一个重残者行吗?如此艰巨的工作,真能勇敢地开始,坚毅地进行,直至胜利完成吗?

1931年10月25日,尼古拉·奥斯特洛夫斯基从莫斯科发信到列宁格勒,告诉日吉廖娃,自己即将寄去《钢铁是怎样炼成的》第一部数章的稿子,要她读一读,谈谈最初的印象,给予协助。他在信上这样说:

我殚精竭虑,要完成自己的创作,但置身于我这样的环境,真是千难万难。尽管如此,作品还是写出来了。我写完九章,并打印好。目前正在整理书稿,再次找出拼写上的错误,予以纠正。近日我会寄上全部打印稿,你自己先看一遍,然后,亲爱的朋友,请转交给经验丰富的文字专家,转交给将对我的劳动成果做出判断的编辑部。你一看完,就来函谈谈发自内心的意见。当然,觉得作品不行也要直言相告。淑拉,我相信你的真诚。听说编辑部里存在着严重的官僚主义,那儿书稿积压着,尤其是文学突击手的作品……淑洛奇卡,如果你无法促使编辑部审阅我的作品,或者总而言之,要办此事困难太大,那么请看过书稿后,就寄还给我。我将自己踏上"苦难的旅程"。我得了重病,恢复过来才几天。体力不支,大大影响第九章的写作,已写成的和想写成的不一样,这一章应该写得场景更广阔、精神更饱满、色彩更鲜亮。但是,淑洛奇卡,哪里还有置身于我这样的环境,还继续从事创作的人呢?恐怕没有。我的屋子里眼下住着八个人。妈妈大病过一场,至今走路还勉强。拉娅的厂里没按计划完成生产任务,因此她白天黑夜在厂里忙……我对已写成的稿子持严格批评的态度,毕竟这是我的处女作,缺点一定很多。如果它不被枪毙,不被认为毫无文学价值,对我来说,就如同一次革命成功。

第18章 / "老爷子"和"二妈妈"

尼古拉·奥斯特洛夫斯基寄去的书稿,日吉廖娃收到了,细读了,掉泪了。她激奋地回信给奥斯特洛夫斯基,说:"我不是文学家,但你的小说震撼了我的心灵。"

日吉廖娃赶紧把稿子交给《汽笛报》编辑部,对方搁置了一个月,夸奖了两句就退了稿,说不了解作者,无意接受。日吉廖娃又把稿子送到列宁格勒国家出版社,对方收下了,搁置了两个月,也称赞了几句就退了稿,原因相同:作者是无名之辈。

奥斯特洛夫斯基等待得焦虑万分,接连发函。他并非一味催促,而是倾吐想法,反过来安慰日吉廖娃:

久久地盼着你的信,可至今未见。我已猜准,我的书稿在编辑部遭到否定,你不忍心告诉我这个消息。其实,这事儿早在我的意料之中,你不用为难。

此信写于1932年1月13日。同年1月30日,奥斯特洛夫斯基接到日吉廖娃的一封并非传递佳音的信,第二天便回了一封:

亲爱的朋友,你不知道,听着读信的时候,我的心跳加速了。我暗想,莫非自己交上好运,要从书堆里抽身,转入正在战斗的队伍了?我自问,小伙子呀,你对党欠下债,莫非能偿还一部分,而不再徒劳地四处求医问药了吗?随即又自泼冷水:男子汉,少安毋躁,不要兴奋,倘若幻想过多,生活会让你吃苦头的。因此,为了不至于乐极生悲,我往往缺乏自信……妈妈久病不愈,姐姐也病病歪歪,她们因此郁郁闷闷。为了使她们振作起来,沉静下来,我每每感到很累。但有时候我自己也心烦意乱……

奥斯特洛夫斯基不消沉,不颓唐,付出努力,争取结识一些健壮的人、乐观的人。

他热衷于在舍佩托夫卡的青年中建立文学小组。这个提议得到《十月之路》编辑部的采纳。该报辟有文学专页，每十天出一期。他自嘲般地说："自己尚未当上作家，却在指导一个文学小组了。"的确如此，组员们交来用乌克兰文写的诗歌等习作，他得认真审读。

很久很久，得不到书稿被采用的佳音。不过，他在长篇小说中所描述的那座小城的一些年轻人，尤其是共青团员们，得到这份书稿，他们传阅、议论后，怀着惊喜和兴奋的感情，在一个大会上做出决议，支持出版此书。消息传来，奥斯特洛夫斯基十分欣悦，因为在他的心目中，主要的读者正是这样的年轻人。

他自然心心念念，时刻牵挂着《钢铁是怎样炼成的》是否能顺利出版，而且在想象着，印刷成书后，屋子里挤满了大群热情高涨的年轻读者……

这就是尼古拉·奥斯特洛夫斯基，也烦恼，也焦虑，可不气馁，不畏缩，知难而上，立志要创造辉煌。

这段时间内，奥斯特洛夫斯基结识的良师益友还有不少，比如玛尔塔·普琳①，比如费杰涅夫·依诺肯季·巴夫洛维奇②等。普琳和奥斯特洛夫斯基之间曾掀起过与婚恋无关的感情波澜，而费杰涅夫对《钢铁是怎样炼成的》之成书，有过至关重要的促进作用。但下面先讲讲尼古拉·奥斯特洛夫斯基比较特殊的恋爱与婚姻吧。他与"另一半"——拉依萨的初会是在1926年。

---

① 玛尔塔·普琳（1895—1968），拉脱维亚人，1925年，她在公社战士疗养院与尼·奥斯特洛夫斯基相识，彼此有好感，曾是心照不宣的异性朋友。她是《钢铁是怎样炼成的》一书中玛尔塔·劳琳的原型。

② 费杰涅夫·依诺肯季·巴夫洛维奇（1878—1946），尼·奥斯特洛夫斯基的忘年交。《钢铁是怎样炼成的》得以面世，费杰涅夫出了大力。他是《钢铁是怎样炼成的》一书中列杰涅夫的原型。

心意相通 第19章

尼古拉·奥斯特洛夫斯基辗转治病，虽然疗效不佳，或者说，病况伤情时好时坏，但他基本上保持着乐观的态度，对恢复健康、重返工作岗位，仍具有信心。这在给朋友们的信函中，往往以幽默的、夸张的、调侃的言辞表达出来。比如他告诉诺维科夫：

……食欲大增。一口气能吃十二个生鸡蛋！能吃四分之一俄磅黄油加两杯牛奶等。哇！你要说什么？我真有这么厉害哦！……我到了哈尔科夫要弄清楚，自己将在哪儿上班（如果基本上能上班的话）……彼得鲁什卡，别狠狠地骂我（轻轻地骂两句可以）。我没有忘记你，也不会忘记你，虽然从制造闹剧的角度看，你是个特级捣蛋鬼。

奥斯特洛夫斯基的母亲奥里加，得悉小儿子即将离开疗养院——医生说最好在南方找个气候适宜、冬天不怎么冷的地方住下，这才有利于巩固刚刚收获的疗效——她便想起了要好的小姐妹留保芙①。

原来，奥里加和留保芙小时候都住在维里亚村。当时，两个小女孩是很亲热的玩伴。留保芙的父亲死后，她的家人，包括亲生母亲，不知怎么的，全催逼着年纪轻轻的姑娘赶快嫁人。留保芙嫁给了马秋克②。这是一桩缺失爱情的婚姻。

马秋克全家搬往新罗西斯克市后，留保芙生下了大女儿廖利娅③。巧的是，也是在1904年，奥里加的小儿子柯里亚，即尼古拉·阿列克谢耶维奇·奥斯特洛夫斯基出生了。过了一年，留保芙怀抱年幼的廖利娅返回维里亚村，"走娘家"来了。奥里加和留保芙，两个都已做了妈妈的小姐妹，久别重逢，自有一番喜悦，一番感慨。

那段日子，几乎每天傍晚，两个年轻的妈妈都同坐在门边的长凳上，悄悄话说也说不完。近旁两个刚学会摇摇晃晃走路的小孩子正玩得开心，发出咯咯咯的笑声。两个小孩子，一个身穿粉红色连衣裙，另一个身穿天蓝色连衣裙。哦，穿蓝裙子的可并非女孩，他就是柯里亚。

……

光阴荏苒，时隔二十一年，奥里加发了封信给留保芙，说小儿子柯里亚需要在南方找个气候适宜的城市休养数月，不知留保芙家能否接纳。留保芙立刻复函，表示诚挚的欢迎。奥里加赶紧写信，把这好消息告诉尚在迈纳克疗养院泥疗部的小儿子。

尼古拉·奥斯特洛夫斯基得知这个消息，自然也非常高兴。

---

① 留保芙·伊凡诺夫娜·马秋克，尼·奥斯特洛夫斯基的岳母。
② 鲍尔菲里·基利洛维奇·马秋克，尼·奥斯特洛夫斯基的岳父。《钢铁是怎样炼成的》中屈察姆的原型。"屈察姆"（кюцам）倒过来写便是"马秋克"（мацюк）。
③ 廖利娅·马秋克，尼·奥斯特洛夫斯基的大姨子。

第19章 / 心意相通

他想得要周全些，当即亲自去函，讲明情况，表示谢意。信内附了一张他本人的照片，并说希望看到对方的照片，这样双方见面时才比较容易认出。

此时，廖利娅已经结婚并离异，带着才十个月的儿子，暂住在娘家。她的妹妹拉依萨年方二十，是个善良、健康、勤劳而又比较内向的淳朴姑娘。廖利娅的婚事，当初父亲马秋克是持反对态度的，如今大女儿遭遇婚变，无奈回家，虽有打字的一技之长，却还没找到工作，他越发气恼。他对自由恋爱嗤之以鼻，进而凡是新事物、新风气，他一概鄙视。

实际上，马秋克虽称不上革命者，但他曾让革命者在自己家的地窖里藏身，躲避抓捕。他还曾为地下革命组织保藏武器。革命队伍开展工作，需要经费，他冒着危险，出力筹措。1914—1915 年，马秋克去维里亚村探亲，因人告密而被捕，蹲了六个月的监狱。马秋克原就脾气犟，出狱后更加乖戾，要么默不作声，要么出口伤人。他觉得所有的人都不可相信，都在跟他过不去。

马秋克共有二女一子。儿子沃洛佳最小，体弱多病，常常躺在医院里。马秋克对他也没什么指望。大女儿廖利娅，他不大喜欢。这女孩从小文静，手里老是捧着本书，加之违背他的意愿，结婚离婚，让他觉得丢人现眼。

排行第二的拉依萨长得并不十分漂亮，可身体健康，精力充沛，好动，爱干活儿。虽是女孩，却像个假小子，自幼便如同小尾巴似的，跟在父亲后面，跑东跑西，抢着要做帮手干杂活儿。无论干木匠活儿，还是刷墙面、修篱笆、整垄沟、补旧鞋，拉依萨都帮得上忙，至少能帮着递送工具。马秋克确实需要这么个小帮手，因而，他对小女儿是非常喜欢的。

奥斯特洛夫斯基寄来的信和照片，惹得两姐妹笑闹了一阵。

邮递员送来这封信的时候，姐姐廖利娅正坐在走廊上给孩子喂奶。站在窗户边的拉依萨接过信，随手拆开，取出照片看了一下，转身冲着姐姐扬了扬，逗她："瞧，多帅的小伙子！"

她调皮，因为她知道姐姐放不开正在吃奶的孩子。廖利娅赶紧进屋，把孩子放到小床上，快步走进院子，要抢照片。拉依萨见状便逃。一个跑，一个追，笑声飞溅。

追逐打闹了一会儿，拉依萨站住，把照片交给姐姐。廖利娅审视了一番，说："哦，真的不错。留点儿神，可别爱上他哟！"

妈妈留保芙回来了。母女三个，商量了一下。

这天，去码头接尼古拉的是廖利娅和表姐罗莎。拉依萨没去，她有点儿害羞。

天朗气清，码头上热热闹闹的，好多人举着一束束鲜花迎候客人。一艘轮船靠岸了。廖利娅眼尖，在渐次登岸的人群中发现了尼古拉·奥斯特洛夫斯基。他们俩1岁时曾在一起玩耍过，但此刻能认出，全靠照片。只见尼古拉身材瘦长，额头阔大，两眼有神，左手提个小行李卷，右手拄着单拐，稍嫌肥大的西服仿佛使他显得个子更高了些。他正左顾右盼，寻找前来接他的人，一阵风吹乱了他浓密的栗色头发。廖利娅怕认错人，光挥手，不招呼。尼古拉走近些，先开口问："看样子，您就是廖利娅。跟照片上挺像的，我没弄错吧？"

三个人离开码头往家走，尼古拉说说笑笑，幽默地描述疗养院里如何给病员进行泥疗，自己如何服服帖帖，听从安排。一路行来，拄着单拐的尼古拉忽然站住，想起什么似的探问："好像缺了一个……照片上那卷头发的……"

"卷头发的吗？那是谁呀？想想看。"

"哦，拉娅！她在哪儿？"

第19章／心意相通

"留在家里了。她怕见陌生人。她不大喜欢你们——男的。"

"为什么？"

"她太小，还没到时候呗。"

"嚯——！"尼古拉不无夸张地说。

才几分钟，三人就到家了。

新罗西斯克市是往外运粮食的港口，还是一个混凝土工业中心。马秋克，这个在码头上干活的木匠，他家坐落在工人区公路街27号，恰好在柯里佐夫胡同的拐角处，是一幢砖木结构的平房。正门朝着巷子开，边门装有铁环。院子由一人高的篱笆墙围绕着，里头的锦鸡树丛，将枝枝叶叶伸展到墙外，垂挂下来，朵朵黄色的小花散发出缕缕清香。

公路街就是工人区的主要街道。在新罗西斯克市的中心区，主要街道是中央大街，这儿高楼林立，大的店铺、旅馆、银行、行政机关，鳞次栉比。距此不远，与中央大街平行的海滨街一带，设置着大集市、海运站。据说，从前这里曾建有权臣高官与富商大贾的寓所。标准区得名于此处样式相同的标准平房，是知识分子的集聚地。工人区以居住着大批来自捷克的移民而闻名。

尼古拉跟随廖利娅她们，来到公路街27号。他细细观察发现，公路街这段路面是用鹅卵石铺成的，人行道上则是一方方大石板。进了院门，只见院子里长着四棵高大的洋槐树，更有一棵老橡树，枝繁叶茂，宛如天然的凉亭。树下安放着一张桌子、四只凳子，都是用木板钉成的。一旁，种着蔬菜和花草。院子里还有成群的鸡鸭，跑来跑去，叫声划破寂静。

院子里有两间屋子和一间厨房。所谓厨房，也兼着餐厅和小弟沃洛佳的卧室。此外，还有一间狭小的披屋，光线特别差，平时不住人。早先，父母住一间屋子，姐妹俩住另一间。一年前，廖利娅结了婚，曾和丈夫一起，住在昏暗的披屋。披屋和拉依萨的屋子有一扇门相通。尼古拉到来之前，母女三个商量好，就在拉依萨的屋子里，用柜子隔出一个单间，让他可以安静地休息。

当日晚间八点半，晚饭已吃过，大家坐在厨房里的餐桌旁，轻松地聊天。擦得铮亮的铜茶炊吱吱响，一团团蒸汽向着天花板飞升。大黄猫一扭一扭地在人们的脚边走动。大家先是你一句我一句地闲扯，不一会儿，就变成尼古拉一个人在讲逗乐的故事了。

这时候，由于羞怯而故意躲在邻家的拉依萨回来了。她蹑手蹑脚地跨进院子，想悄悄地踅入自己屋内。不料，就在走廊上，被姐姐廖利娅一把抓住，不由分说，推进了厨房。尼古拉转身拉住她的手，让她在旁边坐下，同时笑着问："干吗要躲起来？是怕见到我吧？"

拉依萨脸涨得通红，答不上话，手忙脚乱，想站起身来走开，一不小心，踩着了大黄猫的尾巴，疼得它喵的一声尖叫。在场的人全禁不住发笑，整个气氛立即缓和了，松快了。廖利娅要尼古拉把讲到一半的故事继续往下讲，尼古拉说："不行呀。拉娅怎么办？前面的她没听见。"

"活该，谁让她躲开的！"

"可别这样责怪小女孩。为了她，我先把前面的内容简略地讲一下吧。"

故事有趣，听得大家笑声不断。

时间很晚了。外面风声呼呼，窗玻璃也格格作响，似乎要碎裂一般。这就是有名的新罗西斯克大风。尼古拉打算站起来，去"卧室"睡觉了，但站得太猛，一下子跌坐回椅子上，把大家吓了一跳。拉依萨看得清楚，尼古拉原本炯炯有神的目光黯淡了，阔大的额头湿润了，苍白的脸色变得煞白，右眉上方的一条伤痕更明显了。

第19章 / 心意相通

尼古拉伸手揉搓膝盖，苦笑着说："这讨厌的腿，出丑喽。若是能疼得轻微些，我可以立即前往哈尔科夫，理直气壮地对团委会的小伙子们说：瞧，我身体多棒，快给我分配工作吧。可真要命，仿佛关键时刻，当头挨了一棒，倒地不起，结果就不给我分配工作啦。"

在留保芙母女的关切扶持下，他小心翼翼地撑住桌沿站起来，迈了几步，舒口气，用手帕揩着额头，走进了小小的卧室。

来到新罗西斯克的头几天，尼古拉在餐桌旁一坐下，便会打趣地说："我胃口不好。看着拉依萨，我会被她的食欲——她的健康所感染，增加食量的。"

就在那些日子里，病魔已开始钳制他双手的活动，有时候连吃饭也需要别人帮一下。

说是休养，但尼古拉哪里闲得住。只要腿脚酸痛得不太厉害，他就老往外跑，去本市的党委会、团委会，上图书馆，甚至"逛逛"大街小巷。这是他在多地做团工作时养成的习惯。

这个星期天，风和日暖，尼古拉没外出。他坐在院子里的椅子上，晒太阳。留保芙抱着小外孙，和两个女儿一起走出来。大家东拉西扯，谈天说地。渐渐地，又是母女三个在听尼古拉一人讲述了。留保芙见怀里的小外孙已睡着，便抱着孩子进屋去了。尼古拉面对年轻的两姐妹，开始像个团支书似的发表宏论了："新社会不需要一脸冷漠的旁观者或满怀同情的捧场者。它需要的是热情洋溢的参与者。别做人类幸福大厦建设的消极目睹者，也别打算偷偷摸摸地从边门溜进已建成的大厦。让我们的双手沾满混凝土吧，要不然，置身于并非亲手建成的大厦里，我们将会感到寒冷和愧疚……"

他说这番话时，满怀激情，令人动容。

此时，马秋克出现在门口。显然，他至少听见了后面的一些话。"说得真漂亮！句句蛊惑人。"他冷峭地脱口而出。

尼古拉转过脸去，双眼仍然喷发着热情，毫不怯懦地问："我说错什么了吗？"

马秋克撇撇嘴，一言不发，朝披间那边走了几步，头也不回，提高嗓门说："拉依萨！马上到隔壁去，把铁锹拿回来。昨天借去的。"

尼古拉微微一笑："这是对你的小小专制。你父亲好像很不喜欢我。"

拉依萨默默无言，经过尼古拉身旁，走向篱笆那儿的边门。尼古拉有意跟上她，拉依萨低声说："你别去。我待会儿要和你谈谈。"此话出口，连拉依萨自己也暗暗吃惊，心头一阵猛跳。

"是吗？好的。"尼古拉应声答道。

他细细回想，便大致上猜出了对方要谈什么。自己来这儿寄居，得到了除马秋克以外全家人的欢迎。而这家的小女儿拉依萨，由于他的来临和经常的交谈，思想感情仿佛明显地起着变化。

确实如此。不知不觉中，拉依萨的目光不再受家中那四堵墙的阻遏，她的兴趣范围扩大了。通过尼古拉生动、逼真又及时的描述，当下生活中层出不穷的新事物，犹如一股股清泉，活泼泼地灌入她的心田。年轻的姑娘从尼古拉的每一次讲述中，甚至从每一句话语中，都感受到这个目前不得不暂时疏离革命洪流的人，其全部生命和所有思绪都紧密地连接着光辉灿烂的共产主义理想。

由于姐姐廖利娅经历了一次婚姻失败，父亲马秋克便经常抓住此事，冷嘲热讽，还借题发挥，攻击自由婚恋，把共青团等同于童子军，认为旧习陋规比一套套新花样好。尼古拉每每条分缕析，据

第19章／心意相通

理力争。双方多次弄得面红耳赤，致使气氛有些紧张。在场的廖利娅又羞又恼，哑口无言。拉依萨也不作声，其实她竖起耳朵听得仔细，而且脑中也在思索。她开始憧憬尼古拉所憧憬的理想社会、幸福生活。她开始仰慕像尼古拉这样的优秀新人。

尼古拉在家里待不住，有时两只脚明明很疼，也不肯歇着。他说："住医院住够了，歇也歇够了。再过一阵，应该可以上班工作。我得加紧锻炼，多走路，不能太娇惯了这双腿！"口气中透出烦闷，动作里不无忧虑。可泥疗的效果好像不仅没增强，反而在衰退。

这天，他要去三公里外的一个小图书馆。拉依萨见他眉头紧蹙，无奈地撑起双拐——来到新罗西斯克后，这是他第一次使用双拐。原先只用一根拐杖，甚而不用——可见腿疾又加重了。劝他别去吧，决不会听。拉依萨便说自己可以陪他去。尼古拉张了张嘴，像是要拒绝，但最终没出声。于是，两人一起出发了。

借阅组组长杜霞，好像不大喜欢尼古拉。多半是因为这个读者借的书多，而且爱问这问那，她嫌烦。此时，尼古拉提出要借托尔斯泰①的《战争与和平》。不料，杜霞硬生生地回答："同志，您怎么搞的？我们可没有那种书！"

"什么叫'那种书'？"

对方不屑置辩地说："就是您要借的那种书！我们都收掉了。那里面有毒！您借本马雅可夫斯基②的诗集看看嘛。"

尼古拉也提高了嗓门："我现在要借的是托尔斯泰的《战争与和平》！"

---

① 列夫·托尔斯泰（1828—1910），俄国作家。主要作品有《战争与和平》《安娜·卡列尼娜》《复活》等。
② 马雅可夫斯基（1893—1930），俄罗斯诗人。主要作品有《穿裤子的云》《战争与世界》《向左进行曲》《开会迷》《列宁》《好》《臭虫》《澡堂》等。

"告诉过您了，没有那种书！我们是根据无产阶级的文化任务来建设图书馆的。读者同志，只要您是当代人，就应该懂得，那些旧社会的、可憎的文化偶像，通通在消亡。"

尼古拉的嘴唇似乎瑟瑟发抖，他语带讥刺："是吗？唉，可叹的是您的脑子也正在消……"

一旁的拉依萨闻到了一点儿火药味，虽然并不理解双方争执的核心问题是什么，但她觉得跟正在为读者服务的工作人员争吵起来总归不太好吧。如此一想，她下意识地瞟了尼古拉一眼。尼古拉·奥斯特洛夫斯基何等机敏，立刻接收到了这一"信息"，冷静下来，避免了一场争论。事后，他自己也觉得诧异，怎么会如此听从拉依萨的无声指令呢？但是，他的脑海中，并没有因这类琐事掀起任何浑浊的微波细浪。

他珍惜光阴。他广泛阅读。他很清醒，自个儿和一些同龄人相比，是多了些战斗经历与工作经验，可学上得时断时续，文化底子薄，如今得恶补，得猛追。同时，尽管至今尚对康复抱有很大的希望，但他已隐隐感到，往后恐怕主要得靠文化、知识和学问来工作。他确实从小就喜欢读些文学作品，虽然此时尚未清晰地意识到要尝试着写东西、搞文学创作，但目前认真读书，实际上就是在进行探索、分析和研究。他特别关注反映国内战争的杰作精品，尤其是普希金①、契诃夫②、高尔基、列夫·托尔斯泰等大作家的名著佳篇。

尼古拉不顾顽疾缠身、行动艰难和视力下降，发疯似的广泛阅

---

① 普希金（1799—1837），俄国诗人。主要作品有《叶甫盖尼·奥涅金》《高加索的俘虏》《波尔塔瓦》《渔夫和金鱼的故事》《上尉的女儿》《茨冈》等。

② 契诃夫（1860—1904），俄国小说家、戏剧家。重要作品有《一个官员的死》《变色龙》《万卡》《第六病室》《万尼亚舅舅》《带狗的女人》《三姐妹》《樱桃园》等。

第19章 / 心意相通

读,深思穷究,达到废寝忘食的程度。在他自定的日程表中,读政治论著和文学作品摆在重要位置,占去大部分时间,至于一日三餐,被列入"浪费时间"一栏。这表明尼古拉对学习抓得多么紧,也显示出年轻人在安排时间方面不够合理,不够科学。拉依萨目睹他争分夺秒的苦学精神和一再受挫而锐气不减的必胜信念,不由得又钦佩又感叹,不知不觉间,爱慕之心油然而生。

他俩从陌生到稔熟,从客气到亲密,过程自然而然。两人偶尔也会闹些小别扭,竟然像一对少不更事的小儿女。

尼古拉除了腿脚不便,双手的关节有时也会发病,不大灵活。他食欲不振,医生说他"胃纳差",建议每天清早吃两个生鸡蛋,增加营养。每天清晨,总是拉依萨替他拿来鸡蛋,帮他先敲开一点儿。尼古拉挺过意不去的。这天上午,他身子不适,没看书,也没外出,坐在院子里晒太阳。留保芙母女三个过来和他闲聊起来。他望望拉依萨,转脸对着留保芙笑笑,随口说:"瞧您的小女儿,长得多俊!"

留保芙和大女儿廖利娅不由得也笑了。

拉依萨没让人这么直愣愣地夸过,又羞又恼,脸上挂不住了。她把脸一沉,转身出了院子门,跑掉了。接连几天都躲着尼古拉,不跟他搭话。其实,姑娘自己也不知道怎么会把控不住,会这样使性子。尼古拉倒没觉得怎么尴尬,仍旧有事没事地找她聊天。

实际上,尼古拉讲的事情、道理,字字句句,拉依萨都支着耳朵听得仔细。她意识到,这个闯入她生活的人,来自另一个自己所不熟悉而又渴望了解的世界。年轻的姑娘还没找到一个真正的工作岗位,尚在干零工,做杂活,还在缝纫刺绣机培训班学习。得空时,帮妈妈搞搞家务,帮姐姐逗逗儿子。如今,外出时间稍久些,她就会急匆匆地往回赶,心里荡漾着异乎寻常的波澜,仿佛有什么开心的事情等待着她。她边走边想，有什么事儿呀？没错儿，是急着要看看尼古拉的纯真笑脸，听听他的诙谐故事。想到这儿，她不由暗自发笑。

青春活力四射的拉依萨，那会儿已有一个小伙子在追求。但没有一点儿恋爱经历的女孩子犹豫不决，也没向家里人提起过。和尼古拉的相遇，更是让她把这事儿撂开了。她内心深处涌动着强烈的意愿，要跟尼古拉靠近些，要听他说话，要帮他做事。而且，她自己都不晓得是怎么搞的，常会忍不住在他面前耍耍小脾气。有趣的是，连具有一定人生经验的尼古拉，在拉依萨跟前，也特别敏感，经常会因处理不好鸡毛蒜皮的小事而情绪失控，心情憋闷，像小孩子似的。

一天上午，尼古拉在走廊上的窗边，打算刮胡子。拉依萨见他手臂关节不大灵便，弯曲一下就皱皱眉头，显然是疼痛的缘故，便上前帮忙。热水、剃须刀、肥皂缸，一样一样递给他。尼古拉含笑称谢。刮好胡子，他要自己收拾这些东西。拉依萨再次过来，让他别动，说由她来收拾好了。忽然屋里传出小外甥的哭声。姐姐廖利娅外出找工作去了，托她照看一下孩子。她闻声赶紧把剃须刀和肥皂缸往窗台上一搁，边朝屋里走，边对尼古拉说："您先放这儿，待会儿我来搞定。"

可接下来，被别的事儿一岔开，她把这件事忘了。

翌日，尼古拉发现一堆东西仍在老地方，竟生气了，沉着脸说："干吗这样骗我？不愿意，说一声好了！"

话音刚落，他就自己动手收拾起来。拉依萨慌忙过来，要拿肥皂缸，他也不让。姑娘好难受，默默地走开了。其实，尼古拉心里已经在责备自个儿太过分了，可就是开不了口。

有两天，他们互相躲着，互不搭理。拉依萨仍然帮他干些杂事，不过是默默地，悄悄地，闷闷地，甚至不给他看到。俩人这般

第19章／心意相通

闹别扭，留保芙和大女儿廖利娅几乎没察觉。

尼古拉早已认定错的是自己，不该使小性子，而且进一步感受到了拉依萨的善良与情意。他对既淳朴又娇羞的姑娘动了真心。然而，他脑子很乱，很纠结。他喜欢拉依萨，可自己身体这么差，或者说，时好时坏，痊愈只是个愿望，虽然美好，能否如愿以偿，实在难下定论。给他检查、治疗或护理的医生护士闪烁其词，给予他特殊关照，都使他疑窦丛生，他觉得自己病魔缠身，恐怕治愈不易。要是这样，怎么能拖累拉依萨？怎么能耽误她的终身呢？唔，不能这么想，太悲观了。至少至少，就在当地，就在新罗西斯克，找本市的团委，请他们协助，给他安排一份内勤工作，那总有可能吧？如果这也不行，那、那……思路再次拐入死胡同。

多想没用，行动吧。尼古拉一次再次，去共青团市委。这天，他不仅见到了工作人员，还见到了团委书记。这些年龄跟他差不多的小伙子，全都认真倾听他的叙述和诉求，然后诚恳地表示理解，耐心地给予解释、劝慰，要他少安毋躁，好好休养、治疗，等身体康复了，再考虑工作问题。大家笑脸相迎，态度和蔼，他却觉得自己在被同情，被忽视，甚至被误解，被小觑了。

尼古拉懊丧，无语。他不能说什么，不敢说什么。再待在那里，会和团干部们争执起来的。他默默地走出了团市委的大门。

在街头徘徊踯躅，心情郁闷烦乱。自己果真毫无用处了吗？果真要变成废人了吗？不，不，不！

不知不觉，暮霭沉沉，他走到一条小河边。再前面，依稀可见的是座小桥。哦，到了比较冷清的陌生地段了。找路回去吧。思绪需要梳理，前程需要确定。睡一觉，再思考，早晨比晚上聪明。

咦，一条狗，一条大狗——肚子瘪瘪、瘦骨嶙峋、浑身脏兮兮的黄毛狗，可怜巴巴，又似乎警惕地望着他，仿佛随时准备逃跑。

尼古拉慢慢地蹲下，唯恐吓着它。

这显然是一条流浪狗。才几分钟，尼古拉就和黄毛狗很熟悉了，彼此有些依恋的模样。尼古拉咕哝着，好像在倾吐心中的块垒。

不一会儿，一个八九岁的男孩走过来。大黄狗欢叫着扑向他，亲热无比，显然这才是它的主人。可能是由于狗的缘故，尼古拉和小男孩仿佛是老相识，当即便交谈起来。

半大不小的男孩——翘鼻子的费季卡，父母双亡，四处流浪。他肚子瘪瘪、骨瘦如柴、浑身脏兮兮的。

尼古拉仔细询问了男孩的身世、现状，也讲了自己的童年生活，态度诚挚。费季卡十分感动，当即对他十分信任。在他的记忆中，很久很久，没什么人和他这样平等交谈了。

费季卡心情好了许多，指着前面问尼古拉，那边的桥洞底下有他的"窝"，要不要去看看。尼古拉见天色已晚，就说下回吧，下回一定去做客。

尼古拉转身要离开，费季卡恋恋不舍，他牵着大黄狗一直把尼古拉送到马秋克门口，嘴里不断倾诉着什么。

尼古拉听着听着，似乎出了神。其实，有个计划正在他脑海里逐渐形成。是的，他要帮帮流浪儿费季卡。

这天，尼古拉回来得特别晚，他以为马秋克一家人都已进入梦乡。其实，拉依萨虽然躺着，却还没合眼。尼古拉怎么这么晚了还不回来？本市的团干部能理解他，帮助他，为他安排一份工作吗？最近，看得出来，尼古拉相当烦躁……咦，什么声音？像是尼古拉，还有个细声细气，仿佛孩子般的嗓音，又会是谁呢？哎，怎么还有压低了的狗吠声？夜阑人静，两个人在门口那边的对话，拉依萨居然听了个大概，知道和尼古拉说话的多半是个流浪儿。这姑娘躺在床上，竖起耳朵，谛听门口传来的交谈声。直至听到两个人互

第19章 / 心意相通

相道别，流浪儿和狗渐行渐远，尼古拉进了院子，拐进走廊……拉依萨才放下心来。奇怪，自己会如此敏感，如此关心尼古拉的一言一行，如此密切留意他的一切。随着病情的变化无常、起伏不定，奥斯特洛夫斯基愈来愈清晰地显示出他的顽强与坚毅。

他答应费季卡，要去看看这孩子"坐落"于桥洞底下的窝。可疾病频频发作，体质日益衰弱，近日去不了；他还答应费季卡，自己准能想出办法来，帮他找到一个不愁吃穿的家。这是更重要、更切实的事情。他不厌其烦，一次次恳切地要求本市的团委会，怎么着也要妥善地安置费季卡。团干部们答应尽快设法解决。他把自己的努力和目标告诉了拉依萨，姑娘也非常赞成。她觉得尼古拉有如此的胸襟，真是个了不起的男子汉。

这天，骨瘦如柴的费季卡牵着瘦骨嶙峋的黄毛狗，前来看望尼古拉了。他怯生生地用眼角瞟着尼古拉和留保芙母女三个，唯恐人家把他撵走。不过他对谈过心的尼古拉是怀有信任和期盼的。

尽管尼古拉腿脚不便，还是快步跑向门口，热情地拥住费季卡的肩头，带着孩子和他的狗进了屋子。他明白，流浪儿费季卡尽管面黄肌瘦、饥肠辘辘，却保持着自尊，不会接受别人居高临下的蔑视和施舍。尼古拉以最简洁的词语解释了一下情况，说费季卡是自己新结识的好朋友，今天初次登门探望，得请他舒舒服服地洗个澡，吃顿饭，睡一觉。拉依萨是了解大致情况的，立刻一面招呼着，一面去烧洗澡水了。留保芙和大女儿廖利娅也热心热肠，仿佛有贵客临门一般，一块儿忙碌起来。

留保芙让费季卡扒掉破衣烂衫，不吝惜热水和肥皂，帮他上上下下洗了个痛快，当场捉了许多虱子。洗完澡，又让他换上她那不在家的小儿子沃洛佳的干净衣服。翘鼻子的费季卡被安排在桌旁坐下，笑眯眯的，一副老老实实的模样，半似羞涩，半似高兴。黄毛狗也被洗刷过了，虽然瘦削依旧，却显得蛮有精神。它和小主人一样，感受到了这户人家的亲切态度。尼古拉望望小客人，见他笑得非常开朗、舒心，这才放心了。

尼古拉·奥斯特洛夫斯基征得留保芙的同意，让费季卡在这里无忧无虑地住了一个星期。这期间，他自己强撑着拐杖外出了两次。

他的艰难奔走没有落空。翘鼻子的流浪儿费季卡和他的黄毛狗，终于被当地的一家孤儿院接纳了。

送走了费季卡，尼古拉因自己的工作问题尚未解决，心境仍旧阴霾密布。但他每次从相关部门回来，展示给拉依萨的都是一张笑脸，回响在全家人耳畔的仍是一阵爽朗的笑声。不过，拉依萨那颗灵敏的心能够感应到他的憋屈和酸楚。

疾病忽重忽轻，总的趋势是在加重。有时候，他会在团市委泡上一整天。日子久了，他和所有的干部都成了熟人、朋友，谁都乐意跟他聊，大家都觉得这个尼古拉不仅阅历丰富，见多识广，政治观点鲜明，而且紧跟形势，所谈所议，和党报上最新的阐述与号召完全一致。私下里，大家几乎都认为他是个人才，不可多得的人才。然而，当他要求立即上班工作时，大家又颇感为难。每个人都好言劝慰，让他先把身体搞好，说来日方长，不急不急。

看样子，在当地落实一份工作是千难万难的了。

这天，时间很晚了，拉依萨发觉尼古拉的小卧室里仍有声息，便走过去轻声问："都半夜了，您怎么还不睡？"

尼古拉浅浅地一笑，答道："真不好意思。我决定明天去哈尔科夫，得准备准备。这儿估计没希望了。哈尔科夫我有一些熟人，也许能得到切实的帮助，搞定一份工作。"

这样的事情，拉依萨连插嘴的可能都没有。闻言，她只觉得心里慌慌的，怅然若失，一时间语塞。尼古拉明白姑娘对他的情意，对他

第19章 / 心意相通

的依恋。但自身的坎坷、自身的酸楚，无法在一个纯朴的女孩面前尽情吐露。时间分分秒秒地过去了，俩人相对，四目凝望，拖得越久，双方越觉得不自在。此时此刻，尼古拉口吻尽量平静地说："明天早晨，我们恐怕没机会单独聊了，所以我现在想问问你……哦，我们别再您啊您的，就以你相称吧，不要再那么生分了，好吗？"

拉依萨点点头，不作声。她依稀感觉自己将面临一个重大的、难以抉择又必须做出抉择的问题。

"咱们瞧瞧，怎样来结束这种复杂混乱的局面。反正我绝不会扔下你们不管。不过，有一点很重要，你们的生活，特别是你的生活，一定要彻底改变。你有这样的愿望和力量吗？"

"愿望我有，有没有力量……我也不知道。"

"没关系，只要有愿望，事情就能搞定。"

这番交谈，尼古拉·奥斯特洛夫斯基一定记得很牢。后来在创作《钢铁是怎样炼成的》一书时，他为保尔·柯察金和塔娅也设计了类似的谈话。

次日清早，在拉依萨的陪伴下，尼古拉来到火车站。他进了车厢，坐下，忐忑不安地告诉姑娘："不知怎么的，我好紧张。"接着他指指两条腿，无可奈何地说："怎样才能让它们服从命令听指挥呢？"

拉依萨理解尼古拉的忧伤和郁闷，胸中也翻腾起愁苦的浪涛。

哈尔科夫之行，很不顺利。

他在挚友诺维科夫家暂住。乌克兰共青团中央倒确实为他安排了一份坐办公室的工作。他十分珍惜，工作非常努力。不料他的病情继续发展，关节和脊柱疼痛不止，以至于连这样的工作也无法胜任，必须静养。

但尼古拉并未直接返回新罗西斯克，而是去了一趟莫斯科。怎么回事呢？

第20章 生命中未掀开的一页

尼古拉·奥斯特洛夫斯基在失明并瘫痪之后，曾经慨叹，自己无法写日记，因为借别人之手能写出什么真正的日记呢？

不过，他本人在失明和瘫痪之前，一度写过日记的，而且那是在特殊情况下从心坎中徐徐流泻而出的特殊文字，与一位女性相关，与一段情感相关，与撰写者的品格相关。

这位女性是谁呢？她就是长篇小说《钢铁是怎样炼成的》里的马尔塔·劳琳的原型，即现实生活中的马尔塔·普琳。

长篇小说第二部第七章，写到保尔·柯察金在叶夫帕托里亚的迈纳克疗养院初遇马尔塔·劳琳。这位高额头、蓝眼珠、薄嘴唇的女性，看模样像个18岁的少女；一经交谈，保尔大感意外。原来对方已经31岁，而且1917年就入了党。不仅如此，她的生活历练、革命经验之丰富，使保尔大为惊讶而心生敬佩。

劳琳本是拉脱维亚共产党的一名成员，积极、大胆、活跃，一再舍生忘死地完成任务。1918年，她落入白匪的魔爪，被判处枪决。后来，苏维埃政府用白匪俘虏将她和其他一些同志交换了回来。

小说里的劳琳，和保尔相差9岁，但志趣相投，没几天，双方都对彼此产生了喜遇知己、相见恨晚的感觉。

第20章 / 生命中未掀开的一页

然而，仅此而已。许多天了，俩人的情感，水晶般纯净的友谊，并没有发生质变。

保尔一度病情恶化。那些日子，医生要他全天卧床。

劳琳心神不定，一次次亲自找医生探问。她明白了：保尔的伤病很难治愈，预后不良，上班是不用想了，极有可能会瘫痪。

保尔领取了残疾证，还第一次拿到了抚恤金。此时此刻，他内心难受得无法形容。但当着病友们的面，他克制着自己的情绪，若无其事，谈笑风生。只有劳琳，透过保尔苍白得异样的面色，隐隐察觉到他深藏于心底的痛苦与悲戚。但这大龄姑娘也克制着自竟似什么都没发觉，仍然与平时一样和保尔山南海北地谈天说地，希望借此帮他摆脱一些苦恼和抑郁。

其实，劳琳的冰雪聪明和良苦用心，保尔是能感触到的。

这时候，保尔对治愈伤病、上班干活，依然存着几分希望。

左思右想，他决定不再在迈纳克滞留，白白拖延时日。他企望找到一份不用走路的工作。

疗养期结束，保尔离开迈纳克时，其他病友全来道别，热情相送，只有劳琳没有露面。她犹疑、郁闷、忧急、怅惘，生怕自己的焦虑神情难以掩饰，影响保尔的情绪，因此找个借口，不来送行。此时，她清晰地意识到自己对保尔的关切之情已超越了一般的友谊。

返回莫斯科上班工作的劳琳，听说保尔在求医、求职两方面仍然到处碰壁，便写了一封信，邀请保尔去她那儿做客小住，休息一下。身心俱疲的保尔欣然应允，去了一趟莫斯科。

玛尔塔·劳琳和亲密的友伴娜佳·彼得松合住在鹅舍胡同。保尔找上门去，做客暂住。劳琳和娜佳上班，早出晚归。劳琳有不少藏书。保尔寄居于此，白天独自大量阅读；晚间和休息日，与劳琳和娜佳一起活动，还结识了她俩的一些朋友——全是朝气蓬勃的年轻人，彼此一见如故，神聊起来，没完没了。

十九天后，保尔辞别了劳琳。在长篇小说中，玛尔塔·劳琳再也没有出现过。她宛若流星划过长空，稍纵即逝。

在现实生活里，玛尔塔·劳琳的原型玛尔塔·普琳，和保尔·柯察金的原型尼古拉·奥斯特洛夫斯基，却有着较多的交谈与交往。1926年12月18日，尼古拉在写给达维多娃的信中说："有关普琳的事情，你是怎么知道的？大概是诺维科夫对你讲的吧？下次我写信告诉你。总之，这是我过早遭受摧残的生命中未掀开的一页。"

年末，普琳去新罗西斯克探望尼古拉·奥斯特洛夫斯基。此时，奥斯特洛夫斯基已与拉依萨结婚。

出生于1895年的玛尔塔·普琳，1915年中学毕业，获金质奖章。她当过教师，在孤儿收容部门担任过教养员。1917年9月，拉脱维亚被德寇占领，她加入布尔什维克党，散发传单，宣传鼓动，为建立苏维埃的拉脱维亚而斗争。

普琳做地下工作时，曾使用化名"丝特拉乌姆"，意思是"激流"。这倒暗合了她活泼、机敏、果敢、一往无前的个性。

1918年，普琳奉命转移到彼得格勒。1919年，她肩负特殊使命，潜入爱沙尼亚，在敌后勇敢地活动。同年被捕，由于是拉脱维亚人，她被解送至里加，关押在里加中央监狱；同年年底，她和另外四名难友被军事法庭判处死刑，但死刑并未立即执行。翌年7月，苏维埃政府与敌方交涉，用一伙白军战俘换回了90名身陷囹圄的革命者，其中就包括玛尔塔·普琳。

当时，交换过程发生了意外。谈妥的条件是，敌方必须交出90名政治犯，而这天在里加中央监狱大院里集中的，却只有89人，缺席的是难友娜佳。她因受刑伤势过重而患重病，步履艰难，被留在

第20章 / 生命中未掀开的一页

了牢房里。娜佳比普琳小两岁,比尼古拉大7岁。1912年,她才15岁时,便投身于革命。由于叛徒出卖,她被捕了,并被判了死刑。

普琳头一个发觉缺少了娜佳,就和其他难友一同提出强烈抗议:"娜佳不来,我们都不出监狱。"难友们群情激愤,态势紧张。最后,敌方不得不用担架抬出娜佳,让她和89名难友一起,朝着商定的交换地点行进。这一路上,普琳悉心照护着刑伤未愈又患重病的娜佳。就这样,她俩从此成了密友。后来,她们一块儿住在莫斯科鹅舍胡同25号两间相连的屋子里。1926年,尼古拉探访普琳,去的正是鹅舍胡同。

四十一年后,即1967年,普琳72岁高龄时,撰写回忆奥斯特洛夫斯基的文章《以笔代刀》,为后人留下一些珍贵的资料。

那时,迈纳克疗养院的病员中,尼古拉年龄最小,病残最重。深褐色的双眼,眼神忧郁,有时甚至冷峻得与年龄不相符地凝视着外界。偶尔浅浅一笑,他的容貌顿然呈露独特的魅力。尼古拉口才很好,是个活力充沛的辩手,具有掌控场面的能力。他言辞朴实、精练,又每每适时运用充满智慧的俗话谚语,同时善于耐心地倾听对方。这和他长期从事共青团工作有关。

玛尔塔·普琳看在眼里,挺欣赏,挺佩服的。正因如此,她确知尼古拉即将面临厄运——慢性疾病难以遏制的发展必将导致重残,心头格外沉重。疗养期结束,尼古拉要去新罗西斯克,病友们纷纷道别、送行,唯有她借故躲开了。

不明就里的众病友事后商量了一下,委托在普列汉诺夫国民经济学院夜校进修的普琳,寒假期间抽空,代表大家,登门探望尼古拉一次。普琳不便推却,况且她也非常牵挂尼古拉,很想看看他病情恢复得如何,日子过得怎样,求职可有眉目。

这样一来,现实生活中的普琳曾去过新罗西斯克一趟。

那是1926年的寒冬。尼古拉已和拉依萨结合，他的母亲奥里加也恰巧来看望小儿子。主客见面，大家高兴地聊着天。尼古拉有些累，进屋去休息，说待会儿再过来，和大家一起吃晚饭。

窗外，天色渐暗。主客围坐在餐桌旁，等候尼古拉。

怎么还不来呢？他也是没办法呀！头发晕，心乱跳，不得不在屋里歇会儿，再歇会儿。磨磨蹭蹭，好久才慢腾腾地出现在房门口。他脸色苍白，拉依萨快步上前扶住他，着急地问：

"你不舒服？我把晚饭给你端到床边来吧。"

"不，没什么。马上就好。"尼古拉强自镇定，以徐缓的嗓音回答。突然，他的一只手软绵绵地扬起，好像要在空中抓住什么，身体摇晃着，差点儿摔倒……众人七手八脚地上前搀扶，小心翼翼地把他安放到床上。

尼古拉陷入半昏迷中，好一阵儿才苏醒过来，苦笑着说："别害怕，别害怕。身体虚一点儿，没事的。"

在这之前约一个月，即1926年秋季的一天，尼古拉·奥斯特洛夫斯基乘火车从哈尔科夫来到莫斯科。他雇了辆马车，前往鹅舍胡同。没想到，25号的电梯损坏，正待修理。尼古拉傻了眼，求车夫帮忙，为他拿着行李，跟在后面，一同登楼。他自己手撑双拐，一级一级，一层一层，好不容易，上了三楼。正巧在家的玛尔塔·普琳，虽然已接到尼古拉由哈尔科夫发出的信，此刻听见门铃声，开门看到尼古拉，仍然暗自吃惊。只见他挂着拐杖，站在楼梯小平台上，气喘吁吁，大颗大颗的汗珠顺着蜡黄的面颊往下淌。后面跟着个马车夫，一只胳膊下夹着用粗绳捆紧的褥子，一手提着破旧的小行李箱。尼古拉似乎抱歉般地说："虽然你劝过我，让我别长途旅行，可我还是来了。但愿你不会把我撵走……"

"瞧你说的，我欢迎你来。只是考虑到你的病情……你的体质，

第20章 / 生命中未掀开的一页

才建议你量力而行。"

谢过马车夫,两个人走进寓所。

两间相连的屋子,原是普琳和娜佳各住一间。现在,她俩合用一间,腾出普琳的那间,给尼古拉住下。

普琳和娜佳白天都要上班。在《真理报》工作的普琳,晚间还得去学院听课。平时她们几乎没时间陪尼古拉,可小伙子倒也不寂寞。普琳热衷于藏书,屋子里有大量的书刊。尼古拉趁此机会,静下心来阅读,如鱼得水,乐在其中,膝关节的酸痛也似乎减轻了几分。

他在这儿寄居了二十一天(小说中说十九天),读了许多书。其中包括列夫·托尔斯泰、高尔基、辛克莱[①]和杰克·伦敦[②]的小说,普希金、勃洛克[③]和马雅可夫斯基的诗集。他也认识了普琳和娜佳的一些朋友。在友好的交谈中,奥斯特洛夫斯基讲述了自己的身世。后来娜佳说,她读《钢铁是怎样炼成的》一书时,产生了似曾相识的感觉。那阵子,普琳又上班又进修,社会活动也忙,倒是娜佳对奥斯特洛夫斯基照管得比较多。她也讲了些自身的经历。奥斯特洛夫斯基特别感兴趣的是她与列宁有过一面之缘。

1921年1月,娜佳在肃反委员会工作。那天午夜,她奉捷尔仁斯基之命,要把一份机密函件当面交给列宁。正是严冬时节,外面冰天雪地,娜佳衣着单薄,一路上可冻坏了。进入克里姆林宫,见到列宁时,她几乎冻僵了,一句话也讲不出来。列宁夫妇让她喝足

---

① 辛克莱(1878—1968),美国作家。主要作品有《屠夫》《煤炭大王》《石油》《龙齿》等。
② 杰克·伦敦(1876—1916),美国作家。主要作品有《荒野的呼唤》《白牙》《马丁·伊登》等。
③ 勃洛克(1880—1921),俄罗斯诗人。主要作品有《十二个》《报应》《野蛮人》等。

热茶，关切地询问了她的生活情况。娜佳心里暖乎乎的。她参加过1918年"五一"节那天的大游行，为奥斯特洛夫斯基描绘了自己亲眼目睹的、列宁在红场上讲话的情景。1924年1月列宁逝世，娜佳作为一个工人代表团的成员，曾在巴维列茨车站迎候灵柩。奥斯特洛夫斯基细听她的描述，努力想象当时的场面，耳畔似乎鸣响起了那天回荡在空中的俄罗斯民歌《你们已英勇牺牲》的旋律。他从娜佳的讲述中更多地体悟到革命领袖与普通革命者之间的深切感情，并从中汲取能量。

这段时日，奥斯特洛夫斯基和普琳，这两个曾互相产生好感却并未表白的人，曾一度陷入迷惘与苦闷的情感漩涡。

寄居鹅舍胡同的二十一天，奥斯特洛夫斯基在日记中记下了他的见闻和思考，也在笔端流露出深沉的爱意与烦忧，淋漓尽致地吐露情愫。

1964年，尼古拉·奥斯特洛夫斯基逝世二十八年，苏联《十月》杂志第9期首次发表了确系奥斯特洛夫斯基所写，而《钢铁是怎样炼成的》成书时并未收入的一些文稿。其中有一节，恰恰有助于我们破解相关的疑团。摘录如下——

玛尔塔·劳琳和保尔·柯察金之间，泛起了情感波澜。不需要语言表露，双方都知道彼此是亲密的。然而，保尔此时进入了一生中的艰难时期……明知由于身体的状况越来越糟，自己决不会向她提出结合的要求。

是的，一个意识到未来的岁月极可能黯淡无光，绝对不可以拖对方的后腿；另一个呢，已经得悉好友的疾病将发展成怎么样，也下不了合挑起这副担子的决心。

现在保尔来了。由于这个缘故，劳琳和娜佳操着拉脱维亚语谈

第20章 / 生命中未掀开的一页

过一次,都开门见山,言辞激烈。

"请说说看,你为什么要折磨这小伙子?干吗跟他这么亲昵……你发疯了!真是个痴心女子。这样的小伙子,我头一回见到。他是不会求你的,不会像诗人奥左尔那样诉说自身的不幸遭遇,要你摸着他的脑袋劝慰一番。你为什么偏要写信让保尔到莫斯科来呢?别干傻事儿!不然的话,我一生气,会揪你头发的!"

这个娜佳,当年曾指挥过拉脱维亚的一支游击队,在监狱里忍受过几乎使她发狂的毒刑。此刻像要把威吓化为行动了。

"娜佳!不要干涉我的生活。这个小伙子是我非常知心的朋友。我再说得明白些,我爱他。这是一个优秀的布尔什维克,但是病魔正虎视眈眈,要伺机袭击。我无法把自己的生命和他的未来连接在一起。我的生命是党给的。可假如我和这个小伙子结合,假如他留在此地了,那么无论遇到什么状况,我也不会离开他。结果,一个悲剧将变成两个悲剧,工作完了,事业完了,一切都将后悔莫及。再也别跟我提这件事了!"劳琳说着,哭得那么伤悲,使娜佳忘了刚刚讲过的话,竭力安慰她。

这段情节清晰无误地告诉读者,在小说中,痴心女子劳琳的确爱上了保尔,但她是个职业革命家,曾经奋不顾身,曾经九死一生,目前工作上敬业,学习上刻苦,正在争取高学历。她十分理智,不想让一个悲剧变成两个。

成书时,尼古拉·奥斯特洛夫斯基毅然删去了这一节。保尔朋友多,就让劳琳成为众多朋友中的一个吧。奥斯特洛夫斯基写书,怀有强烈的使命感、责任心。他明白,描摹主人公的感情生活必须掌握分寸,得恰到好处。保尔与冬妮亚、丽塔、拉依萨都并非简单的异性朋友关系,其中暗含着主人公成长、成熟的重要环节,环环相扣，不可或缺。至于年轻诗人奥左尔，他苦苦追求劳琳，劳琳对他没什么好感，却对保尔情有独钟——此类情节，在别的文人笔下，可能会被编造得缠绵悱恻，死去活来。然而奥斯特洛夫斯基反复琢磨，自己要写的，绝非流行一时的言情小说，而是政治倾向鲜明、反映时代主流、人物情操高尚，可令读者感奋、增强生活信心和革命斗志的作品。尼古拉正是基于这样的创作理念，不仅不胡编乱造，而且干脆删除了这一节。

那么，既然写了又删掉，那何不根本不写呢？这就牵涉到复杂曲折的文学创作进程。

首先，劳琳这个人物，在现实中确实有其原型——普琳，所写内容，也并非空穴来风。其次，进行文学创作，奥斯特洛夫斯基毕竟初出茅庐，尚属新手，某些段落写写改改，或留或删，不仅正常，而且恰恰显示了未来优秀作家的严谨态度。

其实，奥斯特洛夫斯基和普琳的交往还有所延续。

他在鹅舍胡同逗留了三周。秋意渐浓，淫雨连绵，雾气弥漫，阴冷不堪。他的下肢关节剧痛不已，奔走求职仍毫无结果。医生建议他去南方休养。

在莫斯科，他和劳琳、娜佳以及她们的友伴相处得很好，很快乐，正如他后来在给一位朋友的信中所说的那样："在莫斯科，我平生头一回歇了一阵。置身于一群亲如家人的年轻人中间，如饥似渴地读书，读新作品，只恨时间太短促……为什么重回新罗西斯克？我一身是病，那些医生又赶我到南方住……至少待一年。否则，留在莫斯科的话，我的肺结核必定会发作。"

要与大家分手，尼古拉·奥斯特洛夫斯基还真觉得依依不舍。他和普琳之间的感情日益加深，理智的他决定要尽早离去，不能犹豫。

第20章 / 生命中未掀开的一页

普琳和娜佳,打心眼儿里非常赞佩尼古拉的决断。两人结伴上街,为尼古拉添置保暖的衣物,还有食品、书籍,帮他做好启程的准备。

那天,玛尔塔·普琳陪伴撑着单拐费劲地挪步的尼古拉乘上马车,去火车站。另有几个朋友已在那儿等候了。大家帮尼古拉进入车厢,安排他坐得尽量舒适些、方便些。道别的话儿暖人心,尼古拉又一次沉浸于温馨的氛围中。

朋友们挨次走出车厢,普琳落在最后。忽然,尼古拉轻声叫住她,把一本样子挺普通的练习簿交到她手里,郑重地嘱咐,在得到他去世的消息之前,千万别看。普琳拭去泪珠,点头应允。

火车启动了。朋友们在站台上目送列车呼啸着远去,大家心头沉甸甸的,甚至感到内疚。是呀,没能帮上忙,没能使尼古拉得到疗效显著的医治或一份适宜的工作,从而成功地回归革命队伍。

练习簿就是日记本。其中记录了寄居二十一天来,他休憩、阅读和思考的情况,也透露了对普琳的关切、敬佩和喜爱。字里行间,既激情沸腾,也饱含理性。他决定不当面表露爱慕,不让自己的病残变成对方的累赘。

若不是娜佳偶然瞥见日记本,翻阅过一些,如今我们对日记的内容还毫无所知呢。

奥斯特洛夫斯基离开莫斯科,重返新罗西斯克,再次来到拉依萨家中寄居。

安顿下来,休息了一段时间后,他又开始跑本市的党委会、团委会,希望他们能够给他安排一份工作,或至少提供机会,让他接触党团员。

1926年底,普琳登门探访尼古拉的数天里,也去了团委会,热诚而客观地介绍:"你们这儿有个奥斯特洛夫斯基,年纪不过22

岁，党龄两年，思想纯真，是退伍军人，具有丰富的生活和工作经验，就是目前病残严重，行动不便。这么个人才，是不是可以让他在做青年思想工作方面发挥些作用呢？"

没多久，就有一个团小组经常来尼古拉这儿开会，过组织生活了。他的床边响起了年轻人的谈笑声、争论声，有时还有欢快的琴声歌声。

玛尔塔·普琳此次前来探访奥斯特洛夫斯基，看到尼古拉的新婚妻子拉依萨、岳母留保芙·伊凡诺夫娜和大姨子廖利娅都对尼古拉很好，在日常生活中给予其诸多照料，使身体伤残的尼古拉感受到一种家庭的温暖。普琳临走前，和这对新婚夫妇一起，商谈尼古拉应该怎样选择一种职业，或者说一个岗位，为社会做贡献，也让自己活得更有价值。三人考虑了很多，设想了很多。比如当个统计员、定额员、绘图员、调度员或财务人员什么的……然而，干这类活儿，都有个前提：得每天乘公交车上下班。尼古拉哪儿行啊！普琳甚至想到，尼古拉善于讲述亲身经历的故事，讲得生动逼真，让人听了还要听，那么是不是可以写下来，让人读了还想读呢？

尼古拉听到普琳的这个想法，当即两颊潮红，显然兴奋起来了。普琳来劲儿了，进一步说："请考虑考虑，试试看。作品写成后，不妨寄到莫斯科我那儿去。我可以找位记者朋友，帮忙修润。若能成功，对于比较窘迫的物质生活大概也不无小补……"

后来，尼古拉下定决心，付出辛劳，攻坚克难，果然成了优秀的作家。这么巨大的成就，是否与普琳这次热情的鼓励有直接关系呢？很难说。毕竟他的许多朋友，包括战友、病友，听他讲过故事的人，都提出过类似的建议。可以这么说，很多人的建议和鼓励，都起到了积极的作用，促使他着手艰苦的文学创作。

翌年，即1927年，尼古拉·奥斯特洛夫斯基写出了一个中

第20章 / 生命中未掀开的一页

篇——描写骑兵生活的《暴风雨所诞生的》。

这次探望之后,普琳就返回了莫斯科,二人的通信日渐减少,直至中断。《暴风雨所诞生的》写成后,仅有一份手稿,尼古拉将其寄给了骑兵旅的战友们,并没有誊录一份寄给玛尔塔·普琳。三年后,奥斯特洛夫斯基开始创作《钢铁是怎样炼成的》第一部,次年续写第二部,无论是一式数份的稿子,抑或是油墨飘香的样书,尼古拉都没有寄给普琳。尼古拉因这部著作大获成功而声誉鹊起、举国闻名之时,普琳没有主动和他联系,他也并未设法寻找对方。

彼此遗忘了吗?没有。长篇小说《钢铁是怎样炼成的》第二部里明明出现了一个以玛尔塔·普琳为原型的人物——玛尔塔·劳琳,而且上述那段文字写了又删除,更能说明问题。

奥斯特洛夫斯基懂得,现实生活中接触过的人与事,并非全都适合写入作品。因此,他以社会主义现实主义的创作方法,安排人物、取舍情节,以求取得最佳效果。

普琳不联系已成著名作家的故友,显然是不愿张扬,更不愿给尼古拉增添节外生枝的麻烦。

他们是革命人,始终把革命事业放在首位。他们以理智驾驭情感,万一出现情感死结,便快刀斩乱麻,展露高尚的情操,以及善于、勇于自律、自控的品格。

爱情毕竟是人类的浓烈情愫之一,情丝缕缕,盘集心底,纠结成团,容易使人狂躁不安,言行出格。奥斯特洛夫斯基平生遭遇过多少挫折、困厄、磨难和不幸,他凭着坚毅的意志,摒弃杂念,全身心投入,披荆斩棘,开辟出崭新的天地。凡此种种,奥斯特洛夫斯基自己的体悟分外深刻。细心的读者会注意到,就在《钢铁是怎样炼成的》第二部第九章,全书即将出现梦想成真的光明结尾之前,有以下一段扣人心弦的肺腑之言:

几乎每个人都可以宣泄内心的忧伤，抒发各种热烈的或温婉的感情，保尔却没有这个权利。他以永不松懈的意志禁锢着这些感情。工作接近尾声，被禁锢的感情就频繁地骚动，要挣脱意志的束缚。只要他屈服于这些感情中的任何一种，事业必将以惨败告终。

回首审视，《钢铁是怎样炼成的》中，玛尔塔·劳琳确实作为保尔的众多朋友之一出现为妥。如此，虽然这一人物形象显得单薄些、浅淡些，却不会和冬妮亚、丽塔等人物"抢戏"，全书也紧凑了不少，作家如此删节修改，凸显出他边学、边想、边干，在创作实践中学习创作的钻研精神。

未来先说吧。在现实生活中，尼古拉·奥斯特洛夫斯基和玛尔塔·普琳后来还曾会面，这使得他俩的友谊拥有一个近乎完美的结尾而显得余韵绵长，令人欣慰，令人赞叹。

1926年末一别后，普琳依旧开朗活泼，依旧爱音乐，爱绘画，爱文学，爱大自然。她的朋友圈子越来越大，藏书也越来越多。她全心全意，做好革命工作。

1936年11月7日，正是十月革命纪念日。下午，普琳参加游行尚未回来，鹅舍胡同25号三楼的电话铃响了。一个男子的嗓音，响亮而急促，要找玛尔塔·普琳。

"普琳不在家。"娜佳回答。

"你是娜佳吧？"对方立刻自报姓名，"我是柯里亚·奥斯特洛夫斯基。"

娜佳吃了一惊，不知怎么应对才好。

"5点钟，有一辆汽车会停在你们大门口。请你和普琳一块儿上我这儿来吧。我期待着。"说完他便挂了电话。就这样，分别十年

第20章 / 生命中未掀开的一页

的朋友又见面了。

互相问候、亲吻。奥斯特洛夫斯基说:"十年前,我是你们的客人。现在,你们是我的贵客。"

他嘱咐把小桌子移到他的床前,摆好菜肴,还放了一瓶酒。

娜佳以传统的方式祝酒:"为了重逢!"

奥斯特洛夫斯基非常激动。普琳更是百感交集,一句话也说不出。娜佳忍不住了,走到一边啜泣。

奥斯特洛夫斯基招呼她过来,说:"英雄有泪不轻弹。"

大家回忆着在鹅舍胡同那些相聚时日的点点滴滴。

"我本想在书里多留些印迹,"奥斯特洛夫斯基说,"但是太伤感了。普琳不会赞同的。"

临别时,奥斯特洛夫斯基让家人从书柜里取出两本《钢铁是怎样炼成的》,并把笔放到他手中。他在两本书的扉页上分别题了词,然后突然半似轻松半似遗憾地说:"一切到此结束。句号。可惜没来得及写完《暴风雨所诞生的》。"

什么?句号?尼古拉行动不便,为了创作,他请了一位志愿秘书,他口述,对方记录,该加标点符号的地方,他就直说。久而久之,养成了习惯,不创作时也会脱口而出:句号。

愉快的会面结束了,娜佳先往外走,奥斯特洛夫斯基让普琳稍作逗留,向她索取十年前留在她那儿的日记本。

数天后,普琳带着保存完好的日记本,再次前来探望尼古拉。他请普琳念一点儿日记本上的东西,随即叮嘱她把日记销毁。

不久,12月22日,重残作家尼古拉·奥斯特洛夫斯基逝世了。玛尔塔·普琳赶去守灵,珠泪点点,哀思绵绵。

邂逅而相知,暌隔十载;飘散于虚空,一段情愫。

人生有可能遭遇感情纠葛,但与真正的婚恋不存在直接关联,而且确实很纯洁,很美好,这对于品行,对于情操,或许是格外严峻的考验。意志不坚,处置不当,脑袋里的无形之物也会质变,霉烂腐臭,使人沉醉、昏眩,毁了事业,毁了一生。意志刚强,处置妥当,则截然不同。

喜结良缘

单单抓一个团小组的学习,尼古拉·奥斯特洛夫斯基不久便觉得不满足了。游离于沸腾的社会生活之外,他难免感到空虚、落寞,不由哼唱起旋律比较徐缓的歌来——

我呀长大成人,就像小草一根,在那苦风凄雨中,度过我的青春。

嗓子略显喑哑,歌声沉闷,暴露了他内心的迷茫。歌声惊动了做家务的拉依萨。

姑娘走进小屋一瞧,心头便抽搐了几下。她见尼古拉正擦着手枪,眉头皱紧,脸色凝重得异常,似乎十分专注,连有人进来也没觉察到,仿佛深陷于某种郁悒的情绪之中。以前可从未这样过。拉依萨走到旁边,问他身体有没有不舒服。不料,尼古拉以不耐烦的口气接过话头:"身体舒服不舒服有什么关系?何况我的身体挺棒!我这就去团市委,要他们安排工作。"

……

拉依萨心神不宁,一直等到傍晚,才看见尼古拉回来。他闷声不响，走进房间，脱掉外衣，坐到桌旁。拉依萨忐忑不安。以往，尼古拉每次外出，即便沟通不顺利，求职遭婉拒，他回来时可能会满脸疲惫，但并不沮丧，依旧兴味盎然，说些所见所闻。即使谈及人家回绝他的事情，他也能很理解地，用自己特有的幽默口吻讲述一番，一笑了之。他不生闷气，更不发火，情绪稳定。今天怎么搞的？

拉依萨憋不住了，问他："出了什么事儿？"

"没什么大不了的。只是这两条腿不听使唤……还有，党委、团委的同志们，开口闭口总让我安下心来，好好休养，歇着吧，继续治疗吧。他们怎么就不明白，我胸膛里的这颗心，才跳动了二十二年！"尼古拉越说越激动，又猛地刹住，久久不吭声了。显然，他脑子里的万千思绪，正纠结着呢。拉依萨默默地观察，思量着怎样才能为他分担痛楚忧烦。

两天后的傍晚，拉依萨见他又在桌旁忙着什么。她凑到近前细看，原来仍是在擦枪。有些零件浸透了机油。他正把细长的布条从一个弹簧中穿过去，认真地擦拭。

拉依萨在一边坐下，尽量轻声柔气地说："你怎么了？老是不高兴？别这样好吗？"

"什么别这样，我怎么样啦?!"

"我的意思是说，你原先不这样的。人家又拒绝给你安排工作了吧？难道这就能让你这么气恼？"

"我没有气恼，只是恨两条腿越来越捣蛋。不过没关系，一切都会过去的。"

勃朗宁手枪擦拭完毕，装配好了，他以灵巧的动作转动几下，喃喃问道："东西还行，对吧？"

拉依萨不知该怎么接腔。尼古拉喜爱地抚摸着黑亮的枪口，好像在回答自己："有这东西，任何事情都能一了百了。"

说这话的口气，又让拉依萨心头一惊。她尽量用平静的、轻松的嗓音，似乎蛮随便地说："我要擦桌子了。快把这些破布收拾了，弄得一桌子的油……"

尼古拉惊醒般地、抱歉似的抬起头来浅浅一笑。

接下来的数天，尼古拉的膝关节疼痛得越来越频繁。他深凹的两眼有时闪射出不祥的火花，但他不哼一声。这种耐受力使拉依萨既钦佩又心颤，甚至她的躯体仿佛也出现了痛楚的感觉。

一天，尼古拉关节疼得不那么频繁，不那么厉害了。午后，他撑着单拐去了本市党委会。虽然仍未争取到为他安排工作岗位的允诺，但他无意中得知，今晚将在海员俱乐部召开党员大会，明确表态并严厉谴责党内高层露头的叛徒言行。尼古拉几乎每天必读党报，从中了解最新时事。他提出自己要参加这个大会，得到了同意。

他好不兴奋。他很久都没有参与过重要的政治活动了，觉得自己简直要跟政治社会脱节了，心里真不是味儿。他看看时间不早了，便索性不回去了，直接前往俱乐部。他不晓得，到达那里需要顺着公路街步行将近四公里，而且有一长段路面铺着碎石块儿，撑着单拐的他恐怕会步履艰难。但他心中的热情使他憋足了劲儿，奋力朝前走了一段。幸好很快就遇到了顺路的公交车。到达会场时，他已经累坏了，赶紧选了个位子坐下了。

党员们陆续进场。尼古拉一个熟人也没看见。大会开始了，在主持人的启发下，人们发言踊跃。尼古拉·奥斯特洛夫斯基举手要求发言，获得了允许。他撑着单拐，吃力地登台讲话了。这完全可称为一篇正式的讲演。作为一名年轻的普通党员，他认真地读过党报党刊上相关的文章，就大胆地、直率地、头头是道地亮出观点了。讲完，果然赢得了一片掌声。他费劲地走下讲台，缓缓地回到自己的座位上。隐隐约约，他听见邻座在互相询问：

"这是谁？有水平！"

"是边区委员会的吧？"

尼古拉觉得自己没白来，他很高兴，甚至有三分自得。至于党的最高领导层中究竟发生了怎样的变化、怎样的冲突，孰对孰错，包括他在内的普通党员们是难以真正知晓的。

大会结束时，天色已晚。人们拥出会场，纷纷散去。团委会的一个小伙子认出了尼古拉，客气地要送他回去。他婉言谢绝了，说自己能行。

夜色苍茫，街上空荡荡的。他运气不错，依稀看见远处有一辆马车渐渐驶近。他扬手招呼，和车夫谈妥了价钱，上车坐稳后才定下心来。吆喝声、鞭子声撕破寂寥，马车缓缓地前行了。尼古拉神经松弛了些，长长地呼出一口气，准备闭目养神。不料，前面出现了一段坎坷不平的石子路，马车夫说怕损毁轮胎，让客人下车，自己走回家。竟会遇到这种倒霉事，尼古拉软话硬话全说了，都不起作用。怎么办？四下无人，暮霭沉沉。他撑着单拐，慢慢地往前走去。亢奋消退，疲弱也罢，颓丧也罢，孤独无助，除了一步一步挣扎着回去，别无他法。此处从没来过，昏暗中，房屋陌生，路又不熟悉，他难免有些发慌。碰到三岔路口，只能凭着感觉，选一条走走看。蓦地，他心头一惊，因为前方隐隐传来了海水拍岸的声响。糟糕，方向反了！他全身泛起一阵疲乏，两条腿简直要拖不动了。近旁有个小小的街心花园，他体力不支，神思昏沉，挣扎着挪动两步，就势倒在长凳上。休息了一会儿，午夜的海风吹来，仿佛比白日猛烈了些，他的神智恢复了清醒。近几年来的种种苦恼、烦忧、焦虑、失望，接连来袭。尤其是躯体的病残似乎无可挽回，在这凄迷的秋夜，勾起了他绵长的回忆。

第21章 / 喜结良缘

童年、少年,直至当下这青年时代的经历,化为一幕幕鲜活的画面,在眼前映现,接受检验。二十四年了,总的说来还不错。他是因力量丧失殆尽才离开战斗队伍的。今后的生活必定黯淡无光吗?今后的时日必定一团迷茫吗?可以用什么来充实今后的生活空间呢?用什么来证明今后的人生依然能发热发光,具有价值呢?一天接一天,同志们在奋斗,在前行,自己却仅仅是吃、喝和呼吸,做个毫无作为的旁观者,这让人怎么受得了?躯体背叛了自己,那么算了,朝胸口开一枪,一了百了吧!想到此处,他从口袋里掏出了勃朗宁手枪。

枪口鄙夷地瞪着他的眼睛。他把手枪放到膝盖上,厉声自责:"老弟,纸糊的英雄!任何一个笨蛋,任何时候,都会冲着自己打一枪的。要摆脱困境,这是最怯懦、最省劲的方法。你是否已经竭尽全力,去挣脱束缚你的铁环了呢?纵然到了生活难以忍受的时候,也要设法活下去。你要让生命变得有价值。"于是,尼古拉猛地站起,身子晃了两晃,差点儿摔倒。但,他并不气馁,牢牢站稳。

此刻,他头脑无比清醒,犹如过电影,反复审视往昔的所遇所为所思,自身的长处与短处、优点与缺点;接着,不知怎么的,拉依萨端正的容貌在他脑海中浮现。他回想姑娘的淳朴与稚气、善良与体贴。互补,对,互补!原先看问题怎么如此片面、轻浮、简单化?明明两个人平时已十分亲近,自己却仍在犹豫不决,没有主动表白。是的,因病因残,而且看来痊愈无望,所以怯懦,所以无语。其实完全不必过虑。姑娘了解自己的病残状况,眼神中、举止上,并没有流露出丝毫疏远、嫌弃的意味,倒是明显地表露着和善、同情、关切、爱慕与依恋。平日,在大小事情上,她都如同亲人般照料、协助自己,甚至偶尔还会对自己怄气与撒娇,此刻回味,甘甜入心。他乐观地想象着,只要俩人结合,互补互帮,爱情的鲜亮火焰多半会大大有助于事业的成功。虽然，什么叫成功，此时还只是一个隔着雨帘依稀可见的朦胧前景。有一点，他也考虑到了：假如姑娘把最美好的青春年华交付给他，把人生的绚烂希冀寄托在他身上，虽然自己怎么努力也无法成就大事或协助对方，那么至少也不能变成依附妻子的累赘——他会让她自由翱翔，飞向高远的蓝天。

想到这里，他拿定主意，心中有了底。他打起精神，撑着拐杖，认清方向，艰难地、谨慎地走着。此时，他虽踽踽独行，却好似已有伴侣，驱散了独行者的孤寂之感。

与此同时，拉依萨在家中神思不定。尼古拉深夜不归，是从未有过的。姑娘毫无睡意，走出房间，轻轻开启大门，面对夜色中空落落的大街，更觉忐忑；关门回屋，依旧难以入眠，又蹑手蹑脚地出来……如此反复多次，思绪烦乱，脑海中竟闪出让自己惊悚的模糊场景，似乎尼古拉遇上了很难跨越的坎儿。姑娘打心眼儿里仰慕和喜爱尼古拉，理解他的艰辛与苦恼，愿意为他分挑重担，支持他的努力，和他齐心并肩，开辟新的天地；也坚信尼古拉正是自己心目中的那个值得信赖、可以依靠的人，与他并肩同行，自己能够挣脱家庭的羁绊，踏上崭新的道路。

几乎快到凌晨，尼古拉才回来。整夜没合眼的拉依萨见他脸色苍白得异样，心中忧虑，但不问什么，赶紧扶他进屋，让他缓缓躺下；见他喘气急促，似醒非醒，累极了的模样，倒不敢走开了，默默地坐在近旁，注视着他。

过了一阵，尼古拉缓过来了。

其实，拉依萨的双眉紧蹙、关怀备至，尼古拉都感觉得到。他不再彷徨，不再踯躅，定定心神，鼓足勇气，向姑娘表露了爱意。他细细地叙述了这一夜自己的思索与结论，感情那么浓烈，想法又

第21章 / 喜结良缘

这般理智。姑娘惊喜地、惬意地发觉,对方的考量与憧憬居然和自己不谋而合。她完全明白,俩人一旦结合,前方并非坦途,必将遭遇现今尚难预料的艰苦困厄。但她愿意,她心甘情愿与这个人终生相伴,默默地助他一臂之力。姑娘十分清楚,尼古拉是个胸怀大志的革命人,他要把一己的青春和热血献给最壮丽的共产主义伟业。自己虽然还不是共产党员,却也有所思考,有所憧憬,有所渴望。互补,对,互补!自己不会变成对方的累赘。即使就性格脾气而言,双方也可以互补。尼古拉勇敢、热情,善于启发、团结人;自己呢,文静、内向,一事当前,遇事常害羞,腼腆……

于是,这对年轻人基于共同的思想基础,进入了热恋阶段。

拉依萨最了解男友的需要。她把自己的哥们儿姐们儿介绍给尼古拉·奥斯特洛夫斯基,让他们得空儿就来探视和陪伴渴求与人多多沟通、渴求建立美好友谊的尼古拉。

常来的小伙子和姑娘们,喜欢听他讲故事,这正是他擅长的。他绘声绘色地讲述亲身经历的,还有目睹耳闻的种种快乐事儿、悲酸事儿、化装侦察的事儿、策马冲锋的事儿、宣传鼓动的事儿、慷慨就义的事儿……朋友们听得或乐不可支,或潸然泪下,或心潮澎湃,或沉思默想。许多故事中的主人公,其实多半就是尼古拉本人。拉依萨有时会有所觉察,问他为什么不坦言直说。

"是我还是别人,这重要吗?当初,我们团员全都这样。"他含笑回答。

当俩人单独相处时,尼古拉常会唱一首歌,拉依萨听了几遍,有时也会跟着轻轻哼唱,面带丝丝羞涩——

我满怀激动,无比欢欣,凝视你勾魂的眼睛……哪怕我潜入深邃的海底,哪怕我上天摘彩云。只要你投来深情的一瞥,我愿把一切献给你。①

有意思的是，尼古拉第一次唱完这首歌，竟对拉依萨发表声明似的说："我首先是属于党的，其次才属于你和其他亲人。"

好在拉依萨很理解，微笑着点点头。

谈起可能面临的种种困难，尼古拉说："俄罗斯民谚'有勇气，必胜利'，很鼓舞人的。"

拉依萨高兴地回答："对，我们有勇气，必胜利！"

就在这愉快的，充盈着朝气，甚至带有喜庆意味的氛围中，尼古拉和拉依萨的爱情之花迅速绽放，散发出馥郁的馨香。有的是深深的情、浓浓的爱，有的是绚烂的理想、心底的欣悦。他们喜结良缘了。

第九个十月革命节即将到来。尼古拉·奥斯特洛夫斯基回忆起自己曾多次参加盛大的庆祝活动。尤其难忘的是，十月革命六周年时，他是别列兹多夫地区庆祝活动的组织者之一，忙得不亦乐乎，累得几乎趴下，喜得神采飞扬。此刻，他一脸懊丧地发出感慨："全民的节日啊，恐怕我想看看游行队伍也办不到了。"

确实如此。这时，尼古拉迈小步稍微走走已相当吃力，想跑到大街上，挤到人堆里去，是不可能的。然而，拉依萨理解丈夫的心情，决定给他一个惊喜。

十月革命节当天，拉依萨抱起丈夫，放到一辆借来的双轮小车上，推着他出门、上街，来到游行队伍必经的市中心。

哦，处处红旗飘扬，人头攒动，欢笑声一阵高过一阵。

来了来了，游行队伍过来了。许多车辆，披红挂绿，车上的人

---

① 这是俄罗斯民歌《迷人的眼睛》的部分歌词。孙庆庠、瓦丽娅译配。

们挥舞着彩旗，放声歌唱。更多的群众，身穿节日盛装，队伍整齐。那欢声笑语，宛若一群群小鸟，四下飞舞。忽然，乐声起处，队列拉开，开始表演舞蹈节目了。好像没什么高难度的动作，但举手抬足齐刷刷的，十分优美，群众演员个个笑脸似花。挤在人行道上的市民知道，短短的一个集体舞，是多日辛苦排练的成果。这不，掌声犹如雷鸣，渲染得节日的气氛越发浓烈。

正是新经济政策时期，这在人们的衣着上也有所反映。有些男子身穿短短的宽襟呢大衣，头戴闪亮的硬边圆顶礼帽；有的妇女脚上穿着印有羽状花纹的长筒袜，显然是舶来品，身上散发出扑鼻的香粉味儿。

有个让人一瞧就像暴发户的中年男子从旁走过，嘴里叼着粗大的雪茄，挺得意的样子。

"拉依萨，看到了吗？这恐怕就是耐泼曼分子——新冒出来的资产阶级分子。"

"他们是些怎样的人？在干什么？"

"投机倒把，牟取暴利。"

"那么为什么允许他们存在呢？"拉依萨不明白了。

"看样子，你对新经济政策还缺乏一个概念。"尼古拉想起这段时间，自己从报章杂志上了解到的相关说法，他觉得报刊上的解释总是百分之百对的。"这么着吧，最近我给你讲讲。"

拉依萨推着双轮小车，随同游行队伍，朝广场那边徐徐移动。

看，水泥厂的工人们过来了，大都是年轻人，眉飞色舞；瞧，为革命事业立下汗马功劳的老干部们过来了，一个个姿态端庄，精神矍铄。

广场上，明丽的阳光下，彩旗飘拂，欢声雷动，恰如一片人的海洋，浪潮汹涌，涛声震天。

双轮小车停在广场的旁边。拉依萨侧身看看尼古拉,怕他这样外出过于劳累。只见他两颊红红,生气勃勃,以喑哑的嗓音跟着游行群众唱起传统的革命歌曲——

同志们,勇敢地前进!斗争中百炼成钢,我们为争取那自由,昂起头奔向前方……①

歌声刚停,他依旧兴奋不已,突然举手高呼:"十月革命万岁!列宁共青团万岁!"

"乌拉!乌拉!"近处的一伙年轻人立刻响应,也举手呼喊。

有个小伙子出列,双手指挥,亮开高亢的嗓门,引领大家,唱起一支显然是为这个节日创作的新歌,节奏强劲,情绪饱满,令人热血沸腾。

尼古拉高兴地说:"太好了。这是生活本身在欢唱!"

此刻的尼古拉·奥斯特洛夫斯基脸色红润,目光炯炯,笑容璀璨,似乎随时要插进游行队伍中去。

---

① 这是俄罗斯民歌《同志们,勇敢地前进》的部分歌词。列·拉金词,金中译配。

去搬书吧 第22章

婚后,在日常生活中,尼古拉·奥斯特洛夫斯基得到了更多的关爱和照护。妻子拉依萨自不待言,连岳母留保芙和大姨子廖利娅也给了他许多照顾。

欢乐祥和的、美妙悦耳的喜庆乐曲中,跳动着不和谐的音符。估计拉依萨的父亲马秋克会反对这桩婚事,为了避免节外生枝,只好暂时瞒着他。开头的一段日子,病魔犹如被新婚夫妇的勇敢之举和欢声笑语吓着了,狼狈后退;之后才回过神来,发起凶猛的进攻。尼古拉卧床的时间逐渐增多,拉依萨找到了一份比较固定的工作,白天上班,岳母挑起了照料女婿的担子。

此时,尼古拉的残疾人抚恤金是每月35卢布50戈比。拉依萨已从缝纫刺绣班结业,现去缝纫厂工作。姐姐廖利娅原本是打字员,最近也有了工作,年幼的孩子由外婆照管。尼古拉见岳母忙忙碌碌,颇为过意不去。自己想去工作,一直没有着落,有时烦闷得很,但他尽量不表露出来。妻子、岳母她们每天这般辛苦,可不能让她们再为此焦愁了。

如今,尼古拉连起床盥洗都很不方便,这事儿原本只有拉依萨一个人知晓,现在,留保芙也晓得了,就总是跑来帮尼古拉一把。

尼古拉虽然有点儿不好意思，但除了接受，也无可奈何。

一天清晨，妻子尚未上班，岳母走进房间。尼古拉似乎童心焕发，兴之所至，很有把握似的说："今天别帮忙啦。我想出一个好办法，既能自个儿起床，也算锻炼意志。"

说到这里，他一面喊口号下命令般高声吆喝，一面用足力气，做相应的动作："双腿，伸直！向上，抬起！用力，向下！朝左，猛转！站起，来啦！"

确实站起来了，可才两秒钟，还没等岳母和妻子喜悦地笑出声，他便已摇晃着歪倒在床上。还没等她们两个惊叫起来，他已开心地躺在那儿笑个不住："首次排练，以失败告终；再接再厉，准保会成功！"

拉依萨跟随着喊："成功，成功，准保会成功！"她笑得泪水涟涟。

岳母悄悄走出房门，拭去辛酸的眼泪……

要求安排个工作岗位，尼古拉越来越觉得希望渺茫。近些日子，要跑相关部门，也感到力不从心了。

1927年初，听常来这里的小青年说起，海员图书馆的霍鲁任科是个热心肠的人，尼古拉便提笔给他写信。那会儿，他的病残状况，包括视力，还没有严重到写字也难的程度——

霍鲁任科同志：

……方便的话，请你来我这儿一次。咱们认识一下，谈谈。

我老闲着，请过来吧。在这儿，我是个"外人"。在组织里没有熟悉的同志。主要是书籍。我就是要谈书的事儿。

致以共产主义的敬礼！

尼·奥斯特洛夫斯基
公路街27号

第22章／去搬书吧

果然，热心肠的霍鲁任科很快就登门了，而且当场爽快地答应了他的要求。

尼古拉高兴得跟孩子似的，简直要跳下床来。当然，他是没办法跳的。

"太好啦！这就是说，我是个能得到特殊照顾的读者了。去搬书吧，米佳①，能搬多少就搬多少哦！"

初次见面，尼古拉便管霍鲁任科叫米佳，以"你"相称。这种一见如故的感觉，基于他对书的热爱，基于他对图书馆工作者的信任。

"你要看哪方面的哪些书呢？"霍鲁任科直奔主题。

"文学作品。高尔基、绥拉菲摩维奇②、富曼诺夫③……这些作家的书我看过不少，可贪多嚼不烂，现在想重读，仔细读，认真研究。"这番话似乎透露了，由于求职困难重重，他已经隐隐有了"自行另谋出路"的念头。

"那么，翻译作品需要吗？"

"翻译作品我还不大熟悉。最好能这样安排：法国的、德国的、英国的，分别单独挑出来。我要根据一定的顺序阅读……"

作为敬业的图书馆工作者，面对这样一位渴望看书的卧病读者，霍鲁任科非常高兴。在交谈中，他很自然地依凭自身的专业知识，给予尼古拉实在的指点。

尼古拉感触到了对方的友善与热忱，庆幸自己又结识了一位良

---

① 米佳，霍鲁任科·德米特里·帕夫洛维奇的昵称。
② 绥拉菲摩维奇（1863—1949），俄罗斯作家。主要作品有《铁流》《草原上的城市》等。
③ 富（尔）曼诺夫（1891—1926），俄罗斯作家。主要作品有《恰巴耶夫》《叛乱》等。

师益友。这个读者依据报刊上、书籍中，还有和年轻人聊天时获取的信息，畅谈看法，亮出颇具新意的观点，不一会儿，两个人已经聊得眉开眼笑。有时候，尼古拉滔滔不绝，谈得过于兴奋，似乎旁若无人。他自己觉察到了，就稍作停顿，擦擦额头上冒出的汗，歉疚地说："不好意思，不好意思，我这人，只顾自己说话了。"

"没事，没事。到你这里来之前，我原以为多半会看见个愁眉苦脸的病号，诉说寂寞，诅咒命运。可你让我感到惊喜……当然，我也闻到了，屋子里有股药味儿。"

"是的，我在服药，可惜无效。"尼古拉并不沮丧，调侃似的接过话头，"你只当我要借些言情小说，临睡前看看，消遣消遣，是这么想的吧？啊？"

霍鲁任科嗨嗨地笑了。

临别前，尼古拉·奥斯特洛夫斯基再次嘱托："我可等着你的书了。米佳，多拿些来。还有，外国古典文学作品也帮我挑一些，别忘了哦。"

从次日开始，一摞摞书，有文学的、政治的、历史的、科技的，等等，源源不断地送到尼古拉的床前。

他如饥似渴地阅读。那么多的书堆在面前，他有时会忘了应该细嚼慢咽，竟狼吞虎咽起来。甚至有一回，二三十本一捆的书，才一个星期，他就啃完了。

起初，他的外借卡上，一本又一本地登记着书名，可由于借阅的数量太多，每次用一张卡还不够，所以干脆破例，给他特别优惠——每次只记下册数。

高尔基的作品是他的最爱。每看完一本，他就回味着，思索着，总想借到相关的评论资料来研读。几乎每次，霍鲁任科都能够满足他的需求。马雅可夫斯基的长诗《列宁》，有些片段他已能背

第22章 / 去搬书吧

诵出来,而且带着深厚的感情,令听者也激奋不已。

他兴味浓浓地读雨果①、左拉②、巴尔扎克和德莱塞③的名著。

时事评论、科普作品,也在他的兴趣范围内。

研读范围之广,甚至令霍鲁任科也颇觉诧异。

拉依萨见丈夫夜以继日地苦读,连吃饭睡觉都忘了,不由急在心里。作为妻子,拉依萨太了解尼古拉的性格和脾气了。新婚妻子并不苦劝,更不硬生生地把书拿开。傍晚,她会坐在床边,弹起吉他,唱起比较轻松、比较恬静的歌。果然,尼古拉不知不觉地跟着唱起来——

看一家子在台阶前吃饭,夜空中星星一闪闪。女儿她端来菜和饭,她母亲想开导她一番,却被那小夜莺打断。④

这些时日,他的境遇复杂得很。和拉依萨结合,是一大喜事、一大乐事,对于他之后开启的卧床创作生涯,是极为重要的助力。病残时轻时重,整体来说,是日益严重的。期间他还曾一再辗转求医,一回又一回,通通是徒劳往返,希冀转为失望,喜悦化作泡影。身心遭受伤害,换句话说,身心经受着常人难以承受的考验。就在这样艰辛困厄的生命历程中,他比以往更快地成熟着,成长着。

这个时段里,尼古拉·奥斯特洛夫斯基从新罗西斯克发出的信

---

① 雨果(1802—1885),法国作家。主要作品有《巴黎圣母院》《悲惨世界》《笑面人》等。
② 左拉(1840—1902),法国小说家。主要作品有《人间喜剧》《小酒店》《萌芽》《崩溃》等。
③ 德莱塞(1871—1945),美国小说家。主要作品有《嘉莉妹妹》《欲望三部曲》等。
④ 这是乌克兰民歌《农家附近有樱桃花园》的部分歌词。塔拉斯·舍甫谦珂(谢甫琴科)词,薛范译配。

函，也表现出他的厄境与拼搏、贫困与乐观、纠结与刚毅。摘录数段如下：

> 我担心的是脊椎。它疼得厉害……夜里老是睡不好觉。由于手脚酸麻，仰卧不行，侧睡则腰部剧痛……几乎不能行走了。一天挪动十步也很费劲。慢性脊椎炎已经肯定。……带着斗争硝烟和建设热情的生活太吸引人，真让人无法轻生。（给达维多娃）

> 枕头和军大衣用不着了。军大衣卖掉吧。妈妈，如果还值几个钱，就买些你那里需要的东西，我不要穿了。（家书）

> 我的近况的确糟糕——病得厉害……至于明年夏季之前，我不会呜呼哀哉，也是真的……万一大事不好，我准会写信告诉你，不藏着掖着……你这次信上提及妈妈要来这儿。哎呀，米佳，你倒说说，老人家看到我这副模样，能不哭天抹泪吗？我的身板，如今成了这么一辆破车，稍有颠簸就会散架……我不会窝窝囊囊，正在竭力挺住。没错儿，有时候感到很艰难，可谁不艰难呢？人人艰难。（给哥哥）

> 左臂和左肩丧失了活动能力……关节火烧火燎地疼啊，然后便僵化了……那样的话，不久前还听使唤的那些关节也会动弹不得，整个儿僵直……最后一线勉强行走的希望正被病魔逐渐侵蚀……椎骨疼痛，不仅在腰部，还有背部的第六块……夜间盗汗，淋漓不止……有时疼得相当厉害，但我默默忍受，对谁也不诉说，抱怨的感觉仿佛麻木了……有时我不得不紧紧地咬着牙，以免像狼似的拉长声音狂叫。（给达维多娃）

第22章 / 去搬书吧

我的状况不容乐观。心中似乎郁结着块垒，沉甸甸的。意志，至今遏制着种种苦痛的意志，正在明显地削弱。所以我担心一旦崩溃，自己会做出蠢事来。（给诺维科夫）

一个人假如并不缺乏理性，并不目光短浅、自私自利、蠢头蠢脑，并不苟且偷生、苟延残喘而对实际生活能够洞幽察微，那么他难免会非常非常不如意……若不是把战斗到最后一刻这个坚定理念当作做人的根本，那我早已开枪打死自己了……只有我们，只有像我这样疯狂地热爱生活、热爱斗争、热爱工作（建设一个美好得多的新世界的工作）的人，只有我们这些明察全部生活底蕴的人，即使只剩一丝希望，也不会轻生自尽。（给达维多娃）

健康状况糟得很……白天黑夜，一直躺着，寸步难行。胃口倒了。报纸、书籍，大量阅读——这是唯一的乐趣。（给罗德金娜）

第23章 坎坷与风浪

据说,距克拉斯诺达尔约六十五公里,有座温泉疗养院,以硫黄浴疗法解除关节炎患者的痛苦,效果特佳,久负盛名。虽然对于减轻病势和恢复健康,尼古拉·奥斯特洛夫斯基已不抱太大的希望,但只要有一点点可能,他也会抓住不放的。

他决定去试试。

1927年5月底的一天,他叫了一辆马车,讲好从家门口到火车站,车钱若干。尼古拉的母亲——正在新罗西斯克做客的奥里加、妻子拉依萨,还有大姨子廖利娅,互相配合,一同用力,把他抬出大门,让他躺在马车的后座上。事不关己的马车夫在一旁瞧着,神态漠然。

马车一路驶去,伴他同行的是母亲和大姨子廖利娅,她还抱着幼小的孩子。拉依萨在缝纫厂上班,一时请不了假。

结婚不久的尼古拉,病情多次反复,日益加重,甚至起床也难了。剧痛经常袭扰,尼古拉咬紧嘴唇,不声不响。然而,家里人看他双唇红肿,便心知肚明,却又帮不上忙,无法减轻他的痛楚。

不多时马车就到了火车站。二人将尼古拉抬下马车,送进车厢,让他半坐半靠地坐好。其间,多亏一些路人和旅客出手协助。

第23章 / 坎坷与风浪

列车启动，一路上倒还顺利，抵达了克拉斯诺达尔。从火车站去温泉疗养院，乘的不是马车，而是出租汽车。尼古拉被塞进后座，勉强躺着。廖利娅右手搂紧小孩，倚坐在一边，左手托起尼古拉的头；母亲斜靠在另一端，扶住他的脚。

谁知这是一条坑坑洼洼的土路，汽车不住地颠簸。尼古拉疼得差点儿失去知觉，不得不一再请司机停车，休息片刻。开开停停，这样折腾了六个小时，才到达目的地。

说是疗养院，其实更像旅馆。

尼古拉·奥斯特洛夫斯基睡的是单人铁床，母亲、大姨子和外甥只能将就着睡地板。

这个病员需要家属不离左右地照料。起先是母亲和大姨子，岳母也来替换过，然后妻子也请了假赶来。

为了省钱，他们自己做饭吃。病房的窗户外面，放了一只木箱，里面是煤油炉，这样火苗才不至于被风吹灭。

有些事情，换个人或许简单得很，搁在尼古拉身上就繁难得多。比如整理床铺。每一次，都得两个人把他抬起，放到椅子上，把床单铺平后再抬回去，帮他躺好。前面已提到过，说铺平，真的要铺得很平很平。尼古拉躺下后，自个儿几乎一点儿也动弹不得，只要床单稍微有些皱褶，时间一久，皮肤上就会出现印痕，感到刺痛。后来，尼古拉想了个办法，不妨称之为转移法或忍耐法，再怎么刺痛也不吭声，脑子里故意去琢磨别的事儿。这种不是办法的办法，一试再试，倒还真能解决问题。

尼古拉·奥斯特洛夫斯基来到这个疗养院，是为了接受硫黄浴疗。每次都得用轮椅车把他推过去。那是一条沙土路，推起来十分费劲，母亲独个儿还推不动。好在拉依萨不久便来替换下姐姐，之后的许多日子，便是婆媳俩照顾尼古拉。

在治疗的过程中，尼古拉的感觉还不错。

一是因为疗养院院长安尼娅是共青团员，对这重残者真心实意地多给予关注；二是过了个把月，硫黄浴疗似乎略显效果，关节疼痛稍有减轻；三是病人中有不少共青团员，尼古拉很快就跟他们熟悉了。大家常常围在这重病号的床边聊天，有时还带着吉他、曼陀林、手风琴之类的乐器。奥斯特洛夫斯基喜欢民歌，和大家一起哼唱。那会儿，他双手尚可比较自由地活动。别人把吉他搁在他胸脯上，他费力地拨弄琴弦，算是自己伴奏，惬意地唱起一首首清新的民歌。

仿佛转瞬之间，已过了两个月，奥斯特洛夫斯基得回家了。考虑到他来时乘坐出租汽车，沿途颠簸得受不了，婆媳俩商量后，叫了一辆铺垫着厚厚干草的哈萨克大车。

病友们和他握手告别，要他在家好好休息，申请到疗养证，再来继续接受硫黄浴疗。

这次旅程，即使回忆起来，尼古拉·奥斯特洛夫斯基也心有余悸。

原来，乘坐哈萨克大车更让他难以适应。

这不，车子沿着土路缓缓行驶，其实颠簸得并不怎么厉害，尼古拉却感到一阵阵剧痛。他硬是忍着，熬着，但仍然一次又一次地晕厥过去。为他托头扶脚的妻子和母亲眼见他这般受罪，不由心内凄苦，忍悲含泪。

尼古拉又一次从昏迷中苏醒，以嘶哑而微弱的声音对妻子说："要保护我，拉依萨。我会好起来的，别丢下我……"

顿时，妻子禁不住热泪夺眶而出。

好不容易，总算到了火车站，哈萨克大车吱吱嘎嘎地停住了。

折腾了这么久，尼古拉此时依旧昏昏沉沉的，怎么可以立即把

第23章 / 坎坷与风浪

他抬上火车呢?不能惊扰他,让他安静一会儿,恢复知觉。好奇的人们围拢过来,指指点点,七嘴八舌,议论纷纷。

"哎哟,多么可怜的小伙子,他已经断气了……"

"要把他运到哪儿去?"

"还替他忙什么呀?这人根本活不了多久啦!"

母亲奥里加默默掉泪。妻子拉依萨又急又怒,这个平时温和、腼腆的女子,竟从大车上一跃而下,铁青着脸,冲着这伙闲人放开嗓门喊:"快走!你们嚼舌头嚼够了,通通给我滚开!"

那些人慌忙朝后退缩,有的人嘀咕道:"她怎么神经兮兮的……"

拉依萨回到车上,脸色已由青转红,一副余怒未息的模样,在尼古拉转动不易的脑袋旁倚坐下。

此时尼古拉已经清醒了,耳朵还挺尖,他早就听清了外面的议论。他疲软无力地握住妻子的手,用低得几乎听不见的嗓音说:"真行,女孩儿。应该再凶些,训他们一顿!"

拉依萨抿着嘴,微微摇头,泪水往肚里咽。

返回新罗西斯克,尼古拉精力恢复得很慢。母亲和妻子心情郁闷,因为她们发觉硫黄浴疗没有真正的效果。

毕竟尼古拉所患的并非一般的关节炎。

然而,病情严重、体质羸弱的他竟坦然无惧地说:"没关系,这一切不过是人生道路上的小坎坷而已……休想把我挡住!"

为了忘却躯体上的痛苦,他又如饥似渴地看书。好在有海员图书馆的支持,书倒不缺。天气晴朗的日子,妻子拉依萨总是在上班之前,与母亲或姐姐一起,用折叠木床,把尼古拉抬到院子里的大橡树底下,让他就这样度过白天。为了避开好奇者的目光,他们还在两棵树之间张挂起布帷子遮挡着。

　　傍晚，经常有年轻的朋友在这里聚会，有的还带着乐器。人一多，这个角落便热闹非凡。争论、说笑、唱歌，十分开心。尼古拉和他们亲密无间，暂时把折磨人的伤残置诸脑后。

　　除了广泛阅读，结识年轻的朋友，入秋后，尼古拉体力稍有恢复，他便决定试试，进行文学创作。每个白天，他都利用大部分时间写作，要写出一部历史的、抒情的、英雄主义的中篇小说。1927年10月22日，他在给挚友诺维科夫的信中透露："我要搞创作是认真的，只是不知道会写成怎样的作品。"

　　初次尝试写作，而且自知文化水平很低，尼古拉难免有些胆怯，能否成功，他一点儿没有把握。因此，除了在信中向诺维科夫吐露一言半语外，尼古拉甚至对拉依萨也暂且保密。正是这个缘故，夫妻间还出现过这样的趣事——

　　拉依萨发觉丈夫这一阵在写什么东西，他向识字不多的岳母索要钢笔墨水，还托她去买厚厚的日记本，她不由觉得诧愕。

　　这天，她对尼古拉说："写什么呀？让我看看神秘的本子。"

　　尼古拉开玩笑似的回答："你怎么好奇心这样强，像个闲得无聊的老大娘？我在写日记呢。想知道内容吗？好，马上念给你听。"

　　他立即掀开本子，眼光在纸页上扫来扫去，嘴巴仿佛念着，神态极不自然，让拉依萨觉得假模假样，挺逗乐儿的。她听到的是这么两段，尼古拉现编的：

　　"11月27日，奥斯特洛夫斯基的健康状况马马虎虎，左脚大拇指尚可动弹，所以他不想去医院。"

　　"11月28日，奥斯特洛夫斯基胃口大开，吃了三块肉饼，还想再来一块。然而妻子没再给，并说：你躺着，多吃有害。而她自己因为站着，一下子吃掉了七块……"

第23章 / 坎坷与风浪

拉依萨被逗得开怀大笑。

尼古拉赶紧把正在写的东西藏到枕头底下。妻子见他如此,也就不坚持要看了。估计他是在写什么稿子吧,记得马尔塔·普琳就曾建议他搞创作。

拉依萨猜得八九不离十。尼古拉·奥斯特洛夫斯基确实在写中篇小说,而且非常投入。写科托夫骑兵旅;写勇敢的战士辗转各地,出生入死,立奇功,成英雄。他以亲身经历和所见所闻为依据,精心构思,写得自己都感奋不已。尽管稍不留神,动作过快,手臂的关节就一阵阵酸痛,他还是努力把字写得端端正正。

进行创作,犹如战斗。该吃午饭时,他却正写得酣畅淋漓,停不下手。妻子一催再催,他会不耐烦,犯傻地说,别拿"愚蠢的午饭"来纠缠他,甚至说先不吃了,等过几天工作结束再补吃,少吃了几顿,就一口气补足。妻子听了,拿他没办法,只好摇着头笑。

又过了些日子,这天早晨,尼古拉把一个显然装着书稿的大纸袋交给拉依萨,让她去邮局寄出。袋子已经封好口了。是谁,什么时候,帮他把这"大信封"用糨糊封了口的,妻子全不知道。见丈夫既神神秘秘又带着大功告成般的笑容,她什么也没问,马上出去邮寄。她只匆匆地瞧了一下:地址是敖德萨,收件人的姓名很陌生。

两三个星期后,敖德萨那边回音了。是科托夫骑兵旅战友们的一封集体回函。他们读了书稿,非常高兴,非常赞赏,特地讨论了一次,回信表示热情支持,同时中肯地提出几点建议和希望。信末告知,中篇小说的手写稿已与此信同时另邮寄回。

然而,过了许久,尼古拉仍未收到对方寄回的书稿。又过了很长时间,依旧不见稿子的踪影。他这才醒悟:邮包丢失了!

这可是尼古拉·奥斯特洛夫斯基的处女作,几多心血、几多感情,倾注其间。而且由于缺乏经验,这是唯一的手写稿,没有底稿或备份，遗失了就啥也没有了。

真是雪上加霜。伤残者尼古拉恍若生了一场重病，仿佛做了一个噩梦，醒来浑身大汗淋漓，深褐色的两眼陷得更深了，右眼上方的伤痕也更加清晰可辨。

他虚弱无力地告诉妻子："这部中篇小说叫《暴风雨所诞生的》，现在没了，意外地丢失了。今后我们别再提起它，使我难受。"

果然，尼古拉自己从此也不再提及这部书稿了。但他实际上忘不了，忘不了首战失利。《钢铁是怎样炼成的》一书出版，大获成功后，他开始第二部小说的创作，书名就定为"暴风雨所诞生的"。这已是1934年底了。如此定名，显然寄寓着深沉的喜爱、遗憾和怀念。

当时，精神上的打击是巨大的。这关联着一条崭新的人生道路之开通与否。

那段时间，尼古拉好像捧起了书，却什么也看不进去。目光呆滞、无神；内心很纠结，在挣扎、搏斗，和自己搏斗。

胜负如何呢？

他1927年12月报名参加函授大学的学习，遇到这么倒霉的事，他并未因此中止学业，依旧认真地按计划做功课、寄作业。这是函授，身边没有老师和同学激励或督促的目光。团市委安排他抓一个党史学习小组，他并未因此回绝，也没有敷衍塞责。组员们对他都挺满意，挺敬佩……

他没有一蹶不振。放下了，平静了，又一次挺过来了。他内心强大，因为有憧憬，有梦想。他寸步难行，日夜卧床，但并非懦夫、弱者，而是战士、勇士！他依然孜孜不倦地研读，依然乐观地、自信地生活。他的坚毅和刻苦感染着周围的小青年。

第28章／坎坷与风浪

身居斗室，他真想拥有一台收音机。当地当时，并非家家户户都有收音机，电器商店里经常缺货，只供应一些零件。

事在人为。想想办法，自己动手装配吧。尼古拉是干过电工活儿的。虽然此"电"不比那"电"，可总有相通之处。小青年们也都乐意出力协助。他先是组装了一台矿石收音机。由小青年到院子里，爬上树去架电线。尼古拉头戴耳机，以极大的耐心，从这个有玻璃罩的小盒子里搜出声音来。听到的往往是一片嘤嘤嗡嗡或吱吱嘎嘎的声音，令人啼笑皆非。后来他潜心研究，还托朋友在本地、在哈尔科夫，跑店铺，买零件，不惜工本，逐步改进，累得要命，终于成功了。其间的苦与乐、烦恼与欢欣，在他写给诺维科夫的信函中（1927年底至1928年初）描绘得既实在又生动。

我装了一台无线电收音机（中等功率的，小型蓄电池组）。很清晰地收听到莫斯科、哈尔科夫、罗斯托夫、梯弗里斯（请来小铺中吃无核葡萄干）、列宁格勒、华沙、布拉格、柏林，等等。我绝对满意，尽管干这件事，花去的钱不少于100卢布。如果没有收音机，我活着意趣索然……我常常听见："您好！这里是哈尔科夫广播电台！"好朋友，你拐进电台播音室去，冲着全苏联大喊一通，让我也听到吧。

无论你怎么说，乌克兰还是在吸引着我。我捧着收音机，久久地收听哈尔科夫的广播……我迷上了收音机，热衷于无线电技术。手边的收音机，我在安装放大器，忙得不可开交。这东西让人能收听得清清楚楚。自己的抚恤金微薄得很，但我想方设法，要装配成这只收音机……还得如痴如醉地搞功率与之相匹配的蓄电池。

对了，亲爱的彼佳！（领悟一下！领悟一下！）既然连声叫"亲爱的"，必定有什么事儿，要黏住你，黏住你不放。我需要买装到收音机里的蓄电池。干电池太不耐用。本地缺货。如果可以，你下班后顺便去一趟电器商场，或者家用电器商店，问问他们有没有蓄电池，酸性或碱性的，4伏特，20安时、10安时的……从商品价目表上看，4伏特20安时的蓄电池，售价22卢布。最好买到碱性蓄电池，但未必有。然后是一对耳机，售价好像是15戈比。这些东西，有的话，你买了寄来。钱我准备好了。问一下，应当怎么购买。我把钱汇给你，由你买下，还是让他们邮寄？这样一来，你又得办事了。（琐琐碎碎何时了？谁也不知道。）你最近就打听一下，因为没了能量，收音机很快会变成哑巴，我一筹莫展。

屋漏偏遭连阴雨。尼古拉的右眼1920年受过伤。现在他借阅方便，又在读函授大学，刻苦读书，用眼过度，致使右眼发炎，不久左眼也受了感染。医生目前尚难以确诊是什么炎症，但有一点是肯定的——建议他别看书了。

又是一次意想不到的打击。

双目发炎，疼痛不止。白天也不得不拉上窗帘，因为光线的刺激会使疼痛加剧。

尼古拉不呻吟，不抱怨。眼睛不行耳朵行，从广播中也能汲取知识，获得力量和愉悦。

病魔如此残忍，他不屈服，沉着抗争。伤残病痛，时时刻刻，不断袭扰，磨砺着他的意志与定力。

1928年夏季，尼古拉的二姐卡佳带着4岁的女儿喀秋莎前来探望。大家明知他的病要治愈已希望渺茫，可只要听说哪儿的医院有什么疗法，依然会怦然心动。亲属们决定让尼古拉争取一张疗养

第23章 / 坎坷与风浪

证,到索契去,到那里的老马采斯塔第五疗养院去,那儿的浴疗很可能会奏效。

区委同意发给他一张疗养证,可入住一个半月。

这次同他去的,是二姐卡佳。他们决定走海路。

当日,湛蓝的天宇晴朗深邃,湛蓝的大海风平浪静,尼古拉被安顿在轮船二等舱入口处的前舱内。声声汽笛响起,轮船离开了码头。宛若沉寂的海面原来也起起伏伏,晃动不息。轮船在澄碧的波浪之上摇摇晃晃,逐渐驶向远方。

约莫两个小时后,天气骤然大变。乌云聚拢,遮天蔽日,细密的雨点淅淅沥沥地洒落下来。紧接着,大海怒吼,波涛喧腾,轮船仿佛被巨浪托举着,上下颠簸,艰难地继续行驶。旅客们好不紧张,尼古拉和二姐卡佳也不知如何是好。

索契没有可供大轮船停靠的码头。一般情况下,船只都停泊在港外。可即便平时,碧空如洗,海面平静,在轮船上,要用担架,把一个伤残的旅客顺着舷梯送到小船上,也很不容易,何况此刻空中乌云翻滚,海上浪涛汹涌,人们在甲板上,连站稳也难,怎么能把担架上的伤残者抬到小船上去呢?简直无法想象。幸好船长决定,轮船不在此处锚泊,而是径直驶往苏呼米,让旅客登岸暂住,等风浪渐歇,再搭乘逆行的轮船,前往索契。这一决定看来是正确的。不过,尼古拉从客轮登岸,并非无惊无险。

苏呼米那边,海面上也浪急波涌,客轮一时间难以完全靠拢码头。码头搬运工胆大心细,让尼古拉在担架上躺好,双手抓紧担架两边,等一个浪头涌来,把船帮推近码头时,便毫不犹豫,猛地出手,紧紧抓住担架前端,全力一拉。说时迟那时快,水波又把轮船推离了码头,担架的一小部分悬空在水面上方。这么一震动,尼古拉脑袋底下的枕头掉到海水里去了。工人师傅费劲地拉住担架,硬是将尼古拉拉上了码头。凡是目睹此情此景的旅客，全都忍不住捏了一把汗，发出惊叫……

尼古拉和二姐卡佳在苏呼米耽搁了数天，等天气转好，才乘返航的客轮，前往索契。

后来，母亲和亲属们从卡佳嘴里听说了这番又惊又险的经历，都吓得不轻，去信安慰，还关切地追问了一些细节。6月20日，尼古拉从老马采斯塔第五疗养院第二病房发出一封家书，尽量不提惊险的一幕，却大谈其在疗养院里的顺遂与欣悦，字里行间，闪烁着对亲属的体贴和自身的乐观、豁达、夸张、风趣——

接受了第一次浴疗（5分钟）。相当讲究……用圈椅、担架，抬进浴疗房——既宽舒又惬意……疗养所坐落于高山上，林木环抱，处处棕榈、鲜花，赏心悦目。我真是福星高照！浴疗房在下面，有两百步的距离，由敞篷马车上下载送。护士们水平高超！既不颠簸也不碰撞！她们年轻，会给我读《真理报》和一切其他东西。所谓"其他"，你们可别胡乱猜疑哦……如今吃饭有人监督。那是一位护士——她督促病人多吃。很快她就发觉我胃口不大。其实，和往日饿着肚子跑回家时相比，我如今多吃了三倍。天天喂五顿，喂肥了好杀——呵，我好惨哪！

再后来，亲属见面时，又有人提起那次"历险"，尼古拉·奥斯特洛夫斯基赶紧诙谐地说："如果我跌进洪波巨浪，海中的居民只能得到很糟糕的一碟小菜。除了骨头，什么也享用不着！"

说完，为了不让别人再细问，他索性唱起歌来了，半似认真半似打趣的样子——

第29章 / 坎坷与风浪

黑云滚滚压上海面,狂风呼啸浪滔天,迎头袭来暴风骤雨,无所畏惧斗志坚……在那遥远的乌云后面,有座最美好的乐园,那里从来没有黑夜,那里永远是春天……①

那个老马采斯塔第五疗养院确实有其优点。但尼古拉夫妇(拉依萨是后来赶去照料尼古拉的)在疗养院里过得很艰辛,或者说苦甜参半……

---

① 这是俄罗斯民歌《航海者》的部分歌词。毛宇宽译配。

第24章 贫穷与金钱

老马采斯塔第五疗养院确实景色优美。近观远眺,好一派南方的自然风光,尼古拉·奥斯特洛夫斯基以往从未见过这样的美景。

主干又高又直的桉树,枝条粗粝,浓密的绿叶投下大片阴影;含羞草娇美可爱,让人忍不住触摸;大朵大朵的紫阳花蓝盈盈的,惹人喜欢;夹竹桃朝上绽开着玫瑰色的花;木兰要到晚间才会怒放,香气馥郁。尼古拉仿佛置身幻境,心旷神怡。他常常搓弄香松的细枝,让掌上留下清芬,舔一下,舌尖稍稍感触到树脂的苦涩。

但这儿毕竟并非是远离人间烟火的幻境。治疗期间,病员和陪护的家属是要吃饭的,吃饭是要付钱的。妻子拉依萨向缝纫厂请了假,那虽微薄却十分重要的工资便拿不着了。单靠尼古拉的抚恤金就更显得捉襟见肘,拼命节省着用,也往往入不敷出,十分窘迫。更糟糕的是,直接办理此事的社保部门存在着严重的官僚主义作风,无视群众疾苦,甚至以卑劣的手段横加阻挠,使他久久地收不到应得的抚恤金。

尼古拉是最不愿意为了工资、抚恤金之类的事情,向组织上诉苦、伸手,向有关方面提出要求的。可长期以来,直至去老马采斯塔之前,他的经济状况一直非常拮据,甚至不得不变卖仅剩的东

第21章 / 贫穷与金钱

西,如大衣、衬衫、裤子、皮鞋和藏书等。那件厚实的军大衣,常常是初夏典押掉,秋末设法赎回。即使社保银行不拖延时日,他从1926年起,每月领取到的抚恤金也只有35卢布。即便这么小的数目,银行还是在要求尼古拉向曾经工作过的各处索取到许多书面证明材料后发给的。有份材料——一张报表,证实尼古拉在那里担任团区委书记时,有一次领取的月工资是67卢布,于是社保银行据此每月发给他35卢布。

实际上,如此计算,既不准确,也不合理。

首先,即使月工资确实是67卢布,那么抚恤金至少也该有45卢布,35卢布是怎么算出来的,简直莫名其妙。

更重要的是,社保银行完全不了解那个年代的特殊情形。尼古拉·奥斯特洛夫斯基在政府机关和部队工作过,战况多变,戎马倥偬,大家连牺牲生命也在所不惜,领取工资,有时并不完全按照定额。尼古拉清楚地记得,有一回,领工资的日子到了,党委的钱柜里现金不足,尼古拉和另外几个积极分子,每人都只领取了15卢布。这种做法是常有的,不足为奇。然而,假如找出的那张报表,记下的钱数是15卢布呢?难道就不管三七二十一,据此胡乱打个折扣发放抚恤金吗?

尼古拉脑子里的确闪现过这样的念头。但他是明理的,识大体的。他知道,事关金钱,人家不能仅仅凭你的一段回忆一番话办事,人家要求提供纸质证明材料,这并没有错。

问题在于,多次接触中曾起过争执,尼古拉好不容易收集来的全套证明材料,包括自1919年起,他做过的所有工作处所、一些部队和契卡的首长出具的证明文件,以及当过工人的相关资料,都被烧毁了。社保银行方面声称,那是一次小小的意外事故,尼古拉表示怀疑,他甚至心知肚明,但无凭无据,没法提出指控。社保银行反而理直气壮，要他再次提供大量证明文件。明摆着是故意刁难他，原本比较简单的事情被复杂化了。知情的朋友们愤愤不平，要替他出头，提出严正的申诉和合理的要求。尼古拉坚决不同意。直到贫病交加，在当地的社保银行又屡屡碰壁，万般无奈，他才动笔写信给社保总行的一个头儿，列举各项必不可少的日常开支，说每月至少需要60卢布，方能维持无产者的最低生活水准。这当中根本没把任何文化方面的需求，如订阅报刊之类考虑进去。结果呢，又碰上了一个官僚主义者，竟发来一封公文式的回函，冷冰冰地予以拒绝：

经地区社保银行核查，您的来信，并非表示要纠正本人的错误观点，而是请求破例提高您的抚恤金数额。鉴于此前从未有过重新计算之事，况且您的抚恤金数额的最初计算完全符合法规，因此满足您的要求，向您补发往日的抚恤金，是缺乏任何根据的。

尼古拉大为失望。一次次接触，一次次挫折，也是经历，促使他生发出不少思考，直至怀疑一些相关规章的合理性。他苦思苦索，自己已被逼得走投无路了，还要去设法弄一大堆证明，"莫非重要的是证明，而不是活生生的人"？

他具备很强的党性，不会随随便便在任何人面前发议论，发牢骚。

日吉廖娃是例外。她是尼古拉的挚友，给过他许多实实在在的帮助，是一位遇事既掌握原则，又讲人情味的好干部。她甚至悄悄地接济过他们。尼古拉夫妇感激地、亲热地称这位比尼古拉年长12岁的朋友为"二妈妈"。后来，她去了跟社保有关的部门，做领导工作。

第24章／贫穷与金钱

正是这个缘故,尼古拉·奥斯特洛夫斯基愿意接连写信,把自己在这方面的遭遇、疑惑、思考乃至愤慨,一一倾诉,希望得到理解、支持与点拨。

昨天有医生来过,进行体检并复查。他做出结论,认为目前我已百分之百地丧失了劳动力,而且定为一级残疾(这是最高一级,需要别人的护理)。现在,我将和社保银行的工作人员商议抚恤金的数额。和医生的初步交谈,是一件极其无聊而烦心的事情。非得东拉西扯,老半天也没涉及社保……说什么申诉期限已过,为什么不早些交验证件,等等。总之,我必须很快地弄清一个个必须经过的关卡,然后去闯,目前尽量争取拿到30至50卢布,维持近期的生活。淑洛奇卡,这儿的苏维埃机构仍沿袭老的一套,死气沉沉。

不久,日吉廖娃复函,从她的角度阐述看法,并提及雅罗斯拉夫斯基①的观点:当下,党还没有可能治愈所有伤残的同志。尼古拉表示,他能理解,他觉得这话多半是正确的,尤其因为这是在给日吉廖娃的私人信件里说的。日吉廖娃告诉尼古拉,她会去找斯米多维奇②同志,谈谈他的境遇,要求给予切实的支持。尼古拉赶紧表示:"你千万不要去打搅斯米多维奇同志。"

基于亲身经历,尼古拉认为,在抚恤金之类的问题上,相关政府部门的干部处理得往往不对头,而要获得纠正的话,除非官僚主义作风不再绵延不绝,否则根本办不到。他不想让热心的朋友们替他操心,为他奔走,便这样说:到了忍无可忍时,他会自己出面,

---

① 叶曼利扬·雅罗斯拉夫斯基(1878—1934),苏联国务和党的活动家,科学院院士。
② 索菲亚·斯米多维奇(1872—1934),俄国革命运动女活动家。

向中央监察委员会和工农检察人民委员部求助，获取推动力。目前还不必惊动这些机构。

其实，尼古拉·奥斯特洛夫斯基极其不愿意在自己的抚恤金问题上争多论少，"但如今生活揪住我的衣领，把我往地上摁，迫使我解决尖锐的难题，即目前如何度日"。

尽管自身如此艰难，尼古拉毕竟是个视野开阔、思考深入的革命青年。或者说，生活的艰难，使他更加敏锐地觉察到不公正的社会现象，并萌生一些正确的、然而未免显得超前或幼稚的主张，令人感慨。不过，这也从一个角度突显了革命青年的敏感与锐气。

他思量，一个人当上干部后，工资就比较高，即便生了病，仍然收入不低；可工人同志呢，一旦丧失劳动力，就只能拿到极少的钱。那么，在工作中健康严重受损的人，可能挨饿；原本工资较高的人，则能吃饱。他认为，我们"以工资额来定抚恤金之法规"实质上是一种社会不公正状态；在劳动中致残，缠绵病榻，痛苦不堪者，无论是领导干部还是女清洁工，应当获得同样的待遇。

正因为思路如此开阔，他对于如何解决自身的困难，看法也不狭隘。他这样告诉日吉廖娃："即使社保银行的人不给予我丝毫的帮助，我也绝对不让自己或任何人继续奔忙，找政府部门，要求解决我个人的生活保障问题。宁可艰难，我也不再自我折磨了。"

尼古拉·奥斯特洛夫斯基陷入这般艰困的境地，仍毫不气馁，依旧开朗、乐观。他直抒胸臆："我活着，抱着希望，相信虽系病残之躯，还能站立起来，稍具活动能力，进而可以在亲爱的国家中自食其力，而不必伸手要钱，相信还能在建设、工作和斗争中，为我们工人做主的国家，贡献下半辈子的力量……"

与此同时，他亮出另一个观点：货币是该憎恨的。

这并非脑海中偶尔溅起又转瞬即逝的泡沫。

第21章 / 贫穷与金钱

尼古拉出身于贫苦家庭，忍饥挨饿是经常的，难免滋生"仇富"情绪。曾目睹伙伴只因缺少几张"肮脏的、沾满病菌的纸币"而丧失了"极其美好的生命"，这种感情便越发沉郁。他甚至痛斥纸币"是人类最可耻的发明"。

这时，在老马采斯塔第五疗养院里，尼古拉正和妻子拉依萨商量，怎样解决迫在眉睫的经济困难。

夫妇俩谈了一阵，又找来疗养院院长，要求谅解与支持。双方确定——

拉依萨可以住在护士值班室，院方还供应一顿午餐。但她除了要照顾重病号奥斯特洛夫斯基外，还必须和卫生员一起打扫病房，帮着干杂活。拉依萨大喜过望。她从来不怕干活，服侍照料丈夫更是分内之事。

每天清晨，她早早起来，打扫完病房后，帮助尼古拉吃早饭。等医生查过房，她便把尼古拉安放到四轮车上，推向一块平缓的坡地，让车子在树荫下停稳。避开了嘈杂声，丈夫可以安静地读书或思考。此时的尼古拉，还有一些视力，双手也稍能活动。他随身带着小镜子，听见脚步声，就借助镜子，看看是谁，是经过附近，抑或径直走来。

按照院方规定的时间，拉依萨推着四轮车送尼古拉去接受浴疗。疗养院坐落在山上，去浴疗房并不远，但山路崎岖，乘帐篷马车还比较方便，五分钟就到，但要支付费用；推四轮车去则吃力得多，也慢得多。一路上，四轮车颠簸不止，坐在车上的尼古拉掌控不住，身躯会向旁侧倾斜，需要妻子刻刻留意，随时扶正。进了浴疗房，拉依萨还得守护着他，不能让他独自待在那里，因为那样不安全，尼古拉可能会被水呛着。在进行浴疗的全过程中，更要注意保护他的双眼。这是因为从温泉水内分离出来的硫化氢具有强烈的刺激性，会使原本就在发炎的眼睛疼得愈加厉害，得替他把两眼蒙上。

日子一长，疗效似乎开始显露，尼古拉很高兴。一些病友跟他熟了，他的床边又经常很热闹了。他还有兴致同护士们开开玩笑。

可惜的是，这种浴疗，最终并没有在他身上取得真正的成效。

浴疗结束后，他回到家里，继续养病。市委应他的要求，让他做一些宣传工作，因此家里又常常聚集着一伙年轻人。

这些年，由于尼古拉花费心血，竭力帮助，妻子拉依萨进步很快。在厂里，她成了积极分子、突击手、先进工作者。索契市苏维埃改选时，她当选为市苏维埃的代表。她确实和当年跟尼古拉初次见面时的那个女孩子判若两人了。如今，除了努力完成生产任务，她还热心地做社会工作，而且尽量抽时间看书。这个优秀女工正在争取入党。

朋友们建议尼古拉去莫斯科，找著名的眼科专家阿维尔巴赫。倘若尼古拉能把眼疾治愈，或者能稍稍提高一些视力，那该多好。病友马雷舍夫，1903年的老党员，下诺夫哥罗德集市委员会主任，在这件事情上出了大力。1929年10月4日，依靠他的联系和安排，尼古拉夫妇抵达了莫斯科，住进国立莫斯科大学第一附属医院。半年多的时间，阿维尔巴赫和助手们为他精心检查，用药消炎，但他眼部和躯体内凶猛的炎症仍无法遏制。炎症不除，眼部手术便无法施行。

这样一来，尼古拉又一次陷入困境。不动手术，医院就不能让他长期住下去，因为全市的医疗机构都人满为患，床位紧缺。妻子一直暂住在马雷舍夫的办公室里也不妥，必须以尼古拉的名义，要求有关方面拨一间屋子，而且她自己也得在莫斯科找份工作才好。

第21章 / 贫穷与金钱

在此处团区委的帮助支持下,拉依萨不久便幸运地被安排进糖果厂,当了一名女工。要求拨给房子就没那么简单了。拉依萨代替丈夫尼古拉,四处奔走,软磨硬求,虽然过了好几道关,但在区执委会又卡住了,他们只是口头上答应一个月后也许可以拨给房子。可是在莫斯科,人们不仅不相信眼泪,而且不相信承诺。

尼古拉估摸着对妻子说,拨给的可能性大致有百分之九十;至于一个月内调拨的可能性,恐怕只有百分之五十。不过意外成功的情况并非没有,盼着喜从天降吧。当然,指望喜从天降不是辩证唯物主义思想,不过目前也只能如此了。

尼古拉的体质继续明显下降。重感冒如同一条恶狗,纠集着各种并发症,侵害躯体,消耗精力。有时候,他觉得自己成了患病专业户,大量精力耗费在没完没了的治疗上。若是把这些精力的百分之一用于劳动生产,那么车床边的先进工作者恐怕也追不上他。

与此同时,尼古拉·奥斯特洛夫斯基虽然缠绵病榻,却仍一直关心国家大事。大工厂、发电站,雨后春笋般到处涌现,先进的青年工人创造着劳动业绩。报纸上、广播中,常有令人动容的报道——

严冬,寒风凛冽。一家大拖拉机厂正在兴建,有个车间的地面必须浇沥青。用火化开沥青时,浓烟呛人,季节工们拒绝上班。于是,十九个青年积极分子进入新建的空旷车间,既不怕冷,也不怕热,更不怕化开沥青的那一股怪味儿,按时按量,出色地完成了任务。季节工们受到鼓舞和激励,也积极起来了。

一座高楼,需要安装玻璃,可玻璃匠们不肯干活。于是,两百名共青团员开始向还没镶玻璃的窗框进攻了。铁盆里的火昼夜烧得通红,团员们在火盆上烤一烤冻僵的手指,灵活些了,便继续把一块块玻璃镶嵌进金属窗框。

每天，成百上千的人，有工人，有干部，一下班便奔向各个建筑工地，掘土、砌砖……干得热火朝天。

尼古拉看报纸听广播，兴奋不已，习惯性地像个宣传员一样告诉病友们，鼓励大家跟可恶的病魔做斗争。

他自己身在莫斯科，可整天整夜躺在医院里，动弹不了，连上一次街也是无法实现的奢望。他一再急切地向东走西跑的妻子询问——

莫斯科市内的布局是怎样的？

市民的生活习惯和衣着打扮有什么特点？

一些党政机关坐落在什么街区？

在哪儿看得见哪些建筑工地？

电车里拥挤吗？

对暂时的物质匮乏，市民们在怎样议论？

……

总之，他关注着首都的方方面面。

1930年3月，医院为尼古拉做了切除甲状旁腺的手术，局部麻醉，手术持续了不止一个半小时。他极困乏，极虚弱，发烧至40度，连续九天高烧不退。

进手术室之前，尼古拉对俯身问话的妻子说："让我们告别吧，拉依萨，大概再也见不着了。不过，我不会那么容易就呜呼哀哉的。"

手术结束后，尼古拉被从手术室里推出来，他脸色煞白，躯体僵直，身上盖着被单，返回了病房。拉依萨跟进去，见丈夫双目紧闭，眼圈青紫，颈部和头上都缠着绷带，勉强能觉察到他在呼吸；双手无力地放在被子上，微微颤抖。

拉依萨握起他的一只手，冰凉，但在用轻微的握手回应她，并以此传递让妻子别走开的意思。整整六个小时后,他才完全清醒过来,费劲地翕动嘴唇,低声说:"我说过,自己不会那么容易就呜呼哀哉的。我还要活着……"

这次手术没有成功——体内的炎症未能遏止,眼部的手术依然无法施行,体质反倒更差了。

尼古拉似乎静静地僵卧着,但脑海中的思绪恰如波翻浪涌,不停不歇。他终于如梦方醒,心中雪亮,脱口而出:"够了,我受够了。我已经为科学献出了一部分鲜血,剩下的,让我留着干点儿别的事吧。"

同年4月,尼古拉出院,要搬入拨给的住房:莫斯科34街区苗尔特维胡同[①]12号二楼。

[①] "苗尔特维"有"死亡"之意,出典有二。一说此处曾霍乱猖獗,致使十室九空,成了"死亡"胡同;一说18世纪此处有过一个女房产主,胡同因她而得名。奥斯特洛夫斯基逝世后,更名为奥斯特洛夫斯基胡同。

第25章 两个尼古拉

没错儿,房子调拨下来了。不过,准确些说,只有半间房。

数月内,拉依萨耐心地各处奔走,不怕碰钉子,不怕遭回绝,到过区苏维埃,找女代表诉说,也去了中央医疗委员会,请专家出力。尼古拉让她直接去见雅罗斯拉夫斯基,详谈丈夫的经历和困境,提出要求。拉依萨虽然没能见到雅罗斯拉夫斯基,但另一位首长接待了她,倾听了她的陈述,并当即用公文纸给一个区的不动产管理局局长写了几句话,建议优先为病残严重的尼古拉·奥斯特洛夫斯基调拨住房。拉依萨带着便条,怀着希望,去了不动产管理局……

拉依萨来到医院,院方通知她:"你丈夫的病目前难以治愈,还是把床位腾出来,让别人入住吧。"

"但是我们还没地方可去。请宽限那么三四天,等落实了房子,一定马上就走。"

"不行!如果不马上腾位置,我们就要把他抬到走廊上去了。"

拉依萨眼泪都急出来了,她无奈地把院方的意思告诉了尼古拉。

"这样,拉依萨,你别慌。三天,你三天别出现,看谁敢把我抬出去!"

第25章 / 两个尼古拉

"我能不来吗?他们要是真把你抬出去了,可怎么办呢?"

"那好,你照常来。"尼古拉觉得,自己再没办法,此时此刻,身为丈夫,也必须抚慰拉依萨,让她感到有依傍,不忧虑。"但你把'勃朗宁'放在我手边。你会看到,一切都能顺利解决的。"

他们不是小孩子了,当然知道话可以这么说,办法还得想。不约而同,俩人都记起了俄罗斯谚语"有勇气,必胜利",于是,俩人互相鼓励一番,商量一番,分析一番,继续行动了。

对医院,用不着太担心。这是救死扶伤的地方,未必真会动手,把病人抬到走廊上去。尼古拉让自己千万别发火,急躁、恼怒、使性子,于事无补。比水沉静比草低,往往反而表明内心强大,能把事情办妥。

有些地方,有些人,不靠谱,别再浪费时间去找、去托、去求。接连几日,拉依萨到医院来之前,总是先跑一趟不动产管理局。果然,这天局长笑着对又一次到来的拉依萨说:"行!给你半间房的居住证。"

拉依萨兴冲冲地按着地址找去一看,不免有些失望。

房子肮里肮脏,墙壁上沾着不少臭虫的血迹。原本是间大屋子,当中用破帷幔一隔为二。破帷幔那边的一张床上,有个老婆婆躺着,是一家邻居的母亲,病重得快要咽气了。这样子,怎么能让尼古拉搬过来呢?至少要用板壁隔一隔,屋子也得修理一下,打扫干净,添置最简单的桌椅之类,否则真没法住。

拉依萨不得不再到不动产管理局,求他们帮忙。

这回运气不错,碰到一位中层女干部,是个先进工作者。她同情尼古拉夫妇的处境,愿意出把力。她主张,尽管只有半间很差的房子,但应该先接受下来。她会设法送去一些拆旧房时剩下的木板,并安排工人,帮他们把板壁装好。木板不收钱了,只要支付一点儿辛苦费给工人师傅就可以。她还弄来了一些廉价的旧床旧桌椅呀什么的。拉依萨非常感谢这位热心人……

翌日，有辆救护车顺着大街行驶。刚下过雨，车轮底下，水光闪烁的柏油马路飞速后移。车内，躺着的是尼古拉，坐着的是拉依萨。每次接近十字路口，尖利的笛声响起，尼古拉就觉得刺耳，禁不住浑身哆嗦。他那已经看不清东西的双眼，似乎紧盯着纯白的顶棚。一些关节受到震动，一阵阵疼得钻心，但他强忍着，一声不吭。他已习惯用思绪"转移法"来抗击剧痛。此刻，他这样想：要我呜呼哀哉吗？不，我一定得活下去，跟那些博学的医生开开玩笑。他们横检查竖检查，说我身患这种病那种病。没错儿，那些病我全有，可他们如果下结论，说我已百分之百地既残又废，那就大错特错喽……我的美好的梦想要变成现实，要从遥远的后方转向前沿阵地……成为斗争的积极参与者。进行创作的条件基本具备了，我憧憬着劳动、进步和成就。为此，必须努力再努力，同时学习再学习。除非心脏停止搏动，否则，布尔什维克永远可以学习和工作……对了，我该去封信，鼓励鼓励洛卓奇卡。她是通过诺维科夫的介绍认识我的。她年轻，却病得不轻。我要劝她抓紧治疗，丧失健康等于丧失一切。瞧瞧我吧，凡是你所向往的，我全部向往，然而一旦失去了力量，就等于什么也没有了。如果你正面临着丧失劳动力的危险，那么赶紧抛下一切工作，修补健康。这健康，是一名战士用什么也换不来的财富……

这样充满信心的、乐观的深思默想，逼退了疼痛。

突然，车子一个急刹，打断了尼古拉的思索。拉依萨也霍地一惊。原来已到目的地，救护车停住了。正是苗尔特维胡同口。

一群人围了过来。奇怪，到处都有那么多闲人，不懂得珍惜光阴，不担心上班迟到，喜欢看热闹，还互相打听出了什么事，闹哄

第25章／两个尼古拉

哄的。

尼古拉紧锁双眉，催促卫生员动作快些。他被抬下车，进胡同，上了12号的二楼，穿过宽宽的长廊，进入狭长的屋子。

啊，到家了，在莫斯科有个家了！

板壁是仓促间安装的。板条抹上灰浆还不久，像个硕大的棋盘。这幢楼房原先属于一个贵族，那么多的房间，现在住满了各种各样的房客，仿佛蜂巢，挤满蜜蜂。公共厨房在另一头，嘈杂的声音从清晨响到深夜，好在离得较远，干扰不大。

房间里搁着一张旧铁床、一只呢面破旧的小牌桌和一把破椅子。还有一张用木箱和板条搭成的"床"，是给拉依萨睡的。还有两个厚实粗大的木头墩子，权做木凳。这便是全部"家具"了。

头天晚上，夫妻俩一直谈到半夜，许多事情要商量、决定。

最初一些日子，生活过得特别困难。拉依萨继续上班，她不可能辞掉工作，留在家中照料丈夫。不仅经济上不允许，丈夫也不赞成她离开工厂这个集体。这段时间，尼古拉的母亲奥里加独自住在索契，儿子让母亲每月去领他的抚恤金过日子。当然，母亲是节俭惯了的，往往只花掉三分之一。拉依萨去厂里上班，要走一个半小时。每天早晨5点起来，先帮尼古拉漱口洗脸，重新铺床，喂他吃早饭，摆好小棍子，这样忙到6点，才可以出门。她临走时会把门锁上。

尼古拉独自留在家里，唯一能使用的工具是那根小棍子——一端缠着纱布的细木棍。当时，他还剩下一点点视力，如果别人俯下身去，凑近他的眼睛，他可以勉强看到对方的面孔，甚至分辨出上衣的花纹；如果是一张信纸，他可以借助放大镜，看清纸上的字句。然而，他无法这样写字，因为他只能直挺挺地仰面躺着，动弹不了。实在需要，就只能瞎摸着写。

在写，在写，上肢的关节经常酸疼，他依旧在写，在写，在写……

拉依萨在厂里，作为积极分子，带头苦干巧干；下班了，步行一个半小时回家。一开门，看见丈夫那张瘦削而苍白的脸，她眼眶内便不由蓄满泪水，喉咙里哽咽着，讲不出话来。反倒是尼古拉微笑着安慰她："别难受，拉依萨，我不寂寞。在幻想中消磨时光，很有乐趣的。快弄点儿饭给我吃吧，饿坏啦。"

妻子破涕为笑，利索地喂丈夫吃饭，做完家务，她就坐在铁床边，读报给他听。俩人议论时事，谈各条战线上取得的新成绩、新胜利，也谈妻子工厂里的各种人和事。尼古拉总能提出一些切实的建议。

他们的物质生活十分艰苦，但精神上非常快乐。1930年7月16日，尼古拉在给日吉廖娃的一封信里这样说："拉彦卡作为一个党员，在工作，在成长，方向对，步子快。这女孩像小伙子一样干练。我和她亲密无间，日子过得很好。"

那是4月的一个晚间，拉依萨下班回家，刚进门，尼古拉就兴奋地冲着她说："快把家务做完，帮我誊清写好的几页东西。"

"是信吧？"拉依萨随口问。

"不，不是信。"

她看出这是一部小说的开头，不由得振奋起来。她一边誊清一边想，这是他的心血、他的希望。

从这时起，妻子每天下班回家，就把丈夫白天写的文字抄录一遍。那个年代，纸张匮乏，拉依萨征得厂长的同意，拿回了许多废弃的切边纸，装订成一本本笔记簿。长篇小说的第一部写完以后，他们又搞到一点儿红色道林纸，就用它做成了封面，从旧报纸上找出需要的印刷体字母，剪下来，拼成书名和作者的名字，贴在封面上——

第25章 / 两个尼古拉

钢铁是怎样炼成的
尼·奥斯特洛夫斯基 著

这是后话。

丈夫开始写作,拉依萨自然更忙了。清早离家前,把几支铅笔削好,插在一个粗重的茶杯托里,搁到床边的旧椅子上,便于尼古拉取用。写作之初,他还可以自己伸手摸索着拿笔。傍晚回家,妻子把散落在地的、已写满了字的纸页捡起来,整理,誊录。次日黎明,再留下一些空白的纸页。她心里完全清楚,文学创作是尼古拉生活中的头等大事,是必须长期努力,攻克万难,才有可能成功的,自己要全力支持。

春去夏来,屋内逐渐热起来,驶过近处的载重卡车和拉货马车发出的噪声,由打开的窗户传送进屋,显得越发刺耳烦心。尼古拉睡不安稳,要进行创作也难以集中心思。

他思念体弱多病的妈妈了。恰好有人可以同行,沿途照顾,尼古拉就乘坐火车,前往索契,跟母亲奥里加一起过了数月。

索契温暖宜人的气候,母亲的全天护理,使他烦躁的心情得以舒缓,但亲友们经常登门探望和小住,又让他白天忙于接待、聊天,只有到了晚上,才能安静地躺着,不受干扰,犹如孕育胎儿般,脑子里紧张地琢磨,安排小说的结构、情节和人物,直至某个场合中人物的一颦一笑、一举一动,都在脑海中浮现,清晰又逼真,他才莞尔而笑,沉沉入睡。尼古拉挺累,也挺快乐。

可竟如晴天霹雳,他遭受了一次新的、做梦也想不到的重大打击。

原来,当他在莫斯科住院之时,索契正进行着一场全面清党的工作。尼古拉以为,自己的往昔与当下,所有的生活历程,绝对经得起调查与检验,根本无须担忧。然而,久久没人来找他本人谈话和了解情况，忽然有一天，仿佛突然袭击似的，蓦地传来一个消息——他被视作自动脱党了！

索契清党委员会的这一决定使他无比震惊，两日两夜没有合眼，神经衰弱更加严重了，全身的健康状况随之恶化，连眼部的炎症也明显发作得更厉害了。他闷声不响，痛苦地思索着：清党委员会里的人，竟然懒得审查，便草率地、武断地把一个忠诚的党员推到党外去了。从表面看，似乎他们也并无过错，没有违背规章。一般讲，在党代会后，未经审查的党员即视为自动脱党。可他呢，重残重病，身在遥远的莫斯科……这样的一个年轻党员，怎能不经审查便收去党证呢？他还年轻，却已被各种磨难损耗掉了百分之九十九的精力。但他保住了清醒的头脑和钢铸铁打的心。这是最珍贵的，恰似未毁坏的发电机，尚可启动，尚可贡献力量！与脱党相比，什么病，什么残，什么痛，什么苦，全是细枝末节，不值一提，区区小事，算不了什么。是的，决不脱党，决不脱党！

尼古拉重新振作精神，为恢复党籍而努力奋斗。但这件事情办起来十分艰巨，况且他的健康状况如此之糟糕。难能可贵的是在艰辛地创作长篇小说的同时，他仍不断地进行申诉，终于在两年后获知，有关方面已做出结论：恢复党籍，并确定已通过审查①。

1930年10月17日，尼古拉由二姐卡佳陪同，返回莫斯科，抓紧时间，继续创作《钢铁是怎样炼成的》第一部。

当初，他曾经考虑写成一本回忆录，记述大量的历史事实。后来偶然结识杂志编辑考斯特洛夫②，在交谈中谈起此事。考斯特罗

---

① 1929—1930年，苏联党内进行第二次清洗。尼·奥斯特洛夫斯基正在莫斯科长期住院，区委会没有对他进行审查，而未经审查的党员是一律被留在党的队伍之外的。为此，奥斯特洛夫斯基提出申诉，至1932年，根据联共（布）中央的指示，他在莫斯科通过了审查。

② 塔拉斯·考斯特洛夫（1901—1930），1928—1929年，任《青年近卫军》杂志编辑。他建议奥斯特洛夫斯基，别把丰富的素材写成回忆录之类的作品，而是写成小说。

第25章 / 两个尼古拉

夫从专业角度，诚恳地建议他写成小说，塑造一些优秀工人的形象，着力描写他们的童年和少年时代对革命的憧憬与追求、青年时代无所畏惧的战斗精神与充满激情的劳动态度。

这个建议，正中尼古拉·奥斯特洛夫斯基下怀，他大受启发。当然，实施起来要艰难得多。

如今，每天每日，他都抓紧时间进行文学创作。视力越来越差，写作速度奇慢，常常写得字跟字重叠，行跟行重叠，连自己也辨认不清。

尼古拉让拉依萨找来硬纸板，割出一条条空格，配合夹子，做成特殊的写字板。夹子夹住白纸，尼古拉摸索着镂空格子写字，就方便多了。速度快了些，文字也整齐了些。开始并不顺手，几天后才熟能生巧。他的膝关节僵化，双腿怪异地呈弯曲状，这是病症，是畸形，如今恰好可以斜斜地"放置"镂空写字板。

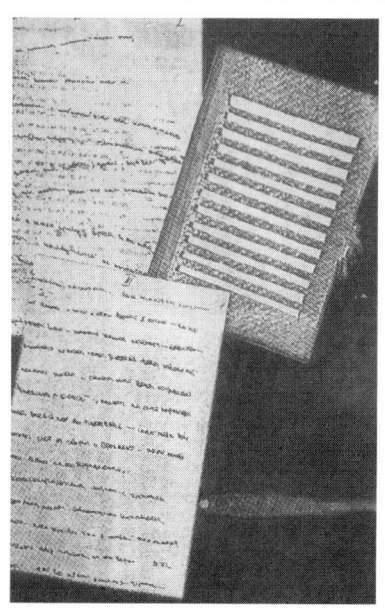

尼·奥斯特洛夫斯基创作《钢铁是怎样炼成的》前几章所使用的镂空写字板和部分手稿原件。

尼古拉抓紧时间写作，可病魔再次凶狠地袭击了他，上肢关节的炎症恶化，别说写字，稍稍动弹一下也酸痛得厉害。只能等拉依萨下班回来，他口述，妻子记录。工作时间不能太长，因为次日拉依萨还得上班。

他俩在首都莫斯科有了住所，尽管是小小的半间，狭长得跟走廊似的，亲友们闻讯都为他们高兴，纷纷来访、小住。有一阵儿，除了尼古拉两口子，小屋里还挤住了这些亲戚——尼古拉的母亲奥里加、二姐卡佳带着女儿喀秋莎，拉依萨的母亲留保芙、弟弟沃洛佳和妻子叶莲娜、姐姐廖利娅和她年幼的儿子，总共十口人。其中，两个学龄前儿童常会瞎吵瞎闹，谁管得住？沃洛佳患有严重的心脏病，也缠绵病榻。两位母亲，各有一个身患不治之症的儿子，内心都很悲酸。在这种氛围中，尼古拉老是不得安宁，进行创作，难上加难。

不过事情总要一分为二，即便整天都闹哄哄的，尼古拉的创作仍在进行，人多他的助手也多了。沃洛佳一度发病住院，出院后，他和妻子叶莲娜在楼房的同一层，另租了半间低矮阴暗的屋子住下，成了尼古拉家的"近邻"。那些日子里，拉依萨、沃洛佳和叶莲娜都帮尼古拉抄录过书稿。《钢铁是怎样炼成的》第一部的前四章，共有底稿500页左右。白天得上班的拉依萨抄了约100页；叶莲娜抄了100多页；其余将近300页，全是心脏病严重的沃洛佳抄的。不久，母亲奥里加来长住，挑起了做家务的重担，尼古拉的写作就又加快些了。

每天每日，尼古拉·奥斯特洛夫斯基写着，写着。无论多种疾病轮番来袭，还是"自动脱党"通知如五雷轰顶，都未能使他中断写作。

第25章 / 两个尼古拉

不料,又一件不幸的事情发生了。

邻居家有个小男孩,四五岁的样子,活泼又调皮,大家管他叫尼古尔卡①。

一天傍晚,小男孩尼古尔卡推开尼古拉·奥斯特洛夫斯基家的房门,走到屋子中间才开口问:"可以进来吗?"

"可以,可以,快进来吧。"

"我已经进来了。"

尼古拉不由笑了起来,说:"已经进来了,还问什么呢?大家都是在门外就问可不可以进来的。"

不料,尼古拉话音刚落,尼古尔卡小小的身影转过去,箭一般地跑出了房门。这么一来,尼古拉反倒觉得有点儿尴尬了。

"瞧瞧,怎么会这样呢?"他嗫嚅着跟拉依萨说,"小家伙儿怎么这样容易生气?怎么一溜烟儿跑了呢?"

就在这一瞬间,门外又传来尼古尔卡脆生生的童音:"可以进来吗?"

"请进,快请进来吧。真是好样儿的。"尼古拉快乐地夸赞,"你已经改正了缺点。"

话音刚落,孩子已坐在未来作家的床边了。两个尼古拉亲热地聊起来。

"你以前怎么不来我家做客呢?我老是一个人待在屋子里,冷冷清清的。"

"老没空来呀。"小客人满脸愁苦,还叹了口气。

"哦,这么着,那的确来不了……尼古尔卡,我总觉得,你老早就想跟我认识了。好几次了,是谁在我家门口弄出挺响的声音,

---

① 这孩子也叫尼古拉,和本书传主同名。尼古尔卡是爱称。

还哼哧哼哧地喘气？"

"那是老鼠，"尼古尔卡不假思索地回答，还反问了一句，"那你为什么也不来我家做客呢？"

"是呀，那是因为我也老没空哦。"尼古拉学着小客人的口吻答道，也叹了口气。

尼古尔卡忽然眯缝起两眼，一脸机灵，怪逗人的。他也来了个反问："那么，在我家门口弄出挺响的声音的，又是谁呢？"

这下，尼古拉憋不住了，被小家伙逗得大笑起来。

"哦，这我可不知道啊！大概是鳄鱼，它想跟你交朋友吧？"

"不对，鳄鱼不会在屋子里走来走去，它是在河里游来游去的。爸爸告诉过我，你不会走路，只能躺在床上，整天整天的看不到什么人。"

"正是这样。那你怎么还问我为什么不去你家呢？"

"我故意这样问的呀。"尼古尔卡天真地回答，紧接着，他一本正经地、十分关切地提出成串的问题："你怎么会变成盲人的？怎么会走不来路的？怎么要一直躺在床上呢？"

"你想知道，是吧？好，我给你讲讲。"

于是，大哥哥尼古拉尽量晓畅易懂地、具体生动地给小弟弟尼古尔卡讲述自己童年的故事。

尼古尔卡认认真真地听着，还不时发出惊叹。

从这时起，两个人就成了好朋友。

尼古拉常给小家伙讲有趣的小故事，非常真实，又非常夸张，每每让尼古尔卡惊喜得一愣一愣的。这小家伙呢，一张小嘴唧唧呱呱，能说会道。为了引发尼古拉的兴趣，他还善于发挥自个儿的优势——把看见的，听到的，刚刚发生在院子里、胡同内的大事情小情况，一件件一桩桩，讲给尼古拉听。有时候兴之所至，他居然会

第25章 / 两个尼古拉

凭着想象,添枝加叶,讲得有头有尾,有声有色。这种添枝加叶,完全是孩童式的,透露出稚气的愿望、奇妙的创意。尼古拉一听便知"其中有诈",但他根本无意点穿,宁可全盘接受,并对小弟弟的想象力表示赞赏。

一天,尼古尔卡捏着几块黏糊糊的赤膊糖,笑嘻嘻地对尼古拉说:"这糖是我送给你吃的。妈妈给了我5戈比,我就给你买了糖啦。"

一大一小两个尼古拉,越来越要好了。如果尼古尔卡哪天没来,尼古拉就会牵挂,甚至着急起来,催促拉依萨去瞧瞧,小家伙家里是否出了什么事儿。

拉依萨拗不过他,一般都会去看看,好在每次都没什么事儿。第二天小家伙就又来尼古拉家了。

可有一天,拉依萨下班后,刚进家门,尼古拉就急巴巴地说:"尼古尔卡一整天都没来,你去瞧瞧,小家伙会不会生病了啊。"

拉依萨忙着做家务,过了一会儿还没去。不知怎么的,尼古拉烦躁不安,焦虑地说:"你先去瞧瞧孩子嘛,他们家好像有异常的响动,或许发生了什么情况。"拉依萨被他说得心慌意乱,赶紧过去探望。

哦,尼古尔卡果真病了,躺在床上,发着高烧!拉依萨安慰了孩子的父母几句,慌忙回来告诉尼古拉。这个夜晚,尼古拉心神不宁,简直没合眼。

次日清早,他让妻子上班前再去探望一下,看看尼古尔卡的病好些没有。

原来,医生已经做出诊断,说尼古尔卡病情严重,必须动手术。尼古拉闻讯,那副忧心忡忡的神态,真像家长一样。

次日,尼古拉整天焦灼不安,因为尼古尔卡当晚便要接受手术了。

拉依萨下班回家后,尼古拉心不在焉地吃过晚饭,不声不响地静躺着,屏息谛听邻居家传出的所有细微的声音。直到凌晨1点多钟,走廊里响起急促而杂沓的、不祥的脚步声。尼古拉那难以动弹的躯体似乎哆嗦了一下,显然,他一直清醒着。此刻,他视力丧失殆尽的双眼睁得好大,全身的神经都绷紧了。躺在简易卧榻上的拉依萨也被惊醒了。

正在此时,尼古尔卡的母亲发出一阵撕心裂肺的号叫,紧跟着便是一片杂乱的恸哭声。

"拉依萨,快开灯!"尼古拉大喊。

妻子开了电灯,只见丈夫双目"凝视"着天花板,那样子,就像是灯亮了自己却仍一无所见似的愣怔着。

"尼古尔卡死了?"尼古拉恍若低声自问。

"尼古尔卡死了。"与其说是妻子的回话,倒不如说是自己问话的回声。

……

可爱的小男孩被安葬了。

接连数天,铁骨柔肠的尼古拉·奥斯特洛夫斯基沉浸在悲伤中。

金子般的手

"我要一鼓作气，写完《钢铁是怎样炼成的》（第一部）。然而，这西西弗①式的工作困难重重——没有谁听我口述，记录下来……如今我评价一个人，只看他能否为我所用，能否给我实际的帮助。我甚至自己动手写!!!每天夜里，等大家睡下，不再絮絮叨叨让我心烦，我便摸索着写。老天夺走了我的视力，可正是此刻，视力是我迫切需要的……"尼古拉在给诺维科夫的信中这样说。

妻子拉依萨照旧上班，本职工作和社会工作都十分繁忙。尼古拉赞成并支持她在厂里积极劳动，做突击手。但这样一来，原本就早出晚归的妻子，在家和在他身边的时间更少了。有时，拉依萨清晨6点出门，深夜2点到家。尼古拉认为这很正常，确实应该如此，他还鼓励妻子，作为一名青年女工，要加倍努力，争取入党。母亲如今倒一直在身旁，可她文化程度太低，多病多痛，实在没办法时，尼古拉会让她帮自己笔录一封短信，信中可能会出现多处拼写错误，至于记录小说的一些片段，那是有心无力的。沃洛佳夫妇前

---

① 西西弗（西西弗斯），希腊神话中的科林斯王，因渎神受罚，把一块巨石推到山顶，等它滚落下来，再推上去，永无止息。

来小住时，虽然可以帮上忙，但居住条件拥挤，生活环境也更复杂了。特别接连出现的两大打击，大大影响了他的情绪：一是尼古拉本人被草率地确定为"自动脱党"；二是姐姐卡佳误信丈夫的眼泪与承诺，随他而去，一度离开了真正爱她的母亲和弟弟。

正是在如此艰困之时，加利娅出现了。这位邻家女孩，给奥斯特洛夫斯基留下的印象如此深刻，他在创作《钢铁是怎样炼成的》第二部最后一章的时候，塑造了一个人物形象，就是以加利娅为原型的，而且用的是本名。

当年，加利娅是个中等个子、清瘦、活泼的姑娘。水灵灵的蓝眼珠，剪得短短的浅色头发，柔润的圆下巴，青春所赋予的自然美使她显得光彩照人。她生活在一个九口之家中。父亲是厨师，哥哥亚历山大是团区委书记。她本人毕业于普通的七年制学校，在戏剧工作者俱乐部（后改为艺术家俱乐部）当会计。

加利娅下午2点钟上班，回家挺晚，起床也迟。一开始，她并不熟悉尼古拉这个几乎过着封闭式生活的新邻居。哥哥亚历山大告诉过她，奥斯特洛夫斯基"是个完全瘫痪的小伙子，连胳膊肘子也抬不起，可他活跃得很，什么都知道，而且对什么都有独到的见解"。她还听妈妈说，尼古拉家住得很挤，看样子经济相当拮据。

1931年夏季的一天，在厨房里，尼古拉·奥斯特洛夫斯基的母亲奥里加遇见加利娅，说要请她到尼古拉那儿去一下。这个邀请有些唐突，可姑娘还是去了。

她在门边站住，看见尼古拉僵卧在靠近门口左面的床上，穿着短衬衣，斜靠着枕头，盖在身上的绒毯卷到腰际，人精瘦，一手拿着前端缠有纱布的细木棍儿。松软的头发，宽大的脑门，两眼似乎凝视前方，左肩旁搁着无线电听筒。

"请进来，勇敢些！这儿不是医院。"奥斯特洛夫斯基嗓音不

第26章 / 金子般的手

高，但自有一种朝气。

那会儿，尼古拉·奥斯特洛夫斯基的手，肘部以下还稍能动弹。他伸手和走进屋来的加利娅握了握，请她坐下。加利娅还在局促不安中沉默着，对方却已像遇见老熟人一样，坦然地谈起自己的工作情况了。

他说自己决定写一本书，描述乌克兰青年如何参加国内战争，共青团如何建立和发展。整本书，直至细节，都已经设想好了，他脑子里清晰地映现出应该展露的场景。可自己动笔委实困难，随着关节疼痛的加剧，创作简直变成了一件不可能的事。这番诚恳的话中，既充满自信，也透出焦虑。

床边的小桌上放着一个硬纸夹，上面挖出几条横向的长格子，还有一些自制的活页本和几沓纸，上面的文字，笔迹多种多样。

尼古拉要求加利娅看看这些文字，同时对她说："长条的格子荒唐地牵制着我，逼迫我放弃努力。身躯被钉在床上，双手疲软无力，两眼模糊一片。我是残疾人，但这没什么可怕的，我的头脑百分之百正常。我怎么就不能工作了呢？是吧？您可以协助我吗？话说在头里，这是个长篇，工作量挺大。"他仿佛猜准姑娘是愿意的，又接着说："假如您不怕困难，那么咱们今天就开始，立刻就开始干！别奇怪，也别当我是疯子。有些人以为我在做徒劳无功的事情，消磨空闲的时光，这不对。我是个倔强得要命的小伙子。"

尼古拉孩子般淘气地笑了，露出一口洁白的牙齿……

姑娘了解了已经写好的内容，放在上面的几页纸是第六章的开头，尼古拉·奥斯特洛夫斯基请她大声念。有些单词，加利娅辨认不清，尼古拉会明白无误地指出，或者说只要翻过去几页，便能找到补写在后面的文字。接着，姑娘拿起铅笔，掀开自制的活页本，尼古拉口授，加利娅记录。她越来越相信，全部内容、各个细节，他早已烂熟于胸。他从不试图写成孤立的片段或情节，以便以后可能会用上，他总是一页接一页地口述，顺序展开一个个事件。

屋里一片寂静，工作进展得很顺利。尼古拉非常投入，叙述加快了。加利娅聚精会神地笔录，尽量做到只字不漏，也不用打断尼古拉的口述。加利娅发觉，他这样进行创造性劳动的时候，面部表情丰富，双眸灵活，似乎病痛全无。然而，只要有谁走进屋子，创作气氛受到干扰，尼古拉心思一分散，便得重觅字眼，吃力地恢复故事情节的连续性。偶尔他会重复写过的段落，此时的他会显出一脸倦容，额头冒汗……

尼古拉问他5岁的侄儿："加利娅阿姨长得怎么样？"

那孩子快活地描述外貌："眼睛蓝蓝的，头发亮亮的，脖子细细的……加利娅阿姨可漂亮喽！"

尼古拉大笑。

"这么个小不点儿就已经会评头论足了！"他说，随即转而要求加利娅，"配合我，让我看到你吧。"加利娅俯下身躯，尼古拉用手掌轻柔地抚摸她的头和脸，说："你不知道，我有一种感觉，好像看见你了。太好了，总算还剩下这么一点儿'视力'。"

当时，加利娅有写日记的习惯，其中一篇日记记述了她为尼古拉工作的情景和她的内心活动，为后人留下了珍贵的、生动的资料——

上午10点钟，工作开始……尼古拉·奥斯特洛夫斯基的妈妈在厨房里忙碌。我写好的纸一张又一张……奥斯特洛夫斯基口授得明晰、流畅，几乎毫不停顿。他全神贯注地描绘故事，塑造形象。

我焦躁地望望闹钟：1点了。2点我得到单位上班，要迟到了。

第26章 / 金子般的手

这是从来没有过的。我暗想,迟到一次大概不要紧。我决不能打断尼古拉,因为现在对他来讲,分分秒秒都异常宝贵。今天他口述得那么顺利,可我知道,这种滔滔不绝意味着什么。那就是他彻夜未眠,反复默诵着今天要口授的字句。我拿定主意,无论如何得写完这一章。

尼古拉·奥斯特洛夫斯基察觉到我的焦灼,问出什么事了。

我尽量平静,若无其事地回答没什么。

他继续口授,迅速而自信。一章终于完成了。奥斯特洛夫斯基这才想起我也许会迟到,不安地问:

"几点了?"

我回答:"1点半。"其实已经2点5分了。

他露出笑容,对工作很满意。今天丰收!我告别一声,赶紧走了。

是我对他未来的著作大感兴趣,还是双方充满青春活力的交流沟通,使我们建立了友谊呢?我讲不清楚。奥斯特洛夫斯基曾说:"咱俩加起来才45岁。"

有时候,尼古拉·奥斯特洛夫斯基会和加利娅一起,斟酌如何造一个句子,或问她某一句对话的意思是否确切,不过,他并不总是赞同加利娅提出的看法。也有另一种情形,加利娅喜悦地朗读新写的某一段落,觉得简直不可能写得更好了,尼古拉却坚持一再修润某些字句。邻家女孩明白了,自己面对的是一位真正的作家——既虚怀若谷又一丝不苟的作家。

加利娅不仅记录尼古拉·奥斯特洛夫斯基口授的内容,她的协助是多方面的。出生并大部分时间都生活在乌克兰的尼古拉,口授时往往夹杂着乌克兰语的单词发音,所以他常常向加利娅请教这些单词在俄语中怎样念才准确。

尼古拉还十分重视加利娅作为第一读者的第一反应。他曾坦率地告诉加利娅："只要发觉你在兴致勃勃地重读手稿的某些段落，我就不再怀疑是否值得继续干下去。你不知道，获得认可，获得肯定，这有多么重要！"

有些日子，奥斯特洛夫斯基头痛欲裂，无法工作，就和加利娅聊聊往事。他问加利娅的生活情形，甚至关心她是否有了男友。

创作进行至第七章，一个新的人物——丽塔·乌斯季诺维奇登场了。奥斯特洛夫斯基告诉加利娅，这个人物在生活中有原型。一次，为了做好共青团的工作，他曾和"丽塔"出差到一个县里去，那天俩人只能在同一间屋子里过夜。丽塔爱着奥斯特洛夫斯基，当夜便向他表白，可他实在羞怯，硬是躲开了。次日见面，双方都别扭得很。

这件真实的事情，奥斯特洛夫斯基加以变化、改造，不止一处用到。小说的第二部第六章，在共青团全俄代表大会上，保尔与丽塔意外重逢的那一段，给读者的印象格外深刻——

"我有个问题，希望得到答案。"丽塔说，"虽然这已经成为往事，但我想你会告诉我的。当初你为什么突然中断咱们的学习和友谊呢？"

虽然保尔和丽塔一见面，就知道对方会提出这个问题，但此刻他还是感到尴尬。他们四目相对，保尔明白了，丽塔是知道原因的。

"丽塔，我想你完全清楚。这事情发生在三年前，现在我只能为这个责备保夫卡。总的来说，柯察金一生中犯过大大小小的错误，你问的就是其中的一个。"

丽塔微微一笑："这是很好的开场白，但我等待回答。"

第26章 / 金子般的手

保尔轻轻地说:"在这件事情上,有错的不仅仅是我。'牛虻'和他的革命浪漫主义也要负一部分责任。有的书,塑造出革命者光彩夺目的形象。他们性格刚强、意志坚定、无私无畏、献身于事业,给我留下难忘的印象,使我产生了要做他们这样的人的愿望。所以,我正是学'牛虻'的样子,处理对你的感情问题。现在我觉得这挺可笑,更多的是遗憾。"

"这样看来,你对'牛虻'的评价已经改变了?"

"不,丽塔,基本上没有改变!我只是抛弃了那种以自我折磨来考验意志的、不必要的悲剧成分。然而我赞同他的主要方面——他的勇敢精神、非凡毅力。我钦佩这种类型的人,他们能忍受痛苦,不在任何人面前叫屈。我喜欢这种革命者的典型。在他们心目中,个人的事情绝对不能和集体的事情相提并论。"

"保尔,这番话三年前就该说的,你现在才说出来,只能留下遗憾了。"丽塔面带若有所思的浅笑说。

"丽塔,你说遗憾,是不是因为我始终只能是你的同志,而不可能更进一步?"

"不,保尔,你原本是可以更进一步的。"

"这能够补救。"

"晚了一点儿,牛虻同志。"

丽塔这样戏称保尔,自己也不由得微微一笑,然后做了解释。

"我已经有了个小女孩。她的爸爸和我情投意合。我们三个生活得很和美。如今是三位一体,密不可分。"她用手指碰了一下保尔的手。不过立刻明白了,这个表示关切的动作是多余的。没错,这三年来,他并非仅仅在体格方面成长了,丽塔从保尔的眼睛里看出,他此刻心里很懊恼,但他毫不做作,而是真诚地说:

"无论如何,我得到的,还是比失去的要多得多。"

只是一段偶然的个人经历，或者说生活小插曲，作家在这里却派了大用场——非常抒情地描写人物的命运与性格，描写主人公品格、情操的升华和闪光。

后来，《钢铁是怎样炼成的》一书面世，读者的信件如雪片般从全国各地飞来。尼古拉·奥斯特洛夫斯基曾有所触动地脱口而出："要是丽塔健在，她也会来信表示支持的。"

当时，尼古拉口授，让加利娅记录下来，同时自己脑海里接连闪过几个人或深或淡的面容：

他的女同事，曾与尼古拉一起出差、勇敢示爱的那位共青团干部；还有一位年轻姑娘——当年曾有一个师的政治部驻扎在舍佩托夫卡，其中有一个搞宣传工作和青年工作的女干部——可能和尼古拉有过接触，尼古拉初参加布琼尼部队时，是在宣传列车上当警卫。

是的，丽塔的原型至少有两个，甚至更多。现实生活中的女孩子、女团员、女干部，尼古拉汲取她们身上的一些元素，一些外貌特色、心理特征，进而塑造出富有生命力的"这一个"，即具有典型意义的艺术形象。

自然，那时坐在他床边为他做记录的邻家女孩，18岁的加利娅可猜测不到那么多。

令加利娅引以为荣的，是尼古拉·奥斯特洛夫斯基经常使用的一种表达方式。他喜欢说："咱们这么办吧……"，"咱们修改一下……"，"现在咱们这样写……"这让她觉得，这位病残严重的作家把她视为文学创作活动的积极参与者。

加利娅为奥斯特洛夫斯基读报，先念出各篇文章的标题，然后念他感兴趣的某一篇的内容。

例如，《共青团真理报》刊登了一则关于建设新城市的简讯，奥斯特洛夫斯基非常留意。"加利娅，你想想看，我们建成了49座城市。49座！"

另外一次，有篇报道是关于在考特拉斯浮运木材的，标题为"木材浮运工作告急，共青团员奋勇抢救"。奥斯特洛夫斯基听后，激动地对加利娅说："你知道这使我想起了什么？十年前也有这样的情形。基辅的共青团员们在第聂伯河上搏击风浪，抢救眼看就要被狂涛激流冲走的大批原木，而且成功了。"

加利娅也帮奥斯特洛夫斯基念文学作品，发觉他特别喜欢高尔基的《母亲》，对富尔曼诺夫的《恰巴耶夫》也很赞赏，还认真地听契诃夫的一些短篇小说。

加利娅有时还帮助奥里加照护病人，整理床铺。一次她和尼古拉的母亲一块儿托起他那不重的、但无法弯曲的身躯，诙谐地说："小伙子，你别哼哼，我们是两个对付你一个。"

常患感冒的奥斯特洛夫斯基呢，孱弱无力，无可奈何，也跟着开玩笑，说自己是个这么年轻的小伙子，却"又打喷嚏又咳嗽，像个娇小姐，而且被抱来抱去，如同襁褓中的婴儿"。

有一天，他口述完毕，松了口气，叫喊起来："哦，加利娅，真想带着你，跟你手挽手跑遍全市，看看市容，或进剧场，上电影院……要不，到朋友家里去做客，争个面红耳赤，回来喝妈妈煮的茶。"

《钢铁是怎样炼成的》第一部写完后，1931年10月25日，奥斯特洛夫斯基写信给日吉廖娃，流露出内心的欢悦："我殚精竭虑，要完成自己的创作，但置身于我这样的环境，这是千难万难的，尽管如此，作品还是写出来了。我写完九章，并打印好。目前正整理书稿，再次找出拼写上的错误，予以纠正。"

在准备寄出书稿的前几天，奥斯特洛夫斯基向加利娅口授了两页珍贵的文字：他本人的简历和《钢铁是怎样炼成的》这部小说的写作简况。他叙述得快速而清晰，充满感情，一气呵成：

"……主要人物是我自己所熟悉的。我写时力求准确，展呈他们的种种优缺点……体力丧失殆尽，只剩下不熄灭的青春活力，渴望为本党本阶级做些有益的事情。著书是企求用文学语言展现发生过的情景……"信末署名为："联共（布）党员，党证NO.0285973，尼古拉·阿列克谢耶维奇·奥斯特洛夫斯基。"口授到末尾，他嗓音发颤。他用缠着纱布的细木棍儿擦擦额头上的汗水，疲乏地松开手，细木棍儿掉落到地上。

就在此时，完全出乎加利娅的意料，奥斯特洛夫斯基温和而坚定地招呼："妈妈，你出去一下吧。"

加利娅一转脸，发觉尼古拉的母亲奥里加正站在门口。显然，她听见了儿子口述，此刻泪流满面。邻家女孩站起身来，跟奥斯特洛夫斯基的母亲一同退出去。她同样心潮翻腾，眼噙泪水，哽咽着劝慰老人。

书稿寄出后，在令人焦灼不安的等待的日子里，加利娅只要在走廊上遇到奥斯特洛夫斯基的母亲，总会提出同一个问题，奥里加也总是摇摇头。晚上下了班，加利娅有时也会急匆匆地去看望奥斯特洛夫斯基。

未来作家的双眼，失明后仍在发炎，即使在白天的自然光线下也会感到刺痛。晚间，受到灯光的刺激，就疼得更厉害了。此时，妻子拉依萨在厂里已被选为党支部书记，工作越发繁忙。午夜回家，她总会询问婆婆奥里加，书稿有消息了没有。

加利娅差不多依旧每天上午都过来，或给奥斯特洛夫斯基念念报纸，或一起听听广播。奥斯特洛夫斯基给她讲些当年的逸事趣闻，讲得那么生动，那么逗人，她上班时偶尔回味，还会笑出声来。不过，无论念报纸、听广播还是聊天，其实两个人心里都牵挂

第26章 / 金子般的手

着同一件大事：书稿的命运如何？

奥斯特洛夫斯基对加利娅说："书要是确定出版了，到时候咱们举行一个晚会来庆祝胜利，庆祝咱们携手合作的胜利。开怀畅饮吧。你喝一杯葡萄酒，我来一杯矿泉水。不过，你得有思想准备，我的这个并不完美的'产品'，可能会受到批评，就跟受到四面八方的炮轰似的。但这不会把我吓倒……"

有一次，他又不无焦灼地说："我的整个书稿，此刻会不会已经被扔到字纸篓里去了呢？"

加利娅一脸气恼，天真烂漫地接过话头："不会的，不会的，怎么会被扔进字纸篓呢？写书根本不是为了让人往字纸篓里扔的呀！"

尼古拉·奥斯特洛夫斯基仍在顺着自己的思路边想边说："要那样的话，表明我的道路已走到尽头，意味着我永远不会再成为一个有用的人。不过，出书只要有一线希望，哪怕需要大改大动，我也会一再修改的。要求改多少次，我就改多少次。即便得过五年、十年才能问世也行，我终将达到目的。旗帜，标志着我新生活开始的旗帜，一定会飘扬起来。"

书终于出版了，尼古拉·奥斯特洛夫斯基从最先得到的样书中取出一本，送给加利娅。在扉页上，他这样题词："赠给加利娅·阿列克谢耶娃——我的朋友和助手，是你的手记录了本书的最后几章。为了纪念我们的合作和友谊。"

《钢铁是怎样炼成的》第二部，奥斯特洛夫斯基是在索契进行创作的。身旁只有母亲陪伴。一开始，没人协助笔录，他写信给加利娅说："我正在自己动手写。这是困难的。缺少了你的一双小手，要不然，字字句句会多么迅速地出现呀。"

十月革命十五周年纪念日那天，他在信中说："我的生活就是写第二部。改为'夜班'了。黎明入睡,夜间安静,没有一点儿声响。一桩桩事件在脑海里呈现,跟放电影似的,形象和画面历历在目。保尔·柯察金傻乎乎地压抑着对丽塔的感情,被派往筑路工地。为了运送原木,在暴风雪中顽强地搏斗。狂风怒号,飞雪扑面,周围还有奥尔利克匪帮出没无常。"

1933年5月18日,奥斯特洛夫斯基在给加利娅的信中自然地流露出这样的感情:"在这些艰难的日子里,我一再想到你,想到你那金子般的手。"

……

生活往往变幻莫测。尼古拉·奥斯特洛夫斯基和邻家女孩加利娅后来再也无缘相见。当奥斯特洛夫斯基重抵莫斯科时,加利娅已出嫁,离开了首都;而等她返京探亲时,奥斯特洛夫斯基已与世长辞,苗尔特维胡同也改称为奥斯特洛夫斯基胡同了。

第27章 比变驴为马还难

《钢铁是怎样炼成的》（第一部）总算完稿了。这里没用好像带有大功告成、如释重负意味的"终于"，而是用了似乎内有好不容易、松一口气含意的"总算"一词。

确实不容易。什么时候开始写的？1930年4月。当时，病残治愈无望，经济入不敷出，半饥半饱，当当卖卖，是经常的事情，加之母亲、二姐都病病歪歪，日子过得艰难困厄。

此前，早在1928年9月，他告诉"二妈妈"日吉廖娃："最近四年，肚子饿得厉害，如今，若非得到你的帮助，我只能依然穷得厉害。"他也曾卖掉衣物中"最贵重的"皮上装，换得100卢布，让母亲"稍稍治一下累坏了的心脏"。

如前所述，他莫名其妙地被确定为"自动脱党"；二姐则不听劝说，轻信丈夫的承诺，一度离开了真心爱她也需要她的母亲和弟弟。尼古拉称这两件意外的事件为双重打击。

天长日久的艰辛和突如其来的猛击，侵蚀着健康，也磨砺着意志。1930年4月30日，在给朋友的一封信中，他既透露了自己的无助与无奈，也凸显出他的艰苦和坚毅：

反正我总是当头挨了一击，便下意识地举手护住脑袋，等候下一次的打击……我成了各种拳击运动员练功夫的靶子。说靶子，因为只能挨打，无力还手。我不想写忍受过的痛楚，什么动手术、发高烧，凡此种种，全都过去了。我变得沉郁、老成，而且无论显得多么奇怪，我确实也更刚烈了，看来是因为正在接近奋斗之路的尽头……好啦，一个严酷的阶段过去了。我摆脱了它，同时保住了最珍贵的——即一个清醒的头脑。恰似一部未毁坏的发电机，有着一颗钢铸铁打的心，不过体力已损耗掉百分之九十九。

对自身的病残、自身的体质，尼古拉·奥斯特洛夫斯基了解得一清二楚。但他明知只剩下百分之一的体力，却偏偏正式开始文学创作。而且，在做出二十个月（1930年4月至1931年11月）的努力后，在获得身旁亲属，尤其是邻家女孩的倾力襄助后，在两次击退严重肺炎的猛攻后，他到底还是赢得了这样一个阶段性成果。

实际上，早在《钢铁是怎样炼成的》第一部脱稿之前，他就曾先后把一些片段分头寄给关系密切的亲友，比如住在舍佩托夫卡的哥哥米佳，比如好友利雅霍维奇①，比如新罗西斯克港口图书馆的霍鲁任科。当然，他也让拉依萨的姐姐、做打字员的廖利娅帮忙。这么做，一是征求批评意见，二是请他们帮他将手写稿转化为打字稿。他晓得编辑部对书稿的要求很高，写在一般白纸上的、涂涂改改的，恐怕看也不愿意看，而他连买稿纸的钱都无处措置。如此贫穷，还要为写东西花钱，家里的经济状况越发捉襟见肘。那时候，

---

① 利雅霍维奇·洛扎·包里索夫娜（洛卓奇卡、洛宗卡），1929 年，她去索契治病，与尼·奥斯特洛夫斯基相识，并成为一生的好友。她曾告诉诺维科夫："我太感激你了，介绍我认识了一个这么好、心灵如水晶般纯净的人……他那躯体已失去自由，却有一个完全强健的头脑。"

第27章 / 比变驴为马还难

他想从莫斯科无产阶级作家协会买些比较便宜的稿纸,但是这一要求被拒绝了,他不得不让家人去外面的店铺里买。一张纸,15戈比;请打字员打字,一页75戈比。这为尼古拉的写作增添了压力,他不得不请朋友们从多方面给予支持。

比如,他在给最要好的朋友诺维科夫的信中直言相告,言辞颇为轻松幽默:"我把已写好的一些片段寄给你和在哈尔科夫的朋友们……你回答我,我需要依据手稿打印几页,你能不能帮我把这些片段打印出来呢?编辑部要求审读两三个片段,以便评断一下。这些老爷不接受活页本——去打印吧,要单面的!你会说,我连你也要剥削。可是,彼图首克①,哪怕你把我骂得狗血喷头,咱俩的友谊也不会削弱半分。握你粗厚的手和塔玛拉②纤细的手。"

总的说来,二十个月的日日夜夜,尼古拉始终斗志昂扬。他对亲密的朋友坦言,自己也有情绪低落的时候。看看他的原话吧:

"生活有时会带来一些苦恼,难以排解,也能导致旧病复发……偶尔会呈现抑郁状态,自己怎么也无法排遣。反正人生总是纷扰不堪的。"

"即便是布尔什维克,是唯物主义者,并且渴望成为坚强如钢者的人,他们有时也摆脱不了情丝万缕,甚至是迥异于钢铁的多愁善感。"这些语言,显示了尼古拉感情的率真和丰盈、思考的沉潜和周全。

他在1930年9月11日的由衷表白,既感情爆发似电闪雷鸣,惊心动魄,又理智深沉如波平浪静,蓄势待发,因此才会激荡人的心灵,引发人的深思与感佩——

---

① 彼图首克,诺维科夫·彼得·尼科拉耶维奇的爱称。
② 塔玛拉,诺维科娃·塔玛拉·鲍莉索夫娜,诺维科夫的妻子。

如今我被钉在床上,这并不表明我是个病号。这不准确!是胡说八道!我是个完全健康的小伙子!我的双脚寸步难移,两眼视而不见——这纯粹是误会,是魔鬼开的愚蠢的玩笑!

我有个计划,目标是充实自己的生活,而其内容必须能证明人生的价值。目前无法写出这是怎么回事,因为还只是个设想。暂时简略地说说:这关系到我,关系到文学,关系到青年近卫军出版社。

他说"还只是个设想",实际上已动笔(自己的笔或别人的笔)数月了。不过,他一直虚弱多病,创作环境又差到极点,只是"凭着驴一般的犟劲"支撑着,说话才如此谨慎。

如前所述,1927—1928年间,尼古拉创作出小说《暴风雨所诞生的》,并把唯一的手稿寄给敖德萨的战友,征求意见,不料稿子在寄回途中遗失。为了那次失误,尼古拉懊恼不已。如今可不能重蹈覆辙了。

他仔仔细细,辛辛苦苦,把《钢铁是怎样炼成的》整理成四份书稿。

一份为原始资料。另有三份:第一份寄往列宁格勒,给日吉廖娃,让她提提意见,假如觉得还不错,就请她酌情投给当地的某一家出版社;第二份委托费杰尼奥夫,阅后送交列宁共青团中央主办的青年近卫军出版社;第三份寄给哈尔科夫的挚友诺维科夫,让他谈谈阅后感,然后投给乌克兰列宁共青团中央主办的青年布尔什维克出版社。

早些时候寄出过小说片段,可惜大多没有报告好消息的回音。

他的亲友中几乎没有"文人",也没有什么熟人在出版界工作,很难帮上忙。倒是哥哥米佳从舍佩托夫卡赶来探望弟弟时,说他把书稿的前五章交给了当地的共青团组织,在共青团积极分子的会议

第27章 / 比变驴为马还难

上朗读了一些片段,大家听得很高兴,对这部反映本城革命运动历史的文学作品,给予肯定,表示欢迎,说了不少赞扬的话。共青团积极分子热情洋溢的鼓励,使得尼古拉·奥斯特洛夫斯基大为振奋,感到出书有了些许希望。但是,寄出三份全稿后,他迟迟未得到反馈。这段时间里,他发出的信件中,字里行间都充溢着似乎矛盾的感情——担忧、自信、渴盼、宽谅、焦虑、淡定。

1931年5月,他对利雅霍维奇说:"如果寄给你活页本——那上面是写好的一个片段,你能否为我打印?编辑部硬性规定,只能单面打印,两边要留出空白……我在艰苦的条件下工作,几乎没有停歇的时候……最后结果会怎样,很难预料。我担心自己的劳动成果会被塞进编辑的字纸篓。"

同年6月,他致函新任列宁格勒共产主义大学副校长的日吉廖娃:"我在继续写自己开了头的书稿……多么希望你读读已写好的内容,纵然只读一个片段也好。我可以寄给你。是打印的,看起来方便。我盼着听取你的意见,可你一直没给我写回信。"

依旧是6月,他给利雅霍维奇去信:"下星期我将拿到打印好的小说第二部第一章。描述的是1921年的基辅共青团组织怎样与经济困难斗争,怎样与匪帮活动进行斗争。所有打印好的稿件都会寄给费杰尼奥夫。这是个老布尔什维克……他要把这些片段交给一位编辑朋友看看。在那里,将对小说的质量做出评断。"

7月初,他迫不及待地写信告知诺维科夫和利雅霍维奇:"已给洛扎寄出80张(纸)。高价买来的——每张15至20戈比……别怪我给你们添麻烦。你们真不知道我多累……感觉到精力在大量消耗,唯有意志仍然坚定,并未削弱。否则,我会变成精神病人或者更坏……为什么你们对稿子的质量一句话也不说。期待你们的评论,期待着。"

8月中旬，他对诺维科夫说："你在信上指出，抒情方面有枯燥和干巴巴的地方。讲得对，这是缺陷……和进行创作有关的种种苦恼，我在信中难以对你尽述……有人说，你既无色情内容，又不插科打诨，这样的书谁会读？"

还是8月，他给利雅霍维奇去信："你和彼佳，还有别的一些朋友，都忙得晕头转向——这全怪我，硬让你们为我的创作奔忙……对我的创作有何意见，你只字未提。由此可见，十分糟糕，使你不愿意说什么。你缺乏直言不讳的、布尔什维克式的勇气……我可要求过的，得指出哪儿不行，为什么不行，责备吧，讽刺吧，挖苦吧，尖锐地批评所有笨拙的表达方式，所有拖沓、呆板、乏味的东西。一针见血地痛骂吧。"

在等待的日子里，尼古拉·奥斯特洛夫斯基的情绪变化，也影响着家人。

一个星期日的晚间，尼古拉正在收听电台播送的音乐节目，母亲奥里加做着针线活，妻子拉依萨则在看书。

尼古拉大概走神了，突然冒出一句话："如果出版社毫无商量余地，退回我的书稿，那就意味着我生命的终结了。"

母亲和妻子都不由心头一震。

"孩子，你怎么又想到书了？总有一天，你会得到好消息的。人家办事，哪会跟你似的那么干脆？出版社不见得只有你一个人的稿件。别着急，啊？"

"妈妈，别老是安慰我，你也不要担忧。我绝对不会轻易服输的。"

拉依萨忍不住截住话头问："你老说生命的终结呀什么的，干什么呀？"

"别担心。我的意思是，只要编辑部指出稿件中的缺点错误，

第27章 / 比变驴为马还难

我会绞尽脑汁,把它修改好,直到人家说'通过'为止。万一,我是说万一,所付出的努力全都付诸东流,到那时候,我才需要解决另一个问题。为了归队,我已经做了力所能及的一切,是的,做了一切。"他揣度着什么,反复地说,那声音渐显低沉。

拉依萨正要讲些什么话,帮助丈夫排解愁闷,增强信心,却听见了敲门声。

来客是费杰尼奥夫·因诺肯季·帕夫洛维奇。他当过骑兵部队的政委,此时主持着国家银行的涉外部门。

"您带来什么新消息了吗?是好的还是坏的?"尼古拉·奥斯特洛夫斯基急切地问。

"这样跟你说吧,"费杰尼奥夫含笑回答,"暂且还没有好的消息。评论家说,如此重大的创作任务,你目前还难以胜任。"

屋子里顿时鸦雀无声。

"您不要多说了,我已经听明白了,出版部门否定了我的书稿。"

为了缓和紧张的气氛,大家好言抚慰,劝尼古拉姑且休息一段时间,然后再努力一把。

"不!明天我就继续工作,修改书稿。"尼古拉真诚地对费杰尼奥夫说,"谢谢您直言相告。我说过的,苦涩的真话胜似甜蜜的谎言。当下涌现出来的写作新手太多了,人人都希望自己的作品能出版。既然我的书稿被淘汰了,就表明它确实不行,需要再加工。应该尽量修改得好一些。胜利绝对不会从天而降。"

费杰尼奥夫晓得了,这个僵卧病榻的小伙子,对面临的困难早有思想准备,他会不懈地努力,愈战愈勇的,自己要竭尽所能,协助他实现目标……

日吉廖娃来了一封久盼的回函,说她尽管是文学门外汉,但看得激动了，看得流泪了，心灵受到了震撼。这让尼古拉很高兴，受到了鼓舞。

同时，日吉廖娃也有话直说，她告诉尼古拉，她曾把稿子交给《汽笛报》编辑部。人家收下后放了一个月，言不由衷地夸赞了两句，又退还给她了，理由是"不了解作者"；接着，她又把稿子送往列宁格勒联合出版社，人家收下后放了两个月，也夸赞几句退了稿，理由相同：作者乃无名之辈。这使尼古拉十分慨叹。

他这才相信，出版部门的确存在着严重的官僚主义，圈外人初次走上这条路，要走到底比变驴为马还难。

他心中有话，如骨鲠在喉，不吐不快，所以他立刻又发信给日吉廖娃，说让她全权处理书稿，说自己绝对相信她会想方设法，促使某个编辑部认真地审阅稿子，做出判断。他还说，但愿"书稿别在编辑部的密林里游荡三年"。他说自己也知道，迷上文学创作的大有人在，编辑部里书稿堆积如山，能够脱颖而出的寥寥无几。

收到《钢铁是怎样炼成的》第一部全稿的三处，都有了一些回应，可都还没有能够出版的确切喜讯。

尼古拉的忘年交费杰尼奥夫看在眼里，急在心里。

他暗暗做出了一个决定。

终遇伯乐

费杰尼奥夫走出青年近卫军出版社的一间接待室,两颊绯红,反映出他内心正波涛汹涌,气愤不已。

他并非初次到来。曾经,他兴冲冲地来送交《钢铁是怎样炼成的》第一部的完整书稿;曾经,他数次满怀希望来探询,是否可以接受这份稿子,看到的总是冷脸。刚才,一个青年初审员连头也懒得抬一下,简单地回绝了他:"不能出版。"

费杰尼奥夫不知趣,追问一句:"为什么?"

"什么为什么?主人公保尔·柯察金的形象不具备典型性。青年男工爱上的一般是青年女工。保尔既然例外地和贵族小姐般的女中学生谈恋爱,就应当把所爱的姑娘改造过来,否则他还算什么共青团员?再则,保尔在前线立功太少,过早负伤退伍,这怎么行呢?根本不能出版!"仿佛理也直气也壮。

没什么可谈的了,费杰尼奥夫夹起书稿便走。

尚未离开这幢楼房,他忽见旁边有块牌子——《青年近卫军》杂志编辑部。哦,自己还没满60岁,怎么像个老糊涂,多次出入而没留意呢?好嘞,进去碰碰运气吧。为了尼古拉,即使再碰一鼻子灰,也没关系。

这是1932年2月的一天,依旧是严寒天气,费杰尼奥夫跨进了《青年近卫军》杂志编辑部清冷的办公室。

副主编柯洛索夫①正独自坐着,见有个60岁左右的人推门而入。此人身穿皮衣,头戴皮帽,脚蹬暖靴,一手拄拐杖,一手夹着沉甸甸的大纸包,神情冷峻,似乎藏着满肚子的气恼。他把手杖斜搁在一张椅子上,依旧沉着脸,向柯洛索夫做了自我介绍,接着便要讲正事。柯洛索夫抬手示意,请他坐下。费杰尼奥夫也不客气,在对面落座,不容打断地谈了长长一大篇。

他先是愤愤不平地指出,出版社的一位青年初审员,把稿子压了很多日子,却并没有看完整部,便做退稿处理了。然后,带着喜爱和敬重的感情,讲述书稿《钢铁是怎样炼成的》的作者尼古拉·奥斯特洛夫斯基的坎坷经历、乐观态度和刚毅精神。他还生动地谈了他本人与奥斯特洛夫斯基是怎样邂逅的,又如何一次次接触,因而感受颇深。这年轻人瘫痪、失明,体力丧失殆尽,缠绵病榻已久,却心系社会、国家,志在创作、奉献。他这个老干部还告诉柯洛索夫,尼古拉·奥斯特洛夫斯基曾说过:"在最困难和最恶劣的条件下是可以工作的,不仅可以,而且必需,假如没有另一种环境的话。"奥斯特洛夫斯基不是吹牛皮,没有放空炮,经过二十个月的艰苦卓绝的拼搏,他果然完成了《钢铁是怎样炼成的》第一部的创作。如此的语言,如此的行动,多么令人钦佩。

比奥斯特洛夫斯基年长26岁的费杰尼奥夫讲到这里,心情愈加激奋。他从椅子上站了起来,干脆地说:"如果你们认为这部稿子还不行,那么尼古拉·奥斯特洛夫斯基是经得起这种打击的。我并

---

① 柯洛索夫·马尔克·鲍利索维奇(1904—1989),作家、编辑。1929—1938年,任《青年近卫军》杂志副主编。

不催促你们快读快答复。但我请求你们给一个爽快的、公正的评价。就这么着吧。"

话音刚落,费杰尼奥夫已经拿起手杖,转身走出了办公室。

副主编柯洛索夫看看他留在桌上的一包书稿,赫然映入眼帘的是两行大字:

钢铁是怎样炼成的

尼·奥斯特洛夫斯基　著

柯洛索夫打开原稿,翻阅数页。青年作家所塑造的、栩栩如生的人物,生动别致、变换恰当的场景,既新颖独特又显得非常真实的故事情节,把柯洛索夫给吸引住了。

吸引住柯洛索夫是不容易的。他虽与奥斯特洛夫斯基同龄,却已成为经验丰富的文学编辑,善于从大量来稿中筛选出佳作珍品,而且他本人也是一位作家。他写过多种小说和剧本,有一部小说还被改编成了电影。

如今,书稿《钢铁是怎样炼成的》给了柯洛索夫一种发现奇珍异宝的欣喜感觉。

稿子尚未看完,已到下班时间。柯洛索夫把书稿带回家,继续看。他并非浏览,而是真正的审读。好,小说显示出作者生活底子深厚,才华出众,而且尚有潜力;主要人物的外貌举止、思想感情,都特色鲜明;作品的结构、语言,明白无误地表明作者十分善于讲故事。因此,毫无疑问,书稿已经达到出版水平。不过,作为初次进行创作的青年作者,这第一个劳动成果难免有些稚嫩、粗糙的地方,尚需进一步打磨、修润……

夜已深，兴奋的柯洛索夫拿起电话，打给主编卡拉瓦耶娃①："安娜同志！我们收到了一份非常独特的书稿！你看怎么样，我们还来得及把它发表在刊物的三月号上吗？"

这以后没几天，费杰尼奥夫接到了《青年近卫军》杂志编辑部的电话："您送来的作品，其质量超过我们的期望，简直称得上是一部优秀的小说。我们打算刊登在最新一期杂志上，所以要尽快和作者见个面。"

"想见见尼古拉·奥斯特洛夫斯基吗？"费杰尼奥夫听到久盼的佳音，竟有点不相信自己的耳朵，定定心神才回答："好的，随时恭候。"

这样一个既在意料之中又出人意料的喜讯，要赶快告诉尼古拉。最近这段日子，尼古拉要是发觉费杰尼奥夫的不平之气溢于言表，便会吐露一些内心的想法，既实在又积极。比如他说过，列宁格勒那边的出版部门虽然没有把稿子一退了之，但迟迟不给切实的回音；莫斯科这边的官僚主义毛病好像更为严重。但没关系，他沉得住气，有耐心再等等。

费杰尼奥夫一直坚信《钢铁是怎样炼成的》必定能成书，可再三受挫，他有时也挺恼怒的。倒是尼古拉·奥斯特洛夫斯基，尽管也着急、憋闷，但说只要有一家不断然拒绝他，而是百般挑剔，提出修改的意见，自己就一定会认真修改，甚至推倒重来。那是最后一次决定性的机会，他必须紧紧抓住，必须激情满腔地力争获得准入证，堂堂正正地步入文学殿堂的大门。尼古拉甚至遐思悠远地表白，纵然往后的个人生活可能惨淡，他的心志却会越发坚定。有一

---

① 安娜·卡拉瓦耶娃·亚力山德罗夫娜（1893—1979），女作家、编辑。1931—1938年，任《青年近卫军》杂志主编。

第28章／终遇伯乐

回,说着说着,他思潮汹涌,朗诵般地大声呐喊:可爱的太阳会温馨地微笑,紧锁的眉头将徐徐舒展,只要心脏尚在搏动,生命绝对不会被扼杀!这些话语,此种神态,使得费杰尼奥夫的感情由愤怒转向沉静,又转向激越,并对这个额头已添皱纹的小伙子更加刮目相看。

此刻,费杰尼奥夫孩童般乐呵呵地想象着尼古拉听到喜讯,会高兴成什么样子。对了,别太急着告知佳音,狂喜也是一种强刺激。不行的,尼古拉不久前患肺炎,连续十二天高烧不退,体温最高达40度,只怕如今身子还虚弱,受不了这么大的刺激。得慢慢地,一点点地透露。瞧,前面就是苗尔特维胡同了⋯⋯

进得屋来,费杰尼奥夫面带微笑,跟尼古拉·奥斯特洛夫斯基的母亲奥里加打过招呼,便走到床前。尼古拉睁着两只毫无视力但清澈依旧的眼睛,伸过手来,正要发问,费杰尼奥夫已弯腰俯身,抚摸着他的手,轻轻地、缓缓地说话。先问他最近身体如何,然后以比较平静的口吻,把《青年近卫军》杂志编辑部来电的内容讲了一遍。尼古拉脸上渐渐露出灿烂的笑容,抓住费杰尼奥夫的手,愉快地表示:"这毕竟是我的处女作,缺点一定很多。它没被枪毙,没被认为毫无文学价值,对我而言,简直就像是一次革命取得了成功。"

尼古拉的妻子拉依萨此时在上班。母亲奥里加听清了儿子和费杰尼奥夫的交谈,满心欢悦,跑到隔壁,把出过大力的邻家女孩加利娅拉了过来。

尼古拉听见响动,快乐地对女孩说:"你知道了吧?亲爱的加利娅,书稿被采用啦!我搞创作的种种困难,你是亲眼看到了的。我的情况,你知道得很多,如今你简直成了我家的一员。生活之门在我面前敞开了。瞧,加利娅,我已经起步走⋯⋯"他情不自禁,哼起了从母亲那儿学来的、诙谐的民歌《赫瑞秋，快去干活》。略带暗哑的嗓子和不无夸示、故作怪异的抑扬顿挫，引得大家哑然失笑。

数日后，即1932年2月21日，柯洛索夫由费杰尼奥夫引领，前来探视尼古拉·奥斯特洛夫斯基。

柯洛索夫已经晓得这位作者既瘫痪又失明，可当下一见，仍暗暗惊讶。

僵卧在床的尼古拉，前额阔大，浓密的栗色头发向后梳着；虽然是位盲人，可双目并不呆滞无神，而是明明亮亮的，似乎亲热地注视着来客；躯体动弹不了，却仿佛正全身前倾，要表示真诚的欢迎；脸虽瘦削，并且仍带病容，但此刻因笑得灿烂而让人觉得亲切可爱。尼古拉伸出一只手去，使劲地跟柯洛索夫握了握，请他坐下。

和这样一位作家面对面，柯洛索夫心中不由再次激荡起一股钦佩之情。他回忆着刚刚细读过的《钢铁是怎样炼成的》第一部的内容，整理了一下思绪，便侃侃而谈了。

首先，他赞赏作品主题鲜明、描摹精准、人物形象真实可信，故事情节引人入胜，文字也鲜活畅达，毫不佶屈聱牙，使人看了第一部就渴盼第二部，渴盼进一步了解主人公的生命轨迹如何曲折延伸。接着，柯洛索夫真心实意地对尼古拉·奥斯特洛夫斯基说："书稿确实写得很好，你具备这方面的创作才能。我个人深受感动。"

柯洛索夫明确地说明自己是代表《青年近卫军》杂志编辑部，同时也代表青年近卫军出版社前来的。这部稿子，在作家俱乐部获得大家的一致好评。杂志编辑部目前没有类似的稿件，所以已经决定：只要作者同意，作品将尽快在刊物上发表，随后由青年近卫军

第28章 / 终遇伯乐

出版社出单行本,也顺理成章。

接着,柯洛索夫高兴地表示,自己会介绍一些作家跟尼古拉·奥斯特洛夫斯基认识,还要在正式出书前吸收他为莫斯科无产阶级作家协会会员。只是有一点——书稿得做些修润。杂志编辑部内,由柯洛索夫负责整个稿子的审订。

这位副主编关切地轻声探问:"请明确地告诉我,您本人是否有精力根据编辑部的提示,来着手修改原稿?只要您同意,我们可以找人帮您修改的。"

在这方面,柯洛索夫心中有数。年轻的作家通常都乐意接受这样的协助。不料,奥斯特洛夫斯基不假思索,一口婉拒。他说自己乐于听取意见,乐于听取批评,渴望向别人学习,但修改稿子这件事,他只能自己来做。

柯洛索夫尊重作者本人的意愿。

骤然听到佳音喜讯,尼古拉亢奋得彻夜未眠。凶猛的肺炎再度侵袭,又是多日高烧不退。费杰尼奥夫竭尽全力,协助联系各方。资深医生登门,精心治疗……

直至尼古拉的症状有所减轻,费杰尼奥夫和柯洛索夫才再次一同登门,具体商谈小说的发表和出版事宜。

尼古拉·奥斯特洛夫斯基表示同意签约。柯洛索夫当即预付200卢布稿酬,说先增加些营养吧。这真好比雪中送炭。那时候,所有的食品,包括牛奶、黄油等等,都得去黑市出高价购买。

柯洛索夫告诉尼古拉,签妥合同那天,他会拿到1000卢布,全部稿酬为2000卢布,将在8月1日(为纪念共青团诞辰而定的出书日期)后付清。考虑到尼古拉的健康状况,签约事宜可由费杰尼奥夫作为全权代表,去出版社办理。

大约过了二十天，尼古拉写信给好友日吉廖娃说：一贫如洗的、经常忍饥挨饿的日子"到此结束"了。

就在这年的10月2日，他在给日吉廖娃的另一封信中说，自己在艰苦地写着《钢铁是怎样炼成的》第二部，困难重重，但决不会半途而废，同时告诉对方："我拒领抚恤金了，钱够花了。"

然后，尼古拉基本上战胜了凶险的肺炎，约请柯洛索夫和费杰尼奥夫来他家，一同仔细地校阅小说《钢铁是怎样炼成的》第一部。

尼古拉·奥斯特洛夫斯基表示，要认真修改，让作品能够帮助青年读者更了解生活，懂得往昔，珍视当下，展望未来，从而像一个优秀的共青团员那样工作和生活。

柯洛索夫首先提出了一个更换名字的意见。

原来，长篇小说里的重要人物——少年保尔的女友，在初稿中名叫"伊拉"。尼古拉说，这是因为他在一些旧小说里看到，有钱人家的小姐，不知何故，往往名叫伊拉。柯洛索夫建议改掉，尼古拉笑着一口答应了。因此，后来读者看到的这个角色，名叫冬妮亚。

讨论和修改还在继续。人物性格、情节发展、场景设置、对话口吻，方方面面，都经受了一次检查。自己怎么会杜撰了这么些多余的字句，当然得删除；怎么会使用了如此不恰当的比喻，也得删掉！哦，这儿："火车头的眼睛，竭力要穿透黑暗，但是被浓重的夜幕挡住，只能照出十来米远。""火车头的眼睛"？又不是给学龄前儿童讲童话故事，应当改成"车灯"或"车前灯"！

不少中肯的意见，尼古拉都欣然接受，立即纠正。

也有一些时候，柯洛索夫提出要删去某一段内容，认为这样才简洁些，尼古拉不以为然。他觉得，这内容有生活依据，自己反复思索才如此铺陈的，而且不可或缺，是为后面的情节发展设下的伏

第28章 / 终遇伯乐

笔。遇到这类情况，尼古拉总是能够坚持己见，说服柯洛索夫。

费杰尼奥夫自认为是文学领域的门外汉，不随便置喙。不过，偶尔也会从另一种视角提出参考意见。修改进行得辛苦、欢愉而富有成效，不久便完成了。

紧张的工作耗损着尼古拉所剩无几的精力。肺炎又一次发作，他咳嗽猛烈，还咯血了。他喘个不停，胸腔里简直像在拉风箱。

党组织决定，送病体难支的尼古拉去索契的红色莫斯科疗养院，由母亲奥里加陪护。

6月27日，尼古拉·奥斯特洛夫斯基启程迁居南方，打算在索契居住到深秋。

亲友们送尼古拉到火车站，并把他抬进车厢。小桌上已放了一本崭新的杂志——1932年第四期的《青年近卫军》。没错儿，里面登载着《钢铁是怎样炼成的》第一部的开头两章。

车窗外，亲友们在挥手送别。费杰尼奥夫举起手杖，轻敲窗框，大声嘱咐："孩子，多保重，要好好休息哦！"

索契市。

红色莫斯科疗养院。

出生于西伯利亚的年轻人贝欣内夫走进大门，碰见一位医生便说，他是从团区委来的，要探视尼古拉·奥斯特洛夫斯基。

"有这个病员，才来不久，可体质很差，你们只能谈五分钟……"

在有两扇窗子的大房间里，贝欣内夫见着了身穿病员服的奥斯特洛夫斯基。

"我叫贝欣内夫，团区委书记让我来看看你。听说你是位作家，是吧？"

尼古拉瘦削的脸上漾出快乐的笑容，他伸出手来，和客人握握，说："太好了，太好了，我在这儿人生地不熟，正等着你呢。咱们这就聊聊吧。"

于是，尼古拉询问索契市共青团组织的大致情形，近两年吸收的、特别年轻的新团员多不多，最近在搞些什么活动等。接着他说，自己要写东西，可这儿的环境并不合适。

尼古拉为什么这样说呢？原来前日，天气晴朗，阳光和煦，他躺在宽敞的阳台上，凉飕飕的海风吹来，轻柔地扑打着脸庞。上是蓝天白云，下面的绿草地上，飘飞着人们舒缓的交谈声、女性爽朗的欢笑声，病房里，另外两个病友在轻声聊天……完全是南方疗养地的蓬勃生机、温婉氛围。初来乍到的尼古拉，知道母亲奥里加去找医生咨询去了，便想呼叫护士来帮忙，把他推进去，好跟两个病友一同闲聊。就在这时候，有一群穿戴时新的人，勾肩搭背，哇啦哇啦地笑笑闹闹，沿着长廊走来，瞥见这边人少，竟穿过病房，拥进阔大的阳台，对躺着的尼古拉视而不见，旁若无人地大呼小叫，还肆无忌惮地发出怪笑。尼古拉听出来，这伙人当中有小官僚、小老板、小混混，发了点儿小财，胡乱吹嘘发酒疯。他们出口便是恶俗的笑话、黄色的故事，仿佛一个个污水坑，散发出浓重的臭味和毒气，令人作呕。听得出，其中还有共产党员哪！

尼古拉十分恼火，脑子里闪出一句俗语：你让猪猡坐到桌旁，它会把腿搁到桌上。他正要发作，使这些家伙收敛一些，不知怎么的，这伙人又闹闹嚷嚷地一拥而出，转眼儿连人影带闹声全都消失了。残留的刺鼻酒气，表明方才的一幕丑剧确曾出现。

这是怎么了？疗养院该是清静之境，怎容骚扰？必须进行规劝、教育、惩罚……据两个同室病友说，疗养院领导碰上这种人，竟一筹莫展，能躲则躲。真是怪现象！

第28章／终遇伯乐

这些人,这些事深深地印在了他心中。对,身为作家,我要在《钢铁是怎样炼成的》第二部的"阴暗处",以犀利的文学语言予以抨击。这是义不容辞的责任。我自己在严酷的生活环境中成长起来,文化不高,修养不够,并不文质彬彬,但也不粗野。这些自诩为共产党员的家伙,身上、嘴里,怎么都臭烘烘的!

贝欣内夫的到来,让尼古拉有机会一吐块垒。

头一回,贝欣内夫就跟尼古拉谈了半个多小时,接着还多次前来,和尼古拉聊天,帮他做了不少事情。二人成了要好朋友,分享烦恼与快乐。

尼古拉夸赞他:"当初,我在前线就接触过西伯利亚人。你们特别讲义气,答应了干件什么事,就一定会干好,即便粉身碎骨也会完成。身旁有这样的朋友真好。"

这些日子,尼古拉的高兴事儿也不少。《钢铁是怎样炼成的》第一部正顺利地在《青年近卫军》杂志上继续连载。费杰尼奥夫代表他,与青年近卫军出版社正式签下合同,要出小说的第二部。费杰尼奥夫还代表尼古拉一口答应人家,第二部的质量一定会超过第一部。这么着,尼古拉的心理压力自然加大了。他决心要调动十三年来党赋予自己的力量,写好作品。纵然躯体背叛了,可强烈搏动着的心脏并未背叛,头脑也清明。不眠之夜,脑海中经常映现出场景和人物。

那天夜晚,尼古拉·奥斯特洛夫斯基又失眠了。回忆起不久前,尚在莫斯科时,《青年近卫军》杂志主编卡拉瓦耶娃登门探视的情景,他不禁再次激动起来。

1932年4月2日,春寒料峭,卡拉瓦耶娃来到苗尔特维胡同12号二楼。

当时,这幢房屋总共只有两层(后增高至四层)。所谓二楼二室，前面已经说过，实际上是狭长的半间屋子。上上下下，住户不少。此刻，长廊里，大人小孩，叫唤吵闹，还有奔走的脚步声，乱哄哄的。不知哪个房间还传出缝纫机的嗒嗒声，像开机关枪，整个环境便显得越发嘈杂喧嚣。

卡拉瓦耶娃头一个走进屋子，只见屋内陈设简陋，几乎可称家徒四壁。床上躺着个年轻人，一动不动，孱弱而无助的样子，旁边也没有别人。卡拉瓦耶娃想先不打扰了，改日再来吧，她正要转身退出，却见一位老妈妈迎面过来，同时背后响起年轻人的声音："妈妈，谁来了？"

卡拉瓦耶娃自报名字。

"啊！太好了。请过来，请过来！"奥斯特洛夫斯基似乎呆滞的面容顿时生动起来，他招呼着，露出一口洁白的牙齿。

他早就听说过，主编卡拉瓦耶娃还是一位著名的作家，成果累累，主要作品有中篇小说《厢房》（1923）、《驯熊的地方》（1925）、《运木船》（1928）等。卡拉瓦耶娃不仅细读过《钢铁是怎样炼成的》，对其作者尼古拉·奥斯特洛夫斯基的经历也已有所了解。

初遇恰似重逢。相差11岁的两个人谈得投机，兴味浓浓。尼古拉忘了自己大病初愈，不宜长谈。为了获得更多的中肯意见和直率批评，他先叙述了自己创作《钢铁是怎样炼成的》第一部的情况，进而又谈了第二部的构想，甚至很详细地介绍了一些重要的情节。接着，他显然颇为急切地想探问，小说中的主要人物给卡拉瓦耶娃留下怎样的最初印象。卡拉瓦耶娃明白无误地表示，杂志编辑部认为，保尔·柯察金是时代的艺术典型。

这么直截了当的高度评价，使尼古拉惊喜万分，但他并未陶醉，他轻声打断了她："咱们先说好，别出于好意安慰我。只管对

第28章 / 终遇伯乐

我直言不讳，尖锐地指出所有的缺点好了。我可是一名军人……"

随着交谈的深入，卡拉瓦耶娃清晰地意识到，自己探访的这位作者，不仅身残志坚，勇于和凶狠的病魔搏斗，而且已阅读过大量名著，潜心思索，有所领悟，绝非一般读书不多的文学爱好者可比。同时，她也感觉到，这年轻人是通过零敲碎打的方式获取知识的。因此，她开始讲述俄国乃至西方文学中不同时代的一些典型人物；讲述天才的作家们是如何精心塑造人物形象，通过他们的思考、言语和行动，反映历史风云、时代潮流与民族气息。例如，普希金塑造的叶甫盖尼·奥涅金、屠格涅夫①塑造的罗亭、歌德②塑造的维特、狄更斯③塑造的大卫·科波菲尔、伏尼契塑造的"牛虻"、高尔基塑造的巴威尔……

卡拉瓦耶娃相信，保尔·柯察金这一艺术形象，具有独特的人格魅力，跻身于上述"前辈"之列丝毫不会逊色。这样一个年轻人，体内聚积着无穷的力量，心中蕴藏着不灭的烈焰，满怀必胜的信念，投身于为人类争取自由和幸福的斗争。

"这么说来，您非常喜欢我笔下的保尔？"奥斯特洛夫斯基一脸灿烂，"也喜欢其他年轻人？……好哇，我归队了！前方呈现着多么美好的生活！"

"如果你不太累，我们不妨聊聊俄罗斯文学，着重谈谈车尔尼

---

① 屠格涅夫（1818—1883），俄国作家。主要作品有《猎人笔记》《罗亭》《贵族之家》《前夜》《父与子》《处女地》等。
② 歌德（1749—1832），德国诗人、小说家、戏剧家。主要作品有《少年维特之烦恼》《浮士德》《赫尔曼与窦绿苔》《列那狐》《亲和力》等。
③ 狄更斯（1812—1870），英国小说家。主要作品有《匹克威克外传》《奥列佛尔》《尼古拉斯·尼克尔贝》《老古玩店》《马丁·朱述尔维特》《董贝父子》《大卫·科波菲尔》《荒凉山庄》《艰难时世》《小杜丽》《双城记》等。

雪夫斯基①的《怎么办?》和高尔基的《母亲》。"

"我不累。请讲,请讲。这两本书我都看过。"

基辅罗斯这个古罗斯国,崛起于公元9世纪。独立的古代俄罗斯文化,是以东斯拉夫各部落丰富的文化遗产为基础,并吸纳一些非斯拉夫部落的文化因素而形成与发展的。文化遗产中的民间口头创作,对后世的文学具有深远的影响。英雄壮士歌谣——壮士歌,于公元10世纪前夕大量涌现,迅速发展为民间口头创作的巅峰。以古俄罗斯文进行创作的书面文学,源于民间口头文学。《伊戈尔远征记》被公认为古代俄罗斯文学中最杰出的作品,其主旨为呼吁团结一致,抵御外侮。从此,爱国主义成了俄罗斯文学最主要的传统思想,千百年来,继承、绵延、嬗变,生发出自我牺牲精神,还有崇高的理想、纯洁的道德、深邃的思考等特质。

《怎么办?》是19世纪中叶文学领域的纲领性佳作。它对俄国当时的民主青年产生了积极的思想影响,而且被视为"生活教科书"代代相传,后世的进步青年和革命人从中汲取"精神力量和对美好未来的信心"。

尼古拉·加夫里洛维奇·车尔尼雪夫斯基出生于萨拉托夫的一个牧师家庭。他18岁考入彼得堡大学历史语文系,求学期间便逐步确立了革命民主主义的观点和空想社会主义的思想。23岁返回萨拉托夫,任中学语文教师。25岁又前往彼得堡,先为《祖国纪事》杂志撰稿,后去《现代人》杂志编辑部工作。他发表了许多重要的哲学、美学与文学论文,并出版专著。与此同时,车尔尼雪夫斯基投身于秘密的革命活动,曾指导过革命组织"土地与自由社"。

---

① 车尔尼雪夫斯基(1828—1889),俄国革命家、哲学家、作家、批评家。代表作为《怎么办?》。

第28章 / 终遇伯乐

19世纪50年代末60年代初,车尔尼雪夫斯基已成为俄罗斯的革命思想领袖,因而遭到沙皇政府的迫害。1862年7月被捕,入狱将近两年。从当年的12月起,他耗时四个月,在狱中写成长篇小说《怎么办?》,引起强烈的社会反响……在它的引导下,成百上千的人变成了革命家。这部小说描写了一些"新人",他们是登上历史舞台的平民知识分子,只因受到恶劣环境的限制,不得不以"未婚妻"来隐喻革命,憧憬着"光明、温暖和芳香的"未来。作品着力刻画了一个"特别的人"——拉赫梅托夫,作者称他为"优秀人物的精华"。

高尔基原名阿列克谢·马克西莫维奇·彼什科夫,父亲是木匠。高尔基进行革命宣传活动,参加进步工人的秘密小组。21岁被捕,获释后,长期受到警察的监视,但仍继续从事革命活动。他24岁开始发表作品,30岁出版两卷集《随笔与短篇小说》,轰动俄国文坛,饮誉全欧。长篇小说《母亲》塑造了巴威尔·符拉索夫这样一个工运领袖形象。高尔基告诉列宁,《母亲》是他匆匆忙忙写出来的。列宁立即表示:"赶写得很好。这是一本必需的书。"

这些文学方面的知识与观点,尼古拉·奥斯特洛夫斯基并非一无所知,但确实仅仅晓得一鳞半爪,此时得到卡拉瓦耶娃的点拨,仿佛理出了一根红线,头绪清晰。杂志主编的和蔼态度,又使他感到亲切和惬意,觉得自己有幸遇到了一位文学辅导老师。

卡拉瓦耶娃接着说,她想谈谈拉赫梅托夫、巴威尔·符拉索夫和保尔·柯察金这三个人物。尼古拉吃了一惊。自己正在写的保尔,怎么能和两个公认的文学典型人物相提并论呢?作为经验丰富的作家与编辑,她这样讲述,是为了鼓励初出茅庐的自己,还是真的认为如此比照,的确不会使保尔"黯然失色"?

卡拉瓦耶娃娓娓道来——

拉赫梅托夫、巴威尔与保尔,无论出身、经历,无论思想、行动，都各不相同，各具时代和个人的特点，然而，其间仿佛由一根无形却坚韧的线连接着，表现为一种亲缘般的传承关系。

三部作品都反映了特定时代的先进思想，赞颂了特定时代的先进人物，政治倾向与艺术特色都十分鲜明。

三个人物形象都怀着崇高绚烂的革命理想、目的明确的学习态度和艰苦卓绝的践行精神。

拉赫梅托夫出身于贵族家庭，从小锦衣玉食，四体不勤，但下定了为革命事业献身的决心后，就完全变了样。他衣着朴素，甚至显得"很寒酸"；只吃黑面包，不吃白面包；深入民间，种庄稼、做木匠、划渡船，甚而当纤夫，走遍伏尔加河流域。巴威尔是革命工人的光辉形象，他和同志们一起，不怕恫吓，不怕迫害，坚持斗争。保尔·柯察金自幼备受苦难，但面对病魔死神，毫不畏怯，奋勇拼搏，因为他胸怀凌云壮志，誓将"整个生命和全部精力"，"献给世界上最壮丽的事业——为人类的解放而斗争"。

拉赫梅托夫读书，求深求精，联系实际，行万里路。他只身出国旅行，去过罗马尼亚、匈牙利、德国、奥地利、瑞士、法国、英国……放眼世界，接触不同阶层不同阶级的人。巴威尔大量阅读，勤奋钻研，"好像蜜蜂从一朵花飞到另一朵花上似的"。保尔自学，如饥似渴。在部队时，利用战斗间隙，为战友们读《牛虻》；在筑路工地上，带头苦干，劳累过度，又患伤寒，九死一生；后来返回铁路工厂上班，"每天晚上，保尔都在公共图书馆里待到深夜"。病残日益严重，他告诉哥哥："现在我的生活就是学习。读书，读书，再读书。"这样的苦读猛攻，使他陷入瘫痪、失明又体弱多病的困境后，有可能开始文学创作。

在恋爱与婚姻方面，拉赫梅托夫、巴威尔和保尔也曾有过类似的言行。拉赫梅托夫邂逅一位女性，彼此心仪，可他坦言："我必

第28章 / 终遇伯乐

须抑制住心中的爱情……我不应该恋爱。"巴威尔视婚恋为畏途，害怕家庭变成包袱、累赘，消磨斗志。保尔也一度这么思索："爱情给人带来多少烦恼和痛苦，难道现在是谈情说爱的时候吗？"这样的观点显然偏激，但19世纪中叶至20世纪30年代相继出现的"新人"中的佼佼者，包括思想领袖和普通一兵，他们忠于崇高理想，献身革命事业的执着坚贞，确实令人怦然心动，钦佩之情油然而生。

卡拉瓦耶娃话锋一转，意在鼓励地说："保尔是你以自己为原型创造的人物，他身上的一些特质，你同样具备。因此，你不仅是我们的作者，而且值得我们学习……"

尼古拉·奥斯特洛夫斯基听着卡拉瓦耶娃的恳挚分析，既振奋又惭愧，他赶紧接过话头说："不不不，您千万别这么讲。我总在担忧，自己不能凭着两条健壮的腿站立，不能成为一名精力充沛、勇往直前的斗士。我、我钢铁般的意志不够，经受生活悲剧的毅力不够，忍住肉体痛苦的定力不够，胸中熊熊燃烧的热情不够……"

卡拉瓦耶娃不由笑了："你千万别这么谦虚。我知道你经历了太多太多，曲曲折折，坎坎坷坷。思想有反复，情绪多变化，这很正常。我所说的话，都是发自内心的。"

卡拉瓦耶娃告辞后，奥斯特洛夫斯基思绪万千。他这体质啊，紧张、兴奋、惊喜、深思，又累了，又撑不住了。肺炎，高烧，让他似醒非醒地躺了两个星期。

回忆之线，逐渐淡化、消失了。

为数众多的良师益友中，柯里佐夫是不容忽视的。而他关注尼古拉·奥斯特洛夫斯基，则是由于卡拉瓦耶娃的介绍。

第29章 良师益友

在红色莫斯科疗养院,尼古拉·奥斯特洛夫斯基住了没多久,便离开了。当地政府分配给他一间住房,贝欣内夫和几个共青团员热心地帮他们母子搬迁过去,安顿下来。

尼古拉离开疗养所,没什么留恋。那里的氛围有点儿恶俗,加之最近又遇到一个小状况。

7月下旬的一天,天气晴朗,阳光和煦。尼古拉·奥斯特洛夫斯基躺在阳台上,海风吹来,他感到很舒适。一位病友在为他朗读小说《蓝盈盈的河湾》,这是安娜·卡拉瓦耶娃的作品。因为熟悉和尊敬这位女作家,尼古拉听得分外认真。这时,有个中年人进来,自称是本地的一位作家,来找他聊天。遇到同行,尼古拉很高兴。谈谈说说间,挺自然地提起《蓝盈盈的河湾》的作者安娜·卡拉瓦耶娃。中年作家说自己认识这个女作家。尼古拉颇感兴趣地问:"您认为她最大的优点是什么?"

"哦,这个女人漂亮哦。要说她不漂亮,那咱们所有的女作家,没有一个能算得上漂亮的了……"

此人的油腔滑调,一下子暴露了他内心的龌龊。尼古拉因他亵渎了自己十分敬重的作家和编辑卡拉瓦耶娃而面露愠色、闭目无

第29章／良师益友

语。此人颇觉无趣,只得讪讪地走开了。

现在,尼古拉居住在索契市滨海街18号8室,离大海不远,挨着一家图书馆。原住的红色莫斯科疗养院也近在咫尺。滨海街行人稀少,非常安静,并且直通滨海公园。大海上时时传来浪涛拍岸的声响,送来腐草和海盐的气味。

早晨,由淳朴的邻居们帮着,母亲奥里加用藤床把尼古拉抬进院子,让他躺在一棵粗大的老橡树底下。

为人谦顺的奥里加同邻居们相处和睦。大家愿意出把力,帮她照料重残又多病的尼古拉。

就在7月26日,尼古拉从索契写信到莫斯科,向邻家女孩加利娅透露了要赶快写《钢铁是怎样炼成的》第二部的迫切心情,也突显了他视创作为生命的积极态度:"我没有权利旷日持久地装病什么的,像个懒洋洋的娇小姐……从8月2日开始,我将百分之百地健康。我离开疗养院,不再病病歪歪,得工作了。决不能磨磨蹭蹭。要赶紧生活,即写作。"

每日清晨,母亲把有镂空格子的硬纸夹,夹上一些白纸,放到他微屈的膝盖上,或右手旁,再放几支削好的铅笔,尼古拉便赶紧开始工作。

这天,邻居家的一个小女孩独自在院子里玩。她跳跳蹦蹦地过来,随即静静地站在近处,好奇地看尼古拉·奥斯特洛夫斯基摸索着写字,样子挺怪异。尼古拉眼睛不看,手顺着硬纸板的镂空格子往前写,嘴里还一句句念着,每每带着感情,或平和,或亲昵,或凶狠,或阴冷。

此刻,尼古拉已经觉察到这早已熟悉的小女孩站在近旁,便轻声问:"我没有在同一行内写两次吧?"

"没有,尼古拉叔叔。"有大人问,小女孩挺开心。她认真地捡起几张扔在草地上的、写满铅笔字的白纸,仔细检查过,才回答。"在同一行内,您都只写了一次。"

另一家邻居——年轻的任尼亚,是个司机。尼古拉遇到,会向他请教一些汽车方面的问题,比如"福特"牌的、"雷诺"牌的,外形怎么样,性能又如何。作家应是杂家,进行创作时,什么知识都可能派上用场。

有时候,尼古拉不断地写,不断地写,累得不行时,他会搁下铅笔,深长地呼出一口气,竖起耳朵,倾听不远处大海的波涛声、过往轮船的汽笛声,也听到了风吹枝叶的簌簌声。在他,这便是片刻的休憩了。

如今,贝欣内夫不仅自己来,还常常带着别的团员前来,跟尼古拉·奥斯特洛夫斯基聊天,帮着做些事。贝欣内夫有点儿绘画基础,他多次凝视着、研究着尼古拉的脸庞,萌生出一种要用铅笔画一张速写的冲动,但他自知画技还差,迟迟未敢动笔。

天色渐渐晚了,不多时已暮霭沉沉。尼古拉微笑着问:"八成儿又到了钻进火柴盒的时候了吧?"

他管自己的那间小屋叫"火柴盒"。

可刚被抬进屋子,他就心情急迫地盼望黎明快些来临,以便继续写作,让《钢铁是怎样炼成的》第二部早日面世。

8月上旬,他写信给莫斯科《青年近卫军》杂志的主编安娜·卡拉瓦耶娃,满怀喜悦地报告:"我正抓紧时间生活,以免将来为蹉跎岁月而感到惋惜","有力气劳动,而且大脑'雪亮'——这就再好不过了"。

天气依然炎热,但尼古拉·奥斯特洛夫斯基不肯多休息,字母、单词、句子,不断地出现在纸页上。分分秒秒,时时刻刻,意志在经受砥砺,生命在创造奇迹。

第29章 / 良师益友

这天，已近夜半，不知怎么的，仍旧燠热得很，尼古拉难以入眠，索性静静地想象着，继续编织故事情节，描绘特定场景，让人物讲出该讲的话，实际上是他本人在喃喃自语。睡在同一间屋子里的母亲奥里加梦中惊醒，侧耳细听，借着朦胧的夜光窥视。只见儿子颧骨突起的脸上，神情呆滞，惨白瘆人，嘴里还不住地咕咕哝哝。

母亲两步便走到了床前，伏下身子观察尼古拉。

儿子感觉到了，也明白妈妈在担心什么，所以面露微笑，细声柔气地安慰她："妈妈，别怕。我没晕过去。老妈，你睡吧，我再工作一会儿。"

尼古拉发现，夜间比白天更适合写作。他在信中告诉加利娅，他有时改为"上夜班"，黎明即睡。夜间宁静，没有声响，情景如电影般闪现，人物和场面不断呈露。保尔·柯察金，已经傻乎乎地击碎了自己对丽塔的感情，被派往修建铁路的工地，为抢运木头而在冰天雪地里拼死拼活地苦干。狂风怒号，雪团扑面，奥尔利克匪帮在周围出没，传来几乎难以分辨的脚步声……

索契市政府关注尼古拉·奥斯特洛夫斯基这位情况特殊的作家，重新调拨了一处住房给他。如今他住在胡桃大街，面积由原来的9平方米增至18平方米，共两间屋子了。

贝欣内夫仍然常来，帮尼古拉朗读他已写好的段落。对方仔细听着，不时嘱咐做些增删和修润。大概怕这个年轻的共青团员不太理解，所以尼古拉说："你可别笑话我。我就像忍着痛苦生儿子的妈妈一样，盼着孩子早日出生。"

时令已至秋末，尼古拉的写作有时不得不中断。除了劳累过度，另有一个原因：他渴盼成书的《钢铁是怎样炼成的》第一部至今尚无样书寄来，他心头牵挂，焦虑得很。原定8月1日见书的，出版社一再延期，直至11月下旬图书才面世。由莫斯科寄往索契的第一本样书,邮递员送到尼古拉的住所时,已是12月22日。

打开大信封,果然是《钢铁是怎样炼成的》第一部的样书,灰色的细棉布硬封皮,飘散出淡淡的油墨清香。

尼古拉·奥斯特洛夫斯基内心激动,手指不由自主痉挛般地微微颤栗,说话声音低得连正在床边坐着的贝欣内夫也听不清楚,但看手势,他猜出了尼古拉是要摸摸新书。贝欣内夫把书递到他手里。尼古拉用纤细的指头抚摸硬封皮。忽然,丧失视力但明亮依旧的眼睛眨了两下,仿佛发觉了什么。原来,手指头在硬封皮的底边处摸到一条槽儿。这是什么呀?怎么是凹下去的呢?再仔细地来回摸,噢,长长的,窄窄的。他前额的纹路皱起来了,显然在深思苦索。

哈哈,豁然开朗!他蛮有把握地说:"是一柄刺刀吧?"

灰色的细棉布硬封皮上,斜斜地刻印着一柄银白色的刺刀,还有一根小树枝。

"哦,太妙了!这不就是保尔·柯察金在写给哥哥的信里提到的那柄刺刀吗?"

得知印数是10000册,他更兴奋了:"哦,10000册!这就等于说,又有10000柄新刺刀投入了为社会主义而战的部队!"

尼古拉反反复复,抚摸封皮,抚摸书页,不断地探问字体怎样,纸张如何,甚至还询问了封面设计者是谁。得知是杰赫基列夫,便说真想写封信致谢。

书刚出版,尼古拉·奥斯特洛夫斯基便盼着有反响,有批评意见。他希望批评家们能从四面八方炮轰,说批评就是帮助——帮助改正错误,还能引导缺少经验的作者继续写作。

果然,很快,青年近卫军出版社自己出的两种小册子——印数不超过5000册的《年轻人的书》和印数不超过3000册的《文学作

第29章 / 良师益友

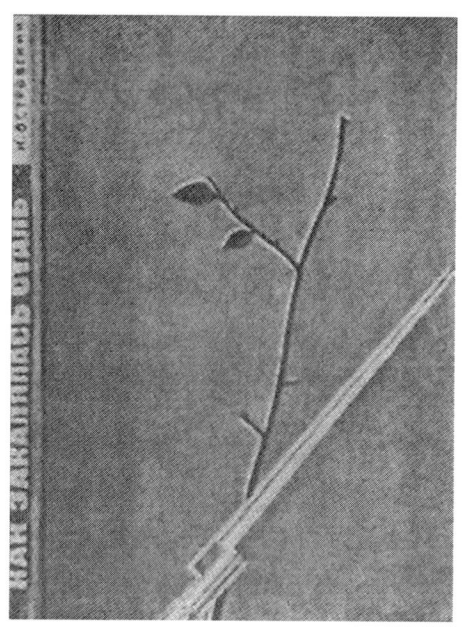

《钢铁是怎样炼成的》第一部的封面。

品》,都刊发了关于《钢铁是怎样炼成的》及其作者的短小评论。《年轻人的书》1932年第12期,登出柳比莫夫的文章《在共青团文学的积极分子行列中》,说人们读奥斯特洛夫斯基的书,会兴味浓郁,并深受感动。同年《文学作品》第35—36期合刊,登出勃科夫斯基的文章《一本激情洋溢的、战斗的书》,称《钢铁是怎样炼成的》这"长篇小说感情色彩鲜明的第一部,出色地表达了国内战争期间布尔什维克青年的英雄主义特质",指出这本书"值得在广大青年中宣传推荐",希望青年作者"更好地掌握文艺形式的复杂性",期待"小说的第二部在文学技巧方面能更上一层楼"。这些评语,字里行间充溢着善意。另有一本小册子,"拉普"(俄罗斯无产阶级作家协会)的机关刊物《成长》,也有相关的评述。

面对种种反响,尼古拉·奥斯特洛夫斯基的态度是欢迎和高兴。保尔·柯察金的言谈举止，读者们知晓、接受和喜爱了。书评也指出作品存在缺点，文字方面还有不洗练甚至不通顺的地方，要下功夫修改。这样的批评过于笼统，不疼不痒，尼古拉觉得不解渴，不过瘾，不满足。他告诉日吉廖娃：关于我的书，有了一些评论文字，人家没怎么责难。《青年近卫军》杂志即将刊登一篇重要的、有分量的文章。我期待着。①

是的，作为初出茅庐的年轻作家，奥斯特洛夫斯基渴望看到切实的、一针见血的批评，别蜻蜓点水，似有若无。比如说，究竟缺点在哪里，哪些字句拖泥带水或佶屈聱牙。要具体指出，才便于作者思考、理解、接受，需改则改，该删则删。

第一部作品面世，尼古拉颇受鼓舞，更积极、更努力地续写第二部。

近日，哥哥米佳的小女儿济娜②正在这里做客。她才9岁，可她也晓得尼古拉叔叔在做一件挺重要的大事，所以她人虽小，也尽量出力帮忙，念报念书。有时叔叔设想好了一段文字，身旁没别人，这小姑娘会自告奋勇，让叔叔口述，她记录。当然，是小孩子的字体，写得也慢。俄语的拼写每每不正确，难免错别字连篇。可济诺齐卡的乌克兰文，发音相当准确、流利，帮尼古拉叔叔念乌克兰文书报，是她的强项。

那时候，妻子拉依萨远在莫斯科，作为厂里的生产突击手和培养对象，她并未陪同丈夫来索契，尼古拉也不赞成她脱离工厂，脱离生产。不过，最近拉依萨接受任务，参加一个代表团，出差去敖

---

① 当时有传言，高尔基要写文章评论一些青年作家的作品。实际上，高尔基因病未能撰写此文。
② 济娜·奥斯特洛夫斯卡娅（济诺齐卡），尼·奥斯特洛夫斯基的侄女，此时尚小。后来她投身于卫国战争，负重伤，1945年2月18日去世。

第29章 / 良师益友

德萨。厂领导给她四天假,让她到索契探亲。

这天下午,两口子在房间里聊天。拉依萨站起身来,正要挑本书,给尼古拉念念,济诺齐卡一阵风似的奔进来,嗨嗨地大笑着说:"婶婶,您来了,这可太好啰!叔叔把我折磨得好苦!他老是硬让我读啊念啊,没完没了……"

"行了行了,我的秘书同志,以后再诉苦吧。这会儿先把咱们昨天念过的那本书拿来。"

济诺齐卡跑近书架,找也不用找,利索地抽出一本书,塞到尼古拉手里,旋即箭一般地冲出门去了。

尼古拉疼爱之情溢于言表,他告诉妻子:"真是个小淘气!蛮像我小时候。她一天到晚,急急忙忙,跑东跑西。邻居们来告状,说她打了邻家的小女孩,甚至敢揍小男孩!她是受不得半点儿欺负的!在她眼里,我写的有些内容可能枯燥无味,还是找同龄小朋友玩儿有劲。"

此时,尼古拉好像想起了什么,忽然笑眯眯地又说:"你如果长久收不到我的信,就怪济诺齐卡好了。"

"怪她?"拉依萨一头雾水。

于是,尼古拉讲了一件事情:"有一回,妈妈把一封信交给济诺齐卡,让她投到邮箱里去。这孩子却投入了便门旁一只废弃的空箱子。过了许久,妈妈偶然发现了这封信,就问是怎么回事。济诺齐卡伶牙俐齿地回答:'奶奶,您让我扔进箱子的呀,又没说清楚是邮箱!'"

怎么回事儿呢?原来,在俄语口语中,邮箱也可以说成箱子,济诺齐卡贪省力,把信扔进了近处的废旧箱子,就跳跳蹦蹦地去玩了。嗨,小姑娘真是聪明又淘气!

痼疾非但没有好转,还在恶化。尼古拉写字越发困难了。他身边出现了不少热心帮忙的"秘书"——都是些年龄不同、文化水平迥异的普通人，不妨称之为那个时代自觉自愿、不取报酬的志愿者。先是一位家庭主妇——达西娅·列别西娜。由于身为"全职太太"，她说自己随时可以来帮忙。然后是：玛丽娅·米哈伊洛夫娜，发电站的出纳员；瓦西里·邦达耶夫，区执委会员工；玛丽娅·彼德罗夫娜，女大学生；卡莉斯塔·波雷兹热娃，退休老太太；尤·伊利伊娜，书店出纳员；雅·莎尔内，家庭主妇；米沙·切列莫内赫，共青团员……

他们大都文化程度不高，文学修养不够，但雪中送炭，帮忙不小，并大大鼓舞了处于困境的尼古拉。

索契市的党政领导对尼古拉·奥斯特洛夫斯基的关心是多方面的。

市执委会书记邦达列夫特地找来市立医院的一位主任医生——米哈伊尔·卡尔洛维奇·巴甫洛夫斯基，要他登门探视尼古拉·奥斯特洛夫斯基。邦达列夫知道尼古拉病残严重，痊愈无望，但认为善良、博学又谦逊的巴甫洛夫斯基医生登门诊治，可能会对尼古拉有所裨益。

《钢铁是怎样炼成的》第一部，已于1932年11月出版，第二部正在赶写，要到1934年9月才能面世。巴甫洛夫斯基医生于1933年2月首次探访奥斯特洛夫斯基。当时，年轻的残疾人作家尚谈不上有什么知名度。

这天，汽车驶入胡桃大街，在一栋住房前停住。巴甫洛夫斯基下了车，走向坐落在院子深处的简朴厢房。院子的右半部花草繁密。奥斯特洛夫斯基的住所由两个不大的房间组成。房屋低矮，光线较暗，里外两间，有框无门，张挂着帘子。外间小些，是他母亲和二姐卡佳的住室，里屋也不大，他本人住着。两扇窗户，朝向东

第29章 / 良师益友

北。一张床、两张桌子、几把椅子和一个书架,便是全部家当,俭朴到简陋的程度。

比巴甫洛夫斯基年轻得多的尼古拉·奥斯特洛夫斯基,躺在屋子正中的床上。浓密的栗色头发稍稍遮住宽阔的前额,双唇绽露亲切的笑意,失明的双目徒劳地努力着,想看清来客。

巴甫洛夫斯基在登门之前,已初步了解了患者的病史,知晓他的生活与工作。他心里明白,尼古拉对医务人员已产生了厌倦,甚至厌恶,这是可以理解的。况且,当时的医药水平,恐怕尚无法治愈他的恶疾,连阻止其发展也没有可能。作为医生,自己只能尽量减轻患者的痛苦而已。因此,巴甫洛夫斯基决定投其所好,先和这位作家谈论文学艺术,让对方觉得带劲,萌生亲近感、信任感,乐意沟通。

医生一进门,尼古拉就想知道他的模样。可自己失明了,看不见。好在医生走后,母亲和二姐为他描述了一番,让他尽可能如见其人。原来,巴甫洛夫斯基中等个儿,粗脖子,面容光洁,表情生动,明亮的双眸闪耀着善良与智慧的光彩。虽年近花甲,头发已呈银白色,但体貌神态显得比实际年龄要小得多。

交谈中,巴甫洛夫斯基很坦率地做了自我介绍。尼古拉知道了——

米哈伊尔·巴甫洛夫斯基出生于1874年,比尼古拉整整大30岁。父亲是中学教师,母亲为歌剧演员。他的幼年生活非常幸福,可惜不久后父母就离异了,他随父亲生活。读八年级的时候,父亲在冬季驾着雪橇横穿伏尔加河,不慎连人带雪橇掉进冰窟窿,淹死了。

巴甫洛夫斯基尚未完成学业,无以为生,只好课余做家教,再靠画画儿挣些钱。他刻苦学习,积极上进,1902年他28岁,毕业于哈尔科夫大学医学系。他不仅获得了医学专业的高等学历,还曾结业于法律学校,结业于音乐学校的声乐班。这位医生性格开朗,兴趣广泛,多才多艺。他写得一手好文章,在报刊上发表过通讯报道之类的短小文字;绘画方面也下过功夫;还是位收藏家,陆续搜求版画、邮票、古钱币、牙雕和瓷器,甚至收藏了伏尔泰①时期的龟甲烟盒,上面刻有伏尔泰的肖像和著作名称。作为军医,巴甫洛夫斯基曾两次立功,荣获嘉奖。1914—1918年,第一次世界大战期间,他担任68炮兵旅的主任医生,随军转战各地。1920年,红军从弗兰格尔男爵手中解放克里木时,他是一所野战医院的院长。

巴甫洛夫斯基属于这样一部分党外的俄罗斯知识分子,他们从十月革命初期开始,靠拢、追随布尔什维克,坚定地站在苏维埃政权一边,因而得到重视和重用。这位精通本行、博学多才的医生还有幸面见过弗拉基米尔·伊里奇·列宁。

经验丰富的巴甫洛夫斯基娓娓而谈,讲述自身的经历。与此同时,通过细致的观察和不使患者反感的检查,通过似乎随意而实际上极具针对性的例行问诊,他已对尼古拉的病情了如指掌。奥斯特洛夫斯基的回答简洁、准确又平静,还常会有医学专业名词脱口而出。显然,他对自身的病残状况知晓得一清二楚,对可能导致的结局也有心理准备。因此,完全不需要刻意的隐瞒或空泛的安慰。

他们的谈话就像聊生活、聊文艺一样轻松愉悦,巴甫洛夫斯基已做出诊断:脊椎硬化,进行性关节风湿症甚为严重,并尚在恶化;大部分关节布满骨刺;肾结石;左侧干性胸膜炎后遗症;疑有双肺并发性结核病;支气管发炎。此外,由于关节僵化,四肢活动能力基本丧失,肌肉极度萎缩,颈部也无法扭动;仅桡腕关节及手

---

① 伏尔泰(1694—1778),法国哲学家、史学家、文学家。主要作品有《查理十二史》《亨利亚德》《奥狄浦斯王》《老实人或乐观主义》《天真汉》等。

第29章／良师益友

关节还保留着有限的活动能力；下颌活动艰难，嘴巴只能张到上下齿间距一厘米；心脏功能尚可，但存在发病的危险；双目失明。

在同病患者中，尼古拉·奥斯特洛夫斯基属于最严重的。大发作时，仿佛浑身长着牙齿，每一颗都在发炎，那种剧痛，根本无法用言语表达。

所有的内科治疗和外科手术，至今均无效果。当下的医学水平，对这样的伤残，确确实实，无能为力。

换个角度说，初步接触，双方都颇有收获。

瘫痪、失明者的自控能力、表达方式和情绪心态，令医生暗暗震惊。奥斯特洛夫斯基此时躯体犹如雕像，其言辞，则清新、活泼、乐观，全然不像出自长年僵卧病榻者之口，所以不时扣动着医生的心弦。眼前这个年轻人，视病残为一种障碍，正竭尽全力，以坚毅的精神横扫这种障碍，为生存和创作奋力斗争。年轻人没有时间去悲悲切切、凄凄惨惨，他从事着有意义的工作，并已初战告捷。至关重要的是坚持不懈，一直做下去。

巴甫洛夫斯基医生欣喜地意识到，自己遇见的是一位驰骋疆场的战士、一位孱弱的躯体内搏动着强健心脏的奇人，自己责无旁贷，要协助他与厄运搏斗。同时，他生发出与尼古拉结为莫逆的强烈愿望，他相信自己能从对方的言行中汲取精神滋养。

尼古拉则感受到，这位医生阅历丰富，知识渊博，和蔼可亲，善解人意，而且具备自在、洒脱、狂放不羁的文人气质，不由被深深吸引，渴望结为忘年交。

就这样，俩人相见恨晚。从此，这位医生成了尼古拉家中的常客。

他们委实有太多的共同语言，一谈数小时。昔日既相似又各异的戎马生涯使俩人的战友情谊油然而生。谈及文学，二人更是投机，兴味盎然。

巴甫洛夫斯基家有藏书3000册，这在彼时彼地堪称藏书家了。尼古拉·奥斯特洛夫斯基从小就爱读书。巴甫洛夫斯基发现他记忆力超强，又善于思考。读过的书，常常能记住许多故事情节，而且能讲出独到的见解。他们议论屠格涅夫、陀思妥耶夫斯基①、托尔斯泰、契诃夫、绥拉菲莫维奇、法捷耶夫②，直至巴尔扎克、司汤达③、菲尔丁④、马克·吐温、杰克·伦敦的小说；也涉及叶赛宁⑤、马雅可夫斯基，直至惠特曼⑥、泰戈尔⑦、谢甫琴科⑧的诗歌。至于普希金、高尔基的作品，更是他们所津津乐道、同声激赏的。

尼古拉·奥斯特洛夫斯基善于从往昔和现代作品中吸取思想与文学的养料，尤其喜欢主人公心灵纯净、理想远大和行动果断的佳作，而对于以描摹病态心理见长，散发迷惘气息的作品，如陀思妥耶夫斯基那样的，则嗤之以鼻。即便听音乐，他也偏爱节奏明快、旋律奔放、令人振奋的乐曲。这与他本人的经历、遭际、心绪、情怀不无关系。巴甫洛夫斯基赞成这样的鉴赏态度，但同时也指出，

---

① 陀思妥耶夫斯基（1821—1881），俄国作家。主要作品有《穷人》《双重人格》《被欺凌与被侮辱的》《死屋手记》《罪与罚》《白痴》《卡拉马佐夫兄弟》等。

② 法捷耶夫（1901—1956），苏联作家。主要作品有《毁灭》《青年近卫军》等。

③ 司汤达（1783—1842），法国作家。主要作品有《红与黑》《巴马修道院》《亨利·勃吕拉》等。

④ 菲尔丁（1707—1754），英国小说家、剧作家。主要作品有《弃婴托姆·琼斯的故事》《大伟人江奈生魏尔德传》《阿米丽亚》等。

⑤ 叶赛宁（1895—1925），俄国诗人。主要作品有《扫墓日》《宇宙的鼓手》《列宁》《大地的船长》《安娜·斯涅金娜》等。

⑥ 惠特曼（1819—1892），美国诗人。主要作品有《草叶集》《桴鼓集》等。

⑦ 泰戈尔（1861—1941），印度诗人、作家、艺术家。主要作品有《暮歌》《晨歌》《王后市场》《刚与柔》《心中的向往》《金帆船》《奉献集》《戈拉》《吉檀珈利》《白鹤》《家庭与世界》《两姐妹》《俄罗斯书简》等。

⑧ 谢甫琴科（1814—1861），乌克兰诗人。主要作品有《科布扎歌手》《海达马克》《三年》《艺术家》等。

第29章／良师益友

陀思妥耶夫斯基的创作情况复杂，自有其鲜明的特色，仍不失为杰出的大作家，只是仁者见仁，智者见智，读者众说纷纭。这位受过专业声乐训练的医务人员，有时谈着谈着，兴之所至，会引吭高唱一段奥斯特洛夫斯基喜爱的民歌或咏叹调。然后话题一转，谈论格林卡①、柴可夫斯基②、贝多芬③、柏辽兹④、肖邦⑤、比才⑥。巴甫洛夫斯基了解到，尼古拉不但曾是优秀的手风琴手，还研读过一些大音乐家的传记，对他们的生平知之甚多。尼古拉曾说："我在自己的想象中描绘所要口授的一切情景……听着柔美和谐的旋律，尤其是听到小提琴曲，由想象所引发出来的画面会分外清晰。"

巴甫洛夫斯基读了《钢铁是怎样炼成的》，大为赞赏，曾半开玩笑半认真地说："我坚信你迟早会荣获勋章。"随即列举种种应当获奖的理由。

尼古拉大笑，不以为然。

没多久，一些报刊报道，有工人、共青团员向政府呼吁，为尼古拉·奥斯特洛夫斯基颁发勋章。巴甫洛夫斯基笑眯眯地说："怎么样？这可不是我一个人的意见哦。"

"这不过是少数年轻朋友的想法而已。我感受到了他们的善意

---

① 格林卡（1804—1857），俄国作曲家。主要作品有《鲁斯兰与柳德米拉》《幻想圆舞曲》《伊凡·苏萨宁》《卡玛林斯卡雅》等。
② 柴可夫斯基（1840—1893），俄国作曲家。主要作品有《罗密欧与朱丽叶》《暴风雨》《天鹅湖》《睡美人》《胡桃夹子》等。
③ 贝多芬（1770—1827），德国作曲家、钢琴家。主要作品有《英雄》《命运》《田园》《月光》《悲怆》《雅典的废墟》等。
④ 柏辽兹（1803—1869），法国作曲家、指挥家、音乐评论家。主要作品有《幻想交响曲》《罗密欧与朱丽叶》《浮士德的沉沦》《安魂弥撒曲》《罗马狂欢节》等。
⑤ 肖邦（1810—1849），波兰作曲家、钢琴家。主要作品有《B大调玛祖卡》《一分钟圆舞曲（小狗圆舞曲）》《升c小调幻想即兴曲》等。
⑥ 比才（1838—1875），法国作曲家。主要作品有《卡门》《采珠人》《伊凡四世》《阿莱城姑娘》等。

和热情,很高兴的。"

1934年9月,《钢铁是怎样炼成的》第二部出版。此前,该作品第一、二部两部的乌克兰文版本,已于7月面世。

10月1日傍晚,巴甫洛夫斯基做客奥斯特洛夫斯基家。电话铃响了。二姐卡佳取下听筒,放到弟弟耳边。

"……是呀……您是《索契真理报》编辑部?请讲……哦,哦……"

原来,编辑从广播中得悉,尼古拉·奥斯特洛夫斯基荣获列宁勋章,特地来电报喜并祝贺。

巴甫洛夫斯基和奥斯特洛夫斯基一起,和他的母亲、二姐一起,分享了最初的欢愉。

尼古拉·奥斯特洛夫斯基有时病痛发作,疼得厉害,他怕家人难受,总是忍着、忍着,装得若无其事。假如有客人在,他会依旧谈笑风生。而巴甫洛夫斯基不愧为临床经验丰富的医生,他细心观察,从面部肌肉的松紧、嘴唇的翕张、额头汗珠渗出的多少,便可推断出对方是否正在强忍剧痛,需要时,他会开些患者能够接受的药物。有的药虽可止疼,但是副作用很大,伤害神经,影响记忆,奥斯特洛夫斯基是不会愿意服用的。

巴甫洛夫斯基并非神医,无法治愈尼古拉的顽疾。这一点,尼古拉心知肚明,但他们还是成了挚友,可见俩人都被对方的魅力所吸引。尼古拉的母亲对这位医生说,自己的倔强儿子"只有您的话他才肯听"。巴甫洛夫斯基呢,后来在笔记本里写下了一段与奥斯特洛夫斯基相关的感悟:

痛苦往往会使人变得不仅任性、斤斤计较,而且烦躁、蛮横,自己心境不好,却向周围的人发泄。有《叶甫盖尼·奥涅金》中的

第29章／良师益友

诗句为证："可是，天哪，这多叫人难过，日日夜夜陪着这位病人，寸步不离把人活活折磨！"但也有另一种情况：自我剖析的能力增强，内心不断地沉思着，人变得更睿智，更富于同情心。我恰恰遇到了这样的患者。他尝尽痛苦，却保持着对生活无穷无尽的、火热的爱，依旧是个乐观主义者。

《青年近卫军》杂志主编安娜·卡拉瓦耶娃注意到，《钢铁是怎样炼成的》出版后，只引起一些小刊小报的注意，而且评论或太空泛，或嫌琐碎，没敲在点子上，与长篇小说真正的价值不相符合。特别是文章缺失鲜明个性，缺失浓烈感情，很难引发共鸣与急于细读的冲动。卡拉瓦耶娃觉得这不公正。她始终认为，《钢铁是怎样炼成的》是佳作精品，文学界、评论界不该保持缄默；再则，小说的作者是在怎样的状态和环境中进行创作的，也应当让读者有所了解；更重要的是，这本书的扎实内容和革命激情，这个人的多舛命途和钢铁意志，对于世人，尤其是对于青少年，肯定能起到特殊的励志作用。因此，需要一位著名作家撰写大气的、深刻的文章，来向广大读者介绍《钢铁是怎样炼成的》和它的作者。

找谁呢？卡拉瓦耶娃想起了自己熟悉的作家柯里佐夫①。

柯里佐夫极感兴趣，当即约时叙谈。

他们见面了，商议得很详细，很深入，甚至研究了小说具有一定的自传性，介绍时如何处理才更为恰当、妥帖。最后，柯里佐夫明确表示，他一准前往索契，探访奥斯特洛夫斯基，倾心交谈……

果然，柯里佐夫很快便安排时间，专程赶赴索契，下榻于高加

---

① 柯里佐夫（1898—1942），俄国作家、记者。主要作品有《西班牙的春天》《西班牙日记》《最后的航程》《世界的创造》《英勇坚强的战士——纪念尼·奥斯特洛夫斯基》等。

索里夫耶拉大饭店。当时，文化界人士一般都到此落脚，故此处有"索契文化活动中心"之称。柯里佐夫正在客房休息，大饭店图书室的女管理员拉勃克来了。她询问柯里佐夫有无借阅图书的需要，接着热情地说当地有位作家奥斯特洛夫斯基，如何病残严重，如何毅力非凡，如何酷爱读书。她曾为他送书上门，对这位病残作家的记忆力尤其佩服，说："有一回我去送书，帮他为一群初次造访的宾客朗读刚写成的长篇小说《暴风雨所诞生的》第一章片段的手稿。不知怎么的，其中缺少一页，我读不下去了，慌乱地翻着找着。奥斯特洛夫斯基平静地对大家说：'请继续听吧。我这就把缺少的一页补上！'于是，他当场凭记忆背出整整一页。后来，这页稿子找到了，对了一下，他居然背得一字不差！"

拉勃克认真地建议柯里佐夫登门探望尼古拉。柯里佐夫含笑应允。

第二天，1934年11月1日，柯里佐夫受卡拉瓦耶娃之托，上门访问尼古拉·奥斯特洛夫斯基。初遇谈话投机，临别已成挚友。

柯里佐夫返回大饭店，去图书室，告诉拉勃克："去过了，可爱的姑娘，我去过了。了不起，令人震惊。不久您便会看到我写的关于他的文章。"

柯里佐夫心灵震撼，文思泉涌。

《真理报》于1935年3月17日刊出他的特写《勇敢》。

尼古拉·奥斯特洛夫斯基仰卧着，一动不动。被子像脱卸不下的套子，裹住他那瘦长的、跟木桩一样直挺挺的躯体。看似一具木乃伊，但这木乃伊身上有活力。是的，瘦小的双手，在微微哆嗦。握手时，这双手是湿润的……整个脸庞仍然有生气。痛苦使面部干枯、脸色苍白、形容憔悴……说话声音虽低，却平静温和，不过有

第29章 / 良师益友

时疲乏得稍稍发颤。

关于他的命运,早就应该有大手笔来写的,名作家的敏锐目光早就应该发现他的。

乌克兰革命的最初年代,柯里亚·奥斯特洛夫斯基,这个工人家庭的少年,在火车站食堂里洗盘子,老板和堂倌用拳打脚踢来教育他。但不久后,他自己找到了另一种老师。在……入侵者的血腥统治下,飞毛腿般的少年,成了革命工人的勇敢助手,藏匿武器,传递消息,在敌人的鼻子底下机智灵活地进行侦察,帮助了红色游击队。他加入共青团,参加骑兵军,置身于为了祖国解放而不惜献出青春热血的乌克兰共青团优秀分子的先进行列……

不料,一个新的、能导致瘫痪的、可怕的仇敌,向奥斯特洛夫斯基发起攻击了。与此相比,一切昔日的凶险都儿戏般微不足道……他告诉哥哥:"我的情况不大妙。经常住院,开过两次刀,流过不少血,消耗了不少精力,而且谁都回答不出,这要拖到何年何月……我觉得生活当中掉队是最可怕的事情。我甚至不敢多想。正因为这样,我才什么都不拒绝,然而没有好转。相反,乌云越积越厚……你别担心。要送掉我的命,可没么容易。我的生命力绝对可以一个顶仨。"

开始是一条腿麻木瘫痪,随后另一条腿,再后来是胳膊,直到手掌……他才24岁,生命正沉醉于繁花的艳丽和芳香,身旁有他爱和爱他的姑娘……

最后,又遇上了最凶暴的恶魔:眼睛瞎了……永久的黑暗降临了。"每一个笨蛋,任何时候都会冲着自己打一枪的。要摆脱困境,这是最怯懦、最省劲的方法。活得艰难,就啪的一枪。可你试过战胜这种生活吗?你是否已经竭尽全力去冲破铁环呢?当初,在沃伦斯基新城下,一天发起十七次冲锋,硬是拿下了城市,这你竟然忘了吗？把手枪藏起来，可别对任何人提起这件事。纵然到了生活难以忍受的时候，也要设法活下去。你要让生命变得有价值。"①

某些活跃的年轻人，在大型刊物上发表了一两页短文，或在晚会上得到一阵掌声之后，就劲头十足地去博取对自己的更多好感，涂着紫眼圈，风度翩翩地在作家俱乐部里晃来晃去，期待着有朝一日，人家为他建造一座纪念碑，还在广场上耍流氓，而脸色苍白、身体孱弱的奥斯特洛夫斯基，却在索契的一间小屋子里仰面躺着。他双目失明，躯体无法动弹，不被人们注意，可他勇敢地进入了文学界。他脱颖而出，在书店的橱窗里、图书馆的书架上，为自己赢得了一席之地。难道说这不是一位出类拔萃的勇士吗？难道说这不是一位英雄吗？难道说他不是让我们祖国引以为荣的人物之一吗？

是什么培养了他的这种勇敢品性？如今又是什么支持着这个人的精神和体力？只能是他对集体、对党、对祖国宏伟建设事业的无限热爱。只能是他要做个有益于党、有益于人民的人的热切愿望。他个人有退休金，有不少亲属，原本可以气定神闲地卧床养病，用不着疲惫不堪地工作，可以过着无所事事的平庸生活，而得到人们的宽谅。然而，抗争与拼搏的魅力如此之大，对和谐友好的工作的坚定信念如此牢固，居然使那些失明者、瘫痪者，还有身患不治之症的战士们重返征途，并勇敢地冲向最前列……

正是卡拉瓦耶娃约请柯里佐夫访问奥斯特洛夫斯基，发表《勇敢》一文，使得文学界、评论界乃至全国各地的无数普通人对《钢铁是怎样炼成的》一书及其作者给予极大的关注。男女老少争相阅读这本优秀小说，书店、图书馆，都没有足够数量的书来满足读者了。

---

① 这是保尔·柯察金的独白。见《钢铁是怎样炼成的》第二部第八章。

第29章 / 良师益友

原本就每日不断收到的读者来信，从此更是数量激增。1934年为2000封左右，1935年接近6000封。写信的读者有工人、战士、农民、教师、飞行员、工程师、少先队员等。尼古拉·奥斯特洛夫斯基沉浸在深深的感动之中，觉得这些信函"全都极其美好，极其令人兴奋"。他和家人整理信件，分门别类，认真收藏，说这是宝贵的财富。

与此同时，他头脑很清醒，说《勇敢》的作者对他的评价过高了。

不过，他听到特写中形容他的外貌"看似一具木乃伊"，也会语带苦涩地发问："我真给人那么可怕的印象吗？"

这可以理解。毕竟才30岁，年纪轻轻，况且经常处于情绪高昂的创作状态，躯体被禁锢的痛苦是置诸脑后的。

柯里佐夫的文章，容易使读者以为尼古拉便是保尔，保尔便是尼古拉。对于这一点，尼古拉·奥斯特洛夫斯基坦率地、明确地表示不认可。他几番指出，自己——尼古拉，是小说中的保尔的原型，但仅仅是原型，不可等同，更不能把《钢铁是怎样炼成的》视为作者的自传。

特写《勇敢》发表后半个月，有人在《文学报》上写文章，说"就总体而言，此书需要由大师来进一步加工和润色"，甚至公开呼吁作家伏谢·伊凡诺夫[①]来担当这一使命——为作者"'盲目地'写出的书选音定调，琢磨技巧，使其有声有色"。

此文名为建议，实为粗暴的否定与干涉。尼古拉·奥斯特洛夫斯基甚为反感，觉得受了伤害，当即撰文答复。

[①] 伏谢·伊凡诺夫（1895—1963），苏联作家。主要作品有《游击队员们》《铁甲列车14-69》《有色的风》《魔术师的奇遇》《罗蒙诺索夫》等。

他说他非常尊敬著名的作家伏谢·伊凡诺夫，愿意学习他人的创作经验，因为"年轻人需要这样的指点和忠告，犹如需要空气"，然而"思考和综合文学大师们的指点之后，修改作品的应该是自己"。

他的文章，不知何故，《文学报》未予刊登。

《青年近卫军》杂志主编卡拉瓦耶娃和副主编柯洛索夫，与老作家绥拉菲莫维奇等共七人得悉此事，联名写了封信，发表在1935年4月14日的《真理报》上，有力地支持尼古拉·奥斯特洛夫斯基，使他从另一角度感受到温暖。

这以后，《十月》《文学评论》《旗》等大报大刊，纷纷开始发表评论文章了。

卡拉瓦耶娃和柯洛索夫，与奥斯特洛夫斯基之间，是别具慧眼的敬业编辑和艰苦异常的病残作家的关系，换个中国式的说法，便是伯乐和千里马的关系。

尼古拉·奥斯特洛夫斯基和卡拉瓦耶娃最后一次相遇，是在1936年的春季。那时，《钢铁是怎样炼成的》不仅在全国各地大量发行，而且已被译成多种外文，出现在异域别国。奥斯特洛夫斯基欣悦地说，他的书走遍全世界。

这份喜悦，这句话，卡拉瓦耶娃久久难忘。三十四年后，即1970年，卡拉瓦耶娃以77岁的高龄，出版了一本书，描述名著《钢铁是怎样炼成的》在全世界的出版情况和深远影响，书名就叫《走遍全球一本书》。

殚精竭虑，至死方休

1932年11月，《钢铁是怎样炼成的》第一部单行本，由青年近卫军出版社出版。

尼古拉·奥斯特洛夫斯基对这个单行本非常满意。他很快乐，干劲更足了，继续写第二部。他说："我在工作，恰似马不停蹄，夜晚静静地写作，不受任何人、任何事的干扰……我把全部精力投入创作。"

工作异常艰苦，他告诉日吉廖娃："我的健康状况又变糟了，发烧、感冒……""妈妈老犯病，呻吟不止，真可怜。这非常影响我的情绪。千难万难，然而我在以顽强的精神排除种种障碍。我的日子过得很艰辛，不过，全部力量、全部生命，我注入作品。"

1933年3月，他又这样表示：我所剩无几的精力，消耗得比预料要快。几个月天气恶劣，阴雨连绵，简直要了我的命。胸腔里奏响着进行曲，但坚定的意志不可动摇，劳动的渴望无法遏制。

好消息传来，乌克兰共青团中央决定出版乌克兰文的《钢铁是怎样炼成的》。他不由大喜，说："在我的心目中，这是一大胜利。"甚至表态，可以"完全放弃稿酬"。

1934年夏末秋初，尼古拉·奥斯特洛夫斯基久盼的乌克兰文

《钢铁是怎样炼成的》（第一部与第二部）果然问世了。不仅如此，同年9月，《钢铁是怎样炼成的》第二部也正式出版了。身为作者，奥斯特洛夫斯基早在6月中旬便告诉朋友，他已收到"长篇小说第二部的头一本样书"。他兴奋地接连发信，请青年近卫军出版社除了按规定应该送给作者的25册样书外，再卖给他75册，说"至少要这个数，否则不够分赠给朋友和组织"。

当时，他的生活与工作环境并不好。平日里，照料他饮食起居的母亲和二姐卡佳，身体都不行。母亲体衰，病病歪歪，卡佳被诊断出结核病。奥斯特洛夫斯基打算想方设法，安排她俩去医院"修理"一下。比母亲年长21岁的父亲老态龙钟，"几乎爬也爬不动了"。尽管如此，尼古拉仍然呕心沥血搞创作，不仅如此，还广泛阅读、深入思考，钻研古典文学遗产中的菁华，因为他自知底子浅薄，不学习，不汲取，不进步，"就根本写不出比处女作更鲜亮、更有力的书来"。他抓紧时间工作，感觉到自己的健康"正犹如冰雪般迅速消融"，在这种时候，如果"侃大山，吹牛皮，简直等于犯罪"。他表示："每一个小时，在我心目中都是宝贵的。"他告诉朋友："我像水牛一样，孜孜矻矻，创作新的长篇小说。"他一直在担心什么呢？担心自己耗尽体力，绞尽脑汁……结果仍然写不好，再也无法继续进行创作劳动。用他自己不止一次讲的话来表达吧，怕的就是：皮匠烤面包，结果一团糟。

尼古拉·奥斯特洛夫斯基在创作《暴风雨所诞生的》的同时，不忘阅读世界各国的佳作精品，为自己充电加油。这天，他请人为他朗读巴尔扎克的中篇小说《玄妙的杰作》。奥斯特洛夫斯基知道，马克思称赞这部小说是"充满绝妙讽刺的杰作"，其中的人物——17世纪的艺术家们，讨论着美学问题。奥斯特洛夫斯基真想理解得透彻些。

第30章 / 殚精竭虑，至死方休

瞧你画的圣女！乍看美妙绝伦，但继续观察，就会发觉她是贴在画布上的，缺少立体感……在这手臂和画面之间，我感觉不到空气的存在，缺少空间和深度……这象牙般的皮肤底下，没有血液在流动，生命并未以紫红色的血浆使青筋鼓起来……瞧吧，这部分栩栩如生，那部分却呆板得很，每个细部都有生与死在角逐。这儿让人感觉到是个女性，那儿则如同泥塑木雕。再看另一局部，像僵尸一样。你的作品是支离破碎的……普罗米修斯的火种在你的手里频频熄灭，因此你的画儿，许多地方没有受到天火的烧炼……

艺术的使命不是复制绘画的对象……而是赋予它动作与生命。我们要抓住人和物的精神、灵魂、形貌……一只手不仅仅是躯体的一部分，手是那要抓住、要表露的思想的体现和延伸。

尼古拉·奥斯特洛夫斯基听得兴味盎然，反复揣摩而有所领悟。艺术相通，他从不同时代、不同地域、不同风格的作家那里，努力吸取养料，融入自身的创作。

虽然《钢铁是怎样炼成的》已经成书，奥斯特洛夫斯基依旧不断地琢磨、改进、增删、修润，不辞劳苦。

这里仅举一例，便可见一斑。

人最宝贵的是生命。生命给予人只有一次。应当这样度过人生：回首往事，不会因虚度年华而悔恨，也不会因碌碌无为而羞愧；临终的时候能够说：我的整个生命和全部精力，都已献给世界上最壮丽的事业——为人类的解放而斗争。

这番话早已成为名言，有多少读者将其抄录在本子上，铭刻在脑海里，恒久不忘，遇到困难或挫折时，从中汲取正能量，优化素质，提升精神。

在青年近卫军出版社推出的长篇小说《钢铁是怎样炼成的》中，奥斯特洛夫斯基发觉被简略掉、删除掉的单词、句子，甚至整段的文字，委实不少。理由令人啼笑皆非：纸张匮乏。让他特别不满的是，上面这段后来成为名言的文字被一股脑儿删去了，踪影全无。倒是此前已面世的乌克兰文版的《钢铁是怎样炼成的》，是根据从作者手中拿到的书稿排印的，几乎没什么改动。上述名言是在这个版本中首次出现的。不过，这段话尚未经过作者的再三推敲而显得粗粝、不严密、不洗练。最初的文字是这样的：

人最宝贵的东西是生命。这生命，一个人只能得到一次。人的一生应当这样度过：当他回首往事的时候，不致由于虚度年华而悔恨，也不致由于仅仅为了他的"我"，和为了自个儿吃饱肚子的、碌碌无为的生活而羞耻。这样，在临死的时候，他就能够说：我的整个生命和全部精力，都已献给了世界上最壮丽的事业——为共产主义思想而斗争。

后经修改，出现了另一种版本——

人最宝贵的东西是生命。生命，一个人只能得到一次。人的一生应当这样度过：当他回首往事的时候，不致因为虚度年华而悔恨，也不致因为碌碌无为，仅仅为了自己而羞耻。这样，到临死的时候，他就能够说：我的整个生命和全部精力，都已献给了世界上最壮丽的事业——为共同的事业而斗争。

尼古拉·奥斯特洛夫斯基仍不满意。再思再想，反复推敲，精

第30章 / 殚精竭虑，至死方休

心修润，终于锤炼成广大读者认可、熟知并喜爱的名言。其文字之严谨、精准、浑然天成，冲腾起崇高思想的绚丽之光、可贵生命的浩然之气，令人心若明镜，志冲云天，穿透迷茫、迟疑、退缩之类的灰暗雾霾，坚定信念，迈出更为稳健的步伐，毫不犹豫地向前、向前……

1935年3月，《真理报》刊出著名作家柯里佐夫的特写《勇敢》，使得《钢铁是怎样炼成的》一书的作者尼古拉·奥斯特洛夫斯基声誉鹊起。同年10月，全苏各大报纸刊登《关于授予作家尼·阿·奥斯特洛夫斯基列宁勋章的决定》一文——

苏维埃社会主义共和国联盟中央执行委员会决定：现将列宁勋章授予曾经的共青团员积极分子，国内战争的英勇参加者，在为苏维埃政权所做的斗争中丧失健康，但仍然以自我牺牲的精神，继续用文学创作这一武器，为社会主义事业而奋斗的作家，天才著作《钢铁是怎样炼成的》一书的作者尼古拉·奥斯特洛夫斯基……

那天，10月2日早晨，奥斯特洛夫斯基的妻子拉依萨，途经斯摩棱斯克广场，买了一份报纸。上述醒目的文字立即吸引了她的眼球。她一遍遍地读着，心在狂跳。

她去电报大楼，给居住在索契市的丈夫拍了一封加急电报，祝贺他荣获最高的奖赏——列宁勋章。电报员看完全文，亲热地微笑着，一只手伸出小窗洞，说："请允许我也向您祝贺。我读过您丈夫写的小说，很喜欢的。"

"谢谢。"拉依萨握住对方的手回答。

同年11月24日。一清早，尼古拉·奥斯特洛夫斯基刚醒来，便兴奋不已。他让母亲去火车站把妻子拉依萨接来。这个从来不要妻子为了他的事情而向单位领导请假的人，此次破了例，打去长途电话，让妻子务必于今日早晨到达索契。正是今天要举行隆重的仪式，授予他列宁勋章。这是他的、他全家的，乃至整个索契的大喜事。

确实如此。全市万人空巷。男女老少，上了大街，人头攒动，喜笑颜开，涌向火车站，迎接"全乌克兰的头儿"——乌克兰中央执委会主席格里戈里·伊万诺维奇·彼得罗夫斯基。他专程来到索契，要为尼古拉·奥斯特洛夫斯基颁发勋章。拉依萨万万没想到，自己居然碰巧和这"全乌克兰的头儿"乘坐同一次列车抵达。

此刻，车站上，乐队奏响喜庆的曲调，彩旗迎风飘扬，市民们手捧鲜花，欢声笑语撒向四方。

婆婆奥里加到火车站接媳妇拉依萨。婆媳俩拥抱亲吻，一同回家。刚接近胡桃大街，便听见隐约传来的乐曲声。

哦，尼古拉·奥斯特洛夫斯基的房间里安装了扬声器。婆媳俩快步穿过院子，进入房间，只见这儿已有了不少客人和工作人员。整个房间亮得异乎寻常，让人恍惚沉浸在令人目眩的淡蓝色光辉之中，还给人暖融融的感觉。原来天花板上装着一千支光的灯，并附有亮闪闪的反射板，看样子要拍纪录片；这儿还变成了花的世界——桌子上、椅子上、窗台上，甚至地板上，摆满了鲜花。奥斯特洛夫斯基听见她们走进房间，就喜滋滋地招呼："快，快去洗洗脸，格里戈里·伊万诺维奇就要来了。"

扬声器里传出雷动的掌声，老布尔什维克格里戈里·伊万诺维奇·彼得罗夫斯基热情洋溢地发言了。尼古拉·奥斯特洛夫斯基失明的双眼闪烁着激奋的光芒。

小轿车驶来，停住。在索契市几位领导的陪同下，"全乌克兰的头儿"亲自来了。

第30章 / 殚精竭虑，至死方休

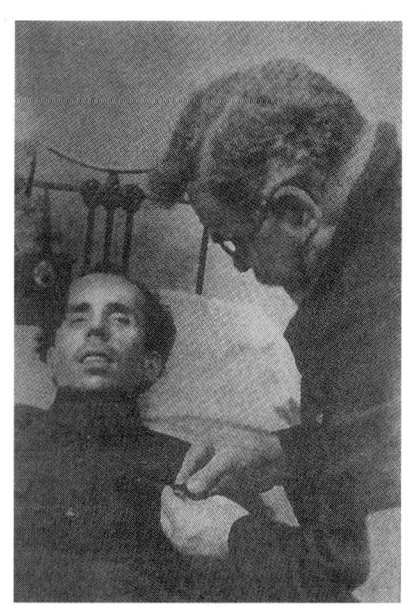

彼得罗夫斯基为尼·奥斯特洛夫斯基颁授列宁勋章。

他快步进屋，亲切地与躺在床上的尼古拉握手、亲吻，并连声夸赞："好样儿的，孩子，好样儿的！"

格里戈里·伊万诺维奇·彼得罗夫斯基亲手把一枚金光闪烁的列宁勋章别到尼古拉·奥斯特洛夫斯基的军便服上，接着慈父般地又吻了他两次。

当晚，庆贺奥斯特洛夫斯基荣获列宁勋章的大会在利维耶拉剧场隆重举行。尼古拉本人无法去会场，他的母亲、哥哥和二姐，当选为执行委员会委员，与领导们一起坐在台上。母亲和哥哥还应邀发了言。奥斯特洛夫斯基在家中，躺在床上收听，心潮起伏，热血沸腾。

1936年4月，尼古拉·奥斯特洛夫斯基获得旅政委军衔。

同年5月，迁入乌克兰政府所赠的别墅。

喜事接二连三。奥斯特洛夫斯基亢奋不已,激动万分。

尤其是信件,越来越多的、数以千计的读者来信——来自城市乡村、高山平原。写信的有工人、农民、官兵、教师、学生、飞行员、知识分子、少年儿童……读者们把尼古拉当成朋友,当成老师,向他倾吐心声,要求解惑释疑。这些信件,尼古拉·奥斯特洛夫斯基视为珍宝。尽管体质弱、工作忙,他仍乐于回函,谈心互动。

一位共青团员写道:"您的《钢铁是怎样炼成的》就是我的生活纲领。"

拖拉机厂的一名车工这样表示:"像保尔那样的英雄人物,永远是我们的楷模。"

有位女跳伞员坦言:"我头一次跳伞,心里有点儿害怕。想起勇敢无畏的保尔·柯察金,我就能按照要求做动作了。"

威立沙金模范小学的万尼亚、金尼亚两个学生则说:"这本书能使我们更努力地学习,珍惜父兄为我们争得的幸福。"

女青年哈尔倩科爱读小说。她的哥哥柯瓦列夫是顿河农业机器站的团干部。柯瓦列夫看了《钢铁是怎样炼成的》,把书交给妹妹,让她也看看。哈尔倩科一瞧书名,只当是一本讲炼钢技术的书,没有马上翻阅。哥哥神秘兮兮地硬叫她看,她才把书掀开。没想到这一看,她就放不下了,直到次日清晨翻完最后一页她才放手。接连好几天,她仿佛一直和作品中性格各异的人物生活在一起。她为保尔·柯察金大大抱屈:这么了不起的英雄,作者为什么无情地让他变成残疾人呢?当时,奥斯特洛夫斯基尚无很高的知名度,哈尔倩科和成千上万被此书感动的读者一样,并不知晓保尔·柯察金的原型就是奥斯特洛夫斯基。思来想去,哈尔倩科心潮难平,决定写信给尼古拉,谈谈读后感,尤其要表达清楚,自己不赞同把主人公处

第30章 / 殚精竭虑，至死方休

理成瘫痪加失明。由于太激动，简直像抗议。

可作家尼古拉·奥斯特洛夫斯基住在哪里呢？不晓得呀！没关系，写给出版社好了。于是，她提笔便写，写了便寄。

信寄出才十天左右，青年近卫军出版社就复函，称此信已转给作者，"因为作家非常重视共青团员们的评论"。

四十天后，哈尔倩科意外地又收到一封信，灰白色的封皮，发信人是索契市胡桃大街47号的尼·奥斯特洛夫斯基。这时候，女青年已得知，作者本人便是保尔·柯察金的原型，所以她读着信，不由既感慨又难受，脸蛋都涨红了。

其实，奥斯特洛夫斯基读到这封来函，不仅不介意，还非常高兴，他感触颇多，很快就抽空回信。这天是1935年2月19日。

哈尔倩科同志：

您好！在青年近卫军出版社转给我的信件中，有您的一封。我不能不给予答复。您抗议《钢铁是怎样炼成的》这部长篇小说的作者如此狠心地摧残主人公之一的保尔·柯察金。您的抗议呼声我是理解的，一个充满活力和热情的青年理应这样表示。我们国家的英雄们，应该是身心都健强的人。如果我按照愿望写，也就是凭着想象来创造保尔·柯察金，那么我会把他塑造成一个既健康又英勇的人物。

然而我深感烦恼，因为保尔·柯察金是按照真人塑造的，而且我正在他的房间里写这封信。此时，我在他家做客。保尔·柯察金是我的伙伴和战友。正因如此，我才能这样贴切地写他。

此刻，他正在我面前躺着，脸含微笑，雄心勃勃。

这个小伙子被钉在床上已有六年。他目前在写新的长篇小说。不久，我们便会见到这本书。

这部长篇的主人公全是些年轻、俊美、朝气蓬勃的人,是我们杰出的一代青年!

保尔要我代他向您问好。他说:

"告诉她,让她为自己创造美好的生活。幸福就在于创造新的生活,在于进行斗争,重新塑造和教育一代新人——这是已经成为国家主人的、社会主义时期聪慧的优秀青年,为实现共产主义而奋斗。真挚的友谊、爱情和青春——这便是能使人幸福的一切。"

哈尔倩科同志,愿您成为一名优秀战士。

致以共产主义的敬礼。

你的尼古拉

奥斯特洛夫斯基的信,从特定角度折射出作家意志的刚强、信念的坚守、工作的勤奋、性格的乐观和语言的风趣。哈尔倩科长期珍藏着这封信。后来,她成了一名记者、编辑。她心中永远珍藏着奥斯特洛夫斯基的可亲形象,也永远珍藏着作家的美好赠言——"愿您成为一名优秀战士"。

另一位读者叶戈罗娃·玛丽雅·帕夫洛夫娜,生活中遇到了不如意的事情,写信给重残作家,一吐块垒。奥斯特洛夫斯基虽然病体孱弱,"每分钟都可能崩溃",依然很快复函,语重心长地讲了一番话——

亲爱的玛丽雅·帕夫洛夫娜:

您的信我收到了。我觉得很难回复。当一个人心头被最亲密的人伤害而感到痛苦时,所有安慰的语言往往无法减轻苦楚。我不能对您讲些老套的话。我可以说的只有一点:在自己的生活中,我也尝到过背信弃义的伤痛。但有一条挽救了我:我心中始终保存着生

第30章 / 殚精竭虑，至死方休

活的目标——本人自我宽解的理由——为实现社会主义而奋斗。这是最高的爱。假如个人的东西在心中占着好大的位置，公众的东西占着微乎其微的一角，那么个人生活的迷乱便几乎等于大祸天降。那时，这个人面临一个问题——活着为什么？这问题绝对阻挡不住一名战士。没错儿，遭到亲密的人的背弃，战士也感到痛苦，然而与所丧失的相比，他永远留存下来的，要多得多，美好得多。看看吧，我们的生活何等灿烂，为了国家的复兴和繁荣而进行的斗争，具有多大的魅力。为它而献身吧，那么太阳会重新爱抚着您！

尼·奥斯特洛夫斯基

有一位盲人翻译家，工作没有着落，身处逆境，发信向尼古拉·奥斯特洛夫斯基求助。他见信当日便复函。

舒莉茨同志：

您好！

今天读到您的来信。我已立即致函弗拉基米尔·斯塔夫斯基，恳挚地请求，为您在苏联作协翻译部安排一份工作。

在我国，不应出现有才华的人没工作的事例。您可能在人生旅途中，遇到过麻木不仁者，但这是暂时现象。只要您是位诚实的同志，我指的并非政治上的忠诚，那您肯定会得到一份工作。

在这件事情上，我将坚持要求。

一旦有了最初的结果，请马上告诉我。

振作起来吧，不要精神萎靡，用不着郁郁闷闷。

终归会有出路的。

尼·奥斯特洛夫斯基

回信的态度真诚，内容实在。可能想法比较单纯（多么可贵的单纯），但绝非空泛的敷衍。此信写于1936年9月15日。大约一年前，即1935年10月，他荣获列宁勋章，成为"名人"，虽没有最终拍板的职权，但说说话，提提意见，人家大概还是会听的。其实，当初他自己为了找份工作，碰过的或硬或软的钉子，可说数不胜数。就在同一天，就在写这封信之前，他已经写好了另一封给苏联作协理事会书记斯塔夫斯基·弗拉基米尔·彼得洛维奇的信——

亲爱的弗拉基米尔同志：

你好！我转给你盲人翻译家舒莉茨的一封信。请读一读，并为这位同志在苏联作协翻译部安排一份工作。

在我们这儿，不该出现有才能的盲人翻译家找不到工作的事例。只要这是个诚实的人，就应当坚决地、快速地给予帮助。

我期待着你的回复。

致以共产主义的敬礼。

尼·奥斯特洛夫斯基

我们不知道此事后来结果如何。根据尼古拉·奥斯特洛夫斯基的性格，他既然说了"我将坚持要求"，那么，谅必不会撒手不管。

奥斯特洛夫斯基百忙中还参加了不少社会活动。接待来访者、发表广播演说，等等，十分繁忙。他曾在演说中激情喷涌、振聋发聩地说：

在我国，通向生活的大门，为所有的青年男女敞开，他们能够登上知识、幸福、荣誉的顶峰。要达到目的，别无他法，必须诚实地、奋发地劳动，而这样的劳动已经成了崇高的、勇敢的、光荣

第30章 / 殚精竭虑，至死方休

的、英雄的事业……国际关系是错综复杂的乱蜘蛛网……战争的威胁像乌鸦一样盘旋在世界上空……法西斯主义疯狂地准备着反苏联的战争。一旦这条疯狗胆敢侵犯苏联的神圣边疆，那么我们将举国奋起，捍卫疆土……当霹雳一声，流血的夜晚到来之时，我深信，会有无数像保尔·柯察金那样的战士，起来保卫祖国。可那时候，我已经不能和你们并肩作战。我请求你们替我砍杀，替保尔·柯察金砍杀……

长篇小说《钢铁是怎样炼成的》越来越热销。仅由苏联列宁共青团中央所属的青年近卫军出版社独家出版，由于纸张紧缺，无法多印多销，出现了严重供不应求的状况。

1935年9月中下旬，团中央书记亚历山大·柯萨列夫觉得，应准许所有的出版社出版此书。他还直接写信告诉奥斯特洛夫斯基："共青团中央认为，有必要在所有的出版社出版此书，以满足年轻人的需求。"

共青团中央一表态，国家文艺书籍出版社、亚速-黑海图书出版社、苏联作家出版社、俄罗斯联邦国家文艺书籍出版社、白俄罗斯国家出版社等中央与地方的许多出版部门，相继推出《钢铁是怎样炼成的》一书的不同版本，多达四十多种。尼古拉·奥斯特洛夫斯基对工作非常认真、一丝不苟，每种新版本他都要抽时间校对一遍，做些增删修润。

《钢铁是怎样炼成的》一书的总印数，恰似红线，直往上蹿。

尼古拉·奥斯特洛夫斯基荣获列宁勋章，"一举成名"了，社会活动也迅速增多。他外出不便，但曾多次发表广播演说，登门访问者更是络绎不绝。用他自己的话讲，"工作如山崩，压得我喘不过气来。我的屋子好像大举进攻阶段的指挥部"；"我过着猛打强攻般的日子。仿佛悬在一根游丝上的躯体，居然还有不可思议的力量。这些力量不知藏于何处，但我目前确实工作得挺好，热情高涨，进度快速"。

友善的人们出于尊敬和喜爱，有时会赠送他一些礼物——并不昂贵却富有意义的礼物，使重残作家的生活平添几分意趣和色彩。

瞧，一台电风扇，是哈尔科夫机电厂的共青团员们的劳动成果。没按统一的规格，而是另行设计，精心制作，漂亮得很。仅此一台，独一无二，凝聚着年轻人的心血和友谊。尼古拉想象着电风扇的样子，开心得很。

一台留声机，上面写明：

给革命战士、列宁勋章得主、作家尼古拉·阿列克谢耶维奇·奥斯特洛夫斯基

苏联中央执委会主席团赠

有时，尼古拉工作累了，就会让家人放会儿唱片，尤其是充溢着乡土味的俄罗斯或乌克兰民歌，借以放松紧绷的神经，放飞振翅的心情。

哈尔科夫自行车厂的工人兄弟送他一辆特制的便携式手摇轮椅车。尼古拉笑得像个孩子，说："好极了！我要试试从索契摇到哈尔科夫！"

就在举行授勋仪式的当天晚上，奥斯特洛夫斯基家中宾客满座，喜气洋洋。桌子上摆着一只巧克力大蛋糕，是基辅糖果点心食品厂的优秀劳动突击手娜塔·茜塔尔秋克代表全体职工送来的。尼古拉假装生气地申明："这礼物我肯定不喜欢。因此，我此刻不得

第30章 / 殚精竭虑，至死方休

不一声令下，请大家赶快把它消灭掉！"

当然，宾客们笑得舒畅，齐心协力，执行命令。

礼物中还有一块金表，带有自动报时装置，每一刻钟报时一次。原来，《钢铁是怎样炼成的》很早就在捷克斯洛伐克翻译出版了。那个出版社的员工赠给尼古拉·奥斯特洛夫斯基这块表，祝贺他获得列宁勋章。尼古拉好不高兴，因为他可以时时刻刻掌握时间了。

奥斯特洛夫斯基整日整夜僵卧在床，但和外界联系频繁。国家大事、世界大事，他都了然于胸。创作，有计划地、紧张地进行着。病魔的突然袭击，每每打断他的工作。一场黄疸病，让他一个半月处于半昏迷状态。失眠、发高烧、心动过速，乃至其他各种"令人舒适的"症状"光临"，使他的体质下降再下降。一次不知何故最终未能拍成电影的"剧本写作"割去了他四个月的宝贵生命。可是，种种磨难与挫折都无法阻止他艰难前行的步履。

自1934年12月开始，他创作长篇小说《暴风雨所诞生的》，到1936年8月第一部脱稿。当时他的身体怎么样呢？8月2日，在给妻子的信中，他简略地说："我的健康状况一塌糊涂。不过仍在工作，一天两班，十二个小时。五天后完成第一部。"同年11月，应他的邀请，苏联作协理事会扩大会议在他的寓所召开，专门讨论书稿《暴风雨所诞生的》。

大家看到，尼古拉·奥斯特洛夫斯基瘦骨嶙峋，面色苍白，憔悴不堪。整个身躯动弹不得，稍能活动的是手腕和像钢琴家那样细长的手指。不过，两条浓眉底下，清澈但无视力的深褐色双眸闪耀着顽强生命的光彩。

是的，他喜欢身旁经常有人，喜欢活跃的氛围；他喜欢交谈、沟通，喜欢商讨、辩论；他喜欢唱歌、拉手风琴。他说："如果不以体质，而以心灵和精神而论，我是青年。"他还说过："《钢铁是怎样炼成的》把年轻的共青团员、厂矿的知名人物——我们幸福生活的建设者们，吸引到我这里来，恍如一股湍急的人流。他们燃旺了我胸中仿佛在渐渐熄灭的火焰，让我重新成为满腔热情的宣传员、鼓动员……"

这天开会，他自己首先发言，那么认真，那么恳挚："我坚决请求诸位，不要把我当成初出茅庐的作者。我写作已有六年。这么长的时间也该学会点儿什么了。对我的要求尽量多些吧……把我看成一名能够并愿意改正缺点的战士……请开炮吧！"

在这个会上，尼古拉·奥斯特洛夫斯基听到不少并非溢美之词的赞扬话，肯定他的《暴风雨所诞生的》第一部写得成功。同时，更令他高兴的是，经验丰富的作家们被他的谦逊态度所感动，诚心诚意地提出批评，提出许多具体的修改意见。

尼古拉刚刚生过一场大病：胆囊里出现了结石，堵住了通道；胆囊破裂，溢血了，中毒了。肤色暗黑，变得跟黑人似的。医生们认为，病情已糟到无可挽回，连老病号尼古拉自己也觉得难逃此劫了。但这回又逢凶化吉，转危为安，不仅病体复原，而且能奋力工作，能专注得忘掉世间的一切。

他仔细聆听每一条批评意见，记录下来，诚恳地表示："现在，我基本上明白了书稿中存在哪些缺点……明天我休息，从后天开始，我要把各位的批评意见拜读几遍，然后思考、修改。加紧干的话，这也得花三个月。但只要每天干三班，那么花一个月就行。正巧我有失眠症，这有利于工作。有的人休息了病会好，有的人工作了病会好。我想，一个月就可以完工。"

这个会是11月15日召开的。17日起，他便开始修改，决心要在12月15日修改完毕。

第30章 / 殚精竭虑，至死方休

一位秘书已经不够了，又找了一位来帮忙。

1935年秋季，尼古拉曾这样表示："尽管险象环生，我当然不能死去……非要写完《暴风雨所诞生的》不可。岂止写完，要把内心的烈焰注入这本书。必须完成（即参与）依据长篇小说《钢铁是怎样炼成的》而进行的电影剧本创作。要为孩子们写一本《保尔的童年》。还一定要写一本书，描述保尔·柯察金的幸福。即使以布尔什维克的精神紧张地工作，也得花五年时间才能完成。"

此刻，邻室不断地传出几架打字机的嗒嗒声。书稿《暴风雨所诞生的》在增删，在修润。

秘书们见尼古拉浑身疲软、身体精瘦，脸色白得像石灰，都劝他休息一天，哪怕只休息几个小时也行。

但尼古拉这样回答："你们的好意我心领了。不过，要在书稿改毕发排以后我才能休息。现在我没有权利停下来休息一分钟……即使躯体内只有一个细胞还活着，我也一定要继续抗争，仍要活着，仍要抵御。"

尼古拉·奥斯特洛夫斯基千辛万苦，攻坚克难，终于修改完了《暴风雨所诞生的》第一部的书稿。

1936年12月14日，尼古拉写信给母亲——

亲爱的好妈妈：

今天小说《暴风雨所诞生的》第一部的定稿工作大功告成。我对共青团中央许下的诺言——于12月15日前改定书稿的诺言，兑现了。

这整整一个月，我做"三班"……我让自己所有的秘书吃足苦头，剥夺了休息日，硬让她们从早晨工作到深夜。可怜巴巴的姑娘们！我对她们确实狠心，不知道她们怎么看我。

现在我将休息整整一个月……妈妈，我们俩的性格真是一模一样，不过，我终究要休息了……

保重身体吧，打起精神来。冬季的几个月很快就会过去，我会和春天一起回到你身旁……

可恰恰就在这一天——12月15日，他的病最后一次大发作——肾结石与胆汁中毒突然急剧并发。剧痛折磨着尼古拉，越来越厉害。医生用尽一切方法，帮助他和病魔做斗争。医护人员开始在邻室外间轮流值班，以便必要时进行抢救。妻子拉依萨和二姐卡佳索性换班守护在他身旁。

近两年来，他一直拒绝服用粉剂吗啡。妻子见他疼痛难忍，曾劝他稍稍服用一点儿，他却苦笑着回答："你想让我变成大烟鬼吗？"而如今，他默默地同意注射吗啡了。妻子想象得出，丈夫痛苦到了怎样的程度。哥哥米佳得到消息赶来了。拉依萨还想通知婆婆，但被丈夫拦住："可别让她老人家为我担惊受怕。我看你们也没必要惊慌失措，这回我也能挺住的。"

但严酷的现实是他常常疼得昏迷过去。一次，他苏醒过来，轻轻地问："我呻吟了没有？"

听到家人说他并没有呻吟，他便很高兴地、少气无力地说："好。可见死神依然征服不了我……"

夜幕慢慢降临。尼古拉疼痛得难以入眠。外屋中有值班的医生护士，不过此时静悄悄的，没什么声响。医生嘱咐过，患者的病情很严重，为了不给他增加心理压力，不要让他知道家里就有医护人员守候。房门半开着，让值班的医生护士能大致观察到病人的状况。

妻子刚离身，要去给尼古拉冲咖啡，忽然屋子里传出尼古拉的招呼声："护士，请进来一下。"

第30章 / 殚精竭虑，至死方休

显然，什么也瞒不过尼古拉。其实他知晓外屋有医护人员守候着，只是不作声而已。

一名护士轻手轻脚进了里屋，来到患者床边。

"您参加工作很久了吗？"

"二十六年了。"

"遇到过不少危重病人吧？"

"是的，不少。"

"哦……连我也没办法让您高兴起来了。"

护士想说些话安慰尼古拉，可被对方抢了先："用不着安慰我，我挺了解自己的病情。真遗憾，还有那么多工作没做……"

当晚，尼古拉·奥斯特洛夫斯基轻声呼唤妻子，说："亲爱的拉依萨，我现在对你说的，可能是最后的连贯的话了。你看，我这一辈子过得不算糟糕。是的，一切都是自己争取来的，什么也不是凭空得到的……我终于成了胜利者，我的书就是证明……我们的两位老母亲，一生为我们操碎了心，应该加倍报答她们。可我来不及做什么了。爱护她们吧，拉依萨，别忘记她们，要爱护她们。"

这一夜似乎没有尽头。凌晨5点，二姐卡佳来换班。她和拉依萨一起，替尼古拉整理床铺。尼古拉好像安静地入睡了。卡佳默默地坐在一旁的椅子上。11点左右，卡佳蹑手蹑脚地走出房间，惴惴不安地告诉医生："不知怎么的，他在奇怪地喘气。"

值班的医生护士赶紧跑进房间，但为时已晚。

紧急抢救无效。尼古拉失去知觉，再也没有苏醒过来。

1936年12月22日19点50分，尼古拉·阿列克谢耶维奇·奥斯特洛夫斯基与世长辞。

卡佳含悲忍泪，慌忙发电报给巴甫洛夫斯基医生，告知噩耗，请他陪同母亲奥里加乘车赶往莫斯科。母亲亲自回电："亲爱的孩子们,振作起来!"

……

母亲下了车,径直来到作家俱乐部,费劲地走上高台,在灵柩前站住,俯下身去,仔细端详亲人的面容,那宽阔洁净的前额和微微翕开的双唇。她轻轻地唤一声:"我的儿子。"

然后,母亲挺起身来,双手交叉,放在胸前,静默无语。她在思索什么?是不是想到了母子俩的性格一模一样……

大家看到,母亲满脸皱纹,全身黑衣,那么端庄,那么神圣,恰似一尊雕像。

共青团员们,老布尔什维克们,红军官兵们,少先队员们,鱼贯而入,来和《钢铁是怎样炼成的》一书的作者最后道别。盲人代表团的成员们怀着对病残作家的钦敬与悼念之情,肃静地摸索着前行。一位年轻的母亲把幼小的女儿举过头顶,孩子懂事地向作家的遗体行了个少先队礼。

12月25日,遗体火化。

12月26日,举行葬礼。莫斯科新圣母陵园的古老钟楼敲过了两点,骨灰盒嵌藏于陵园的墙垣。宣布追悼大会开始的法捷耶夫手中捧着一本书:

暴风雨所诞生的
尼·奥斯特洛夫斯基 著

封皮四周有黑边儿。这是革命火星印刷厂的工人紧急加班印制的纪念版。

1952年10月31日,骨灰盒埋入坟茔。

1954年9月29日,正值尼古拉·阿列克谢耶维奇·奥斯特洛

第30章 / 殚精竭虑,至死方休

尼·奥斯特洛夫斯基的墓碑。

夫斯基诞辰五十周年之际,竖立了永久纪念的墓碑。

平凡又不平凡的一生。

值得后人了解其生平、追思其品格、敬慕其精神的人中俊杰。

第31章 虽死犹生

尼古拉·阿列克谢耶维奇·奥斯特洛夫斯基生前在莫斯科和索契的住所,都建成了纪念馆。

全国各地热心的人们,陆续寄来大量邮件,包括奥斯特洛夫斯基本人及与他相关的各种资料——文件、照片、书信、画作(反映作家在不同年龄、不同地点的生活与工作的作品,也有《钢铁是怎样炼成的》一书中主要人物的肖像画);出版社则送交他所校改过的清样……

邮递员仍在不断地送来许多信函,不过那时是寄给尼古拉·奥斯特洛夫斯基的,如今是寄给他的母亲奥里加、妻子拉依萨或二姐卡佳的。有人在信中深情地回忆自己和尼古拉曾经难忘的会面,更多的是讲述他们如何从优秀长篇小说《钢铁是怎样炼成的》中得到生活的启示,领悟生命的意义。

舍佩托夫卡,这个小城是尼古拉开始参加革命工作和加入共青团的地方。1946年,此处建立了奥斯特洛夫斯基纪念馆。

在一些城镇,出现了不少以尼古拉·奥斯特洛夫斯基命名的街巷。许多学校、图书馆也冠以他的名字。有些大学还设置了奥斯特洛夫斯基奖学金,奖励优秀的大学生。在黑海,常有一艘巨大的轮

第31章 / 虽死犹生

船乘风破浪，往返行驶，阳光照耀下，舷板上闪闪发亮的几个大字是"尼古拉·奥斯特洛夫斯基"。

1941年6月22日，正是奥斯特洛夫斯基逝世后整整四年半的日子，跟往常的每个星期天一样，索契的奥斯特洛夫斯基纪念馆里人头攒动，都是前来参观的男女老少。其中有一群大学生，数年前，他们还是十年制学校的学生，当时来过这里，回去后曾写信给纪念馆，真诚地表示，若法西斯匪徒胆敢进攻苏联，他们一定和父兄们一样，奋起战斗，把来犯之敌驱逐出去。

此时，参观者们兴致勃勃地看着各种文字、各种版本的《钢铁是怎样炼成的》和《暴风雨所诞生的》，看着作者生前使用过的各类实物、来自全国城乡的大量信件……蓦地，扩音机里传出最新消息：法西斯匪徒穷凶极恶地发动侵略战争，进攻我们苏联了。然而，我们的事业是正义的，敌人一定被打垮。胜利属于我们。

男女老少并不感到特别意外，显然大家都有抗击入侵之敌、保卫美丽祖国的心理准备和必胜信念。纪念馆里的参观者们仿佛接到命令，神态凝重，迅速散去。一位大学生临走时，在留言簿上奋笔疾书："尼古拉，我们向你宣誓，我们将和你一样，只要一息尚存，就要和敌人战斗到底！"

以后的日子里，莫斯科和索契的纪念馆接待了为数众多的红军官兵，更多的官兵则从前线来信，表达奋战的决心，要求寄书。

四十位战士，全是共青团员，联名写信说："每当冲锋在即，我们总觉得，保尔·柯察金就在我军的右翼。他端着机枪向前，跟国内战争期间一样，打击着法西斯强盗。"上尉谢林写信给奥斯特洛夫斯基的妻子拉依萨，提出要求："每当战斗间隙，朗读就开始了。恳请您再寄几册《钢铁是怎样炼成的》来，战士们老是缠着我要书。他们一遍又一遍地朗读,这大大有助于提高战斗力。"

战斗在敌人后方的女游击队员林娜来信说,他们这支队伍无论走到哪里,都带着《钢铁是怎样炼成的》;有时候,战士在雪地里久久地趴着,书洇湿了,不得不在篝火旁烤干后再看;如果谁胆怯了,只要对他提醒一声"你要记住保尔",他就会感到羞惭,就会争着参加最危险的战斗。

1936年4月6日,尼古拉·奥斯特洛夫斯基在一次广播演说中,也曾如此慷慨激昂地说:"黑云正笼罩着世界。法西斯主义企图用斧头和绳索把世界拖回到中世纪。他们打算侵犯我们的边疆。因此,我们这些将全部热情和力量贡献给和平劳动的社会主义建设者也准备着去战斗……"

准备着去战斗,可以说,在当时是一种全民意识。高尔基也曾明确地表示:"敌人一定会侵犯我们的。我们面临着一场规模空前的战争。"

是的,这场战争空前激烈,空前严酷。德寇侵略苏联,投入的兵力达到191个师,而且初期取得了不小的战果。

当年的8月下旬,德军以32个步兵师、4个摩托师、4个坦克师和一个骑兵旅的兵力,配备6000门大炮、4500门迫击炮和1000多架战机,气势汹汹地围攻列宁格勒。希特勒洋洋得意地宣称:"列宁格勒将被从地球上消除。"

然而,列宁格勒军民在极端艰危的情势下,团结紧密,坚持生产,开展保卫战,达900天之久。900个日日夜夜,城内水、电、暖气都停止供应了,连面包也不断减少,甚至每人每日只能得到125克。严寒季节,气温降至零下40摄氏度。围城中的200多万军民,牺牲了70万,绝大多数死于饥饿。付出如此惨重的代价,才换来举世赞叹的胜利。那些在列宁格勒保卫战中特别勇猛、异常机智的军人,往往被称作"柯察金战士"。

斯大林格勒保卫战同样英勇、悲壮。战士们在壕沟里,趁着战斗间隙,取出《钢铁是怎样炼成的》,总能找到合适的章节,由一人朗读大家听。战士们听后,总会士气大振,投入又一轮的鏖战。领兵的将官喜欢管优秀的战士叫"保尔的后代"。

首都莫斯科经受了更为酷烈的考验。

这座历史名城,早在1147年就作为初具规模的小城展露容颜,载入史册。15世纪,俄罗斯成为统一的中央集权国家,莫斯科是首都。直至1712年,彼得大帝迁都圣彼得堡。

自1918年起,莫斯科就是俄罗斯苏维埃联邦社会主义共和国(苏俄)的首都,1922年成为苏维埃社会主义共和国联盟(苏联)的首都。

时间延伸至1941年9月,德国法西斯以重兵大举进犯,直逼莫斯科城下。德军指挥部设在离莫斯科仅41公里的一个小镇上。从那儿,德寇只需用望远镜便可依稀看到克里姆林宫金色的尖顶。他们骄矜一时,狂妄地扬言,数周后,到了十月革命节那天,要在红场上检阅胜利的德军。可战争狂人低估了苏联人民和军队的力量,他们做梦也没想到,尽管莫斯科已三面被围,却要在红场上,按照传统的惯例,举行阅兵典礼。11月7日,苏联红军果然举行了长自己志气、灭敌人威风的战时大阅兵。参加阅兵分列式的官兵有28467名。全副武装的炮兵方队、步兵方队、民兵方队、骑兵方队、坦克方队,依次通过广场。其中的莫斯科民兵团,着装五颜六色,个头儿参差不齐,一个个面容瘦削,胡子拉碴,身背行囊,荷枪实弹,步伐有点儿凌乱,和其他英武雄壮的方阵比,队伍显得不那么整齐。所有的方阵在观礼台前接受检阅后,便直接开拔,奔赴前线。可以说,这次红场阅兵,是苏联历史上,甚至世界历史上,最不像样子的阅兵，但也是一次最了不起的、惊天动地的、真正的阅兵。

红军进行反攻了，110万官兵出击，勇往直前，势如破竹。大部队乘胜追击，每当经过奥斯特洛夫斯基生前居住或工作过的城市，便越发斗志昂扬。炮兵指挥员这样发令："为了尼古拉·奥斯特洛夫斯基，开炮！"于是，威力巨大的"喀秋莎"火箭炮射出一颗颗愤怒的炮弹，呼啸着去摧毁入侵者的阵地。

索契的奥斯特洛夫斯基纪念馆内，挂着近卫军准尉——卫生员金娜的照片。她20岁上前线，救助过123名伤员，后来自己身负重伤，不得不截肢。她一想到以后的生活，便不寒而栗。她用嘴唇翻着书页，读完了《钢铁是怎样炼成的》。打这以后，没有谁再见她流过泪。她得知一家制造坦克的工厂遇到困难，便去那里向青年工人谈读书体会。大家深为感动，将激情付诸行动，克服万难，超额造出五辆坦克。金娜成了一名广播员。她写信给奥斯特洛夫斯基的母亲，详谈自己的思想转变过程，还说："我有很多朋友，但最爱的只有一个，就是尼古拉·奥斯特洛夫斯基。"

库罗皮亚特尼科夫是"CK-065"快艇上的一名战士。这艘快艇的全体官兵都去参观过索契的奥斯特洛夫斯基纪念馆。奥斯特洛夫斯基的母亲奥里加向他们赠送了一本收入《钢铁是怎样炼成的》和《暴风雨所诞生的》两部长篇小说的新书。众官兵返回快艇，顺次传阅此书。这本书由库罗皮亚特尼科夫保管，他珍爱地随身携带着。数日后，他们奉命出发。快艇劈波斩浪，立即投入一场恶战。法西斯的多架战机，疯狂地俯冲扫射。不多时，艇身上弹孔累累，烈焰腾空，官兵伤亡过半，快艇眼看就要爆炸。千钧一发之际，库罗皮亚特尼科夫顾不得一只手已被炸飞，凭着顽强的意志，爬行到电线跟前，用牙齿把电线咬断。大家齐心协力，终于使快艇转危为安。这场激战最终取得了胜利。后来，库罗皮亚特尼科夫荣获了苏联英雄的称号,那本奥斯特洛夫斯基的书,被子弹击穿,被火焰烧焦,染上了英雄的鲜血,后来陈列在海军博物馆。

苏联卫国战争期间涌现出许多年轻的英雄烈士,他们中有不少人是《钢铁是怎样炼成的》一书的忠实读者。不少作家在依据真实的事迹进行创作时都注意到了这一点,并在作品中加以反映。法捷耶夫的《青年近卫军》如此,波列沃依①的《真正的人》也如此。这里就以《青年近卫军》为例吧。

二战期间,奥斯特洛夫斯基已逝世多年,但他以优秀的著作《钢铁是怎样炼成的》参战,和无数官兵血肉相连,灵魂相通,并肩作战。他和战友们一起,共同谱写抵抗侵略、捍卫祖国、改变世界格局、维护正义与和平的交响曲,壮怀激烈,响遏行云。长篇小说《青年近卫军》描绘克拉斯诺顿的一群年轻人奋不顾身,和凶暴残忍的侵略者斗争,显示了爱国主义精神与对社会主义事业和共产主义理想的无比忠诚。17岁的若拉,专门有一本画着格子的练习簿,里面记着他读过的每一种书——书名、作者、读后的短评。其中就写着:"《钢铁是怎样炼成的》,尼·奥斯特洛夫斯基。真好!"

对,仅仅两个字:真好。唯其简短,更显真实,是发自内心的激赏。

小说的另一处这样描述:"邬丽娅……从床底下拖出一只手提箱,再从放在箱底的内衣下面摸出一本破旧不堪的漆皮封面练习本……翻过两页,上面写着:人最宝贵的是生命……"

这群年轻人从小读着《钢铁是怎样炼成的》那样的好书长大,潜移默化,感情比较纯洁,信念比较坚实,性格比较爽朗,意志比

---

① 波列沃依(1908—1981),俄国作家。代表作为长篇小说《真正的人》。其他作品有《黄金》《大后方》《旅行中国三万里》等。

较刚强，后来他们在特殊的环境中有上佳的表现，建功立业，成为后人仰慕的英雄烈士。

现实生活里，奥列格的母亲叶列娜曾给奥斯特洛夫斯基的母亲奥里加去信，谈论自己儿子的成长历程。

原来，早在念六年级时，奥列格就读过乌克兰文版的《钢铁是怎样炼成的》。有一天，下半夜了，妈妈听见他房间里还有响动。自语？交谈？读书？妈妈过去一看，见儿子躺在床上，正捧着本书，赞不绝口："这就是保尔，好样儿的！"

妈妈问他怎么还不睡觉。他说："马上睡，马上睡。这本书让人看得放不下。不过，我这就睡了。妈妈，明早我去上学，不在家的时候，你尽量把这一页以前的内容看完，然后我从这儿往下念给你听。"说着，他指指第一部的第七章。

次日，奥列格上学去了。他的妈妈拿起《钢铁是怎样炼成的》，一看便入了迷。后来，母子俩一同读完了这部长篇小说。

奥列格一再回味，一再对妈妈说，他要向保尔学习，吃苦耐劳，像钢铁一样坚强；还说他是在幸福中长大的，一定要在自己身上培养保尔所具备的品德，学习成绩争优秀，在同学中起模范作用，并且帮助后进同学。如果敌人侵犯祖国，他虽然年纪小，也要像保尔一样战斗。

1942年春季，奥列格已经念九年级了，而且是共青团员。他读了俄文版的《钢铁是怎样炼成的》，体会更深了。

他和同龄伙伴们一起，投身于抗击德寇占领者的斗争，经受严酷的考验。哪个伙伴遇到困难，满脸郁闷，听不进劝时，他便把口气放得缓和、轻松，称对方为"女士"或"先生"，建议他或她去向永垂不朽的奥斯特洛夫斯基讨教。"地址：我奥列格的房间，书架最上层，第一本。"

第31章 / 虽死犹生

后来，奥列格和战友们英勇就义，保尔精神在他们身上得到了完美的体现。这场战争酷烈异常。苏联军民牺牲了2700多万。这场战争是对苏联经济与军事实力的严峻考验，也是对苏联人民精神力量的严峻考验。正是在这方面，奥斯特洛夫斯基和他的《钢铁是怎样炼成的》发挥了独特的重要作用。

享誉全球的大作家肖洛霍夫①由衷地表示："千百万人视奥斯特洛夫斯基为榜样，学习他怎样生活、斗争，怎样热爱祖国。"

是的，有的书恒久不朽，有的人虽死犹生——在人民的思想和事业中永生！

---

① 肖洛霍夫（1905—1984），苏联作家，1965年诺贝尔文学奖得主。主要作品有《静静的顿河》《新垦地》（《被开垦的处女地》）《一个人的遭遇》（《人的命运》）等。

第32章 烛照人间

早在奥斯特洛夫斯基生前，国外就出现了《钢铁是怎样炼成的》一书的译本。

捷克斯洛伐克首先翻译出版。尤利乌斯·伏契克①读后说："对于共产党人而言，世间的一切艰难险阻都不可怕。"接着，日文版面世。1936年9月1日，奥斯特洛夫斯基写信给妻子，说前天收到了日文版的《钢铁是怎样炼成的》，是日本科学出版社在东京出版的，书上的文字他一点儿也不懂，不过，彼得罗夫写的序言则是俄日两种文字。然后，英国有意出一种缩写本，希望奥斯特洛夫斯基能够同意。奥斯特洛夫斯基起先颇觉不快，但考虑一番后表示："就让他们出缩写本！不见得会通通缩掉吧！"

一位英国读者说，此书使他"为自己做一个人而自豪"。

澳大利亚昆士兰州的一名记者，成了两腿瘫痪、双目失明的残疾人后，读了《钢铁是怎样炼成的》，写信给奥斯特洛夫斯基，说："世上出现了像您这样的人，我为此感到快慰、欢悦。"

---

① 尤利乌斯·伏契克（1903—1943），捷克文艺评论家、作家。主要作品有长篇特写《绞刑架下的报告》。

第32章／烛照人间

法国作家阿拉贡①说："这是生命和创作光辉灿烂的结合。"

《钢铁是怎样炼成的》希腊文版的译者叶琳娜·吉尔巴吉达由衷地说："我深感喜悦，因为能用我祖国的语言，来表达保尔·柯察金的事业和感情。"

此书的法文版译者是中学哲学教师韦尔曼。二战期间，法国曾遭入侵。法西斯分子把韦尔曼抓去，带上镣铐，动用酷刑。这位翻译家大义凛然，宁死不屈。后来，他长眠于伊夫里陵园。

变换角度看看。

一名盖世太保军官，被俘后供认，希特勒训练间谍的学校，曾仔细分析过《钢铁是怎样炼成的》，企图弄明白苏联人的性格特征。社会主义制度下一代新人的精神世界，使他们震惊不已，又困惑不解。德国纳粹的第二号人物赫尔曼·戈林，在纽伦堡国际军事法庭受审时，垂头丧气地承认："任何出类拔萃的情报机关都无法探明苏联真正的军事潜力。当然，我所指的并非大炮、飞机和坦克的数量。这方面，我们还算基本了解。也不是指工业的强大程度和后备实力。我指的是人。"

《钢铁是怎样炼成的》还曾引发一位外国政界领袖的共鸣。那就是印度圣雄甘地的战友尼赫鲁。他投身革命大潮，饱尝铁窗滋味，执政日理万机，回眸感慨无限。他撰写了一部《发现印度》，思绪流泻笔端，这样凝重而诚挚地抒发："我们可能犯过错误，但不曾让自己低级庸俗，不曾自卑，不曾怯懦。以个人的观点来看，错误对于我们，在某种程度上也是收获。"然后，作为全书的结束，他整段摘引了如下名言："人最宝贵的是生命……"

---

① 路易·阿拉贡（1897—1982），法国诗人、小说家。主要作品有《巴黎的乡人》《蜡人馆》《受难周》《共产党人》等。

1937年5月,奥斯特洛夫斯基逝世未满半载,上海潮锋出版社推出段洛夫、陈非璜从日文转译的《钢铁是怎样炼成的?》,与俄文原著或其后的中译本相比,书名后多了个问号。而此书最重要的中译本,则是由梅益①先生翻译的。1942年,梅译本由上海新知识书店首次发行。梅译本是从英文转译的。在中华人民共和国成立之前,梅译本由河北朝城冀鲁豫书店、太行群众书店、中原新华书店、山东新华书店等出版机构相继翻印。新中国成立后,梅译本由人民文学出版社重新出版,至今累计印数超过300万册。

莫斯科的奥斯特洛夫斯基纪念馆里,收藏着一本中文版的《钢铁是怎样炼成的》,扉页上写着:"中国人民解放军的战士们曾怀揣这本书投身于争取自由的斗争。"

我国大作家郭沫若凝神挥毫:"尽管他身患沉疴,而他的创造力和生命力却大大超越了常人。"

《钢铁是怎样炼成的》曾给予我国几代读者以积极的影响,其中不少人自己也已成为闻名遐迩、万众敬仰的榜样人物。比如1950年获"全国劳动模范"称号的吴运铎。他是兵工战线上的英雄,严重伤残,奋斗不止。在回忆录《把一切献给党》中,他谈到保尔,不由深情地说:"我不仅要学习他战胜死神的勇敢,更要学习他在最艰苦的时候,尽力争取为党工作的精神。"又如1991年获"全国自强模范"称号、现任中国残联主席的张海迪,曾比照着奥斯特洛夫斯基,诚挚地说:"我只是不能走,他是不能走,不能看,比我更需要毅力去战胜困难。那种精神力量是人类不屈精神的代表。"

是的,在中国,半个多世纪以来,人民群众一直把奥斯特洛夫

---

① 梅益(1913—2003),中国新闻学家、翻译家。代表译作为《钢铁是怎样炼成的》。

第32章 / 烛照人间

斯基视为与董存瑞、黄继光、刘胡兰、雷锋、焦裕禄、蒋筑英、孔繁森等英模或烈士一样的人物，向他们学习，让人生充实，到老回顾，无怨无悔。

而在那片广袤的土地上，自20世纪初开始的布尔什维克社会主义实验，经历了或朝阳明丽或乌云翻腾的岁岁年年，遽然失败，人们心中的崇高理想、坚定信念和美丽憧憬，遭到沉重打击，各类原先潜藏着的矛盾顿然显化、激化。人们重新审察历史，思索现实，努力从失落、失望、迷惑、迷乱、烦闷、烦忧中挣脱出来。

《钢铁是怎样炼成的》也遭到了攻击，保尔·柯察金的原型被抹黑。20世纪90年代，奥斯特洛夫斯基纪念馆的研究人员安德罗诺娃气愤地指出，在某些出版物上，竟然有人提出"近10个与奥斯特洛夫斯基同时代的作家乃至评论家的名字"，硬说《钢铁是怎样炼成的》这本小说的著作权是他们的。凡此种种"新说"，纯属无稽之谈。对于作家和书，更可叹的是遇到冷落。20世纪90年代末，中国研究俄罗斯的专家闻一先生重访莫斯科，来到奥斯特洛夫斯基纪念馆，只见那楼房的外墙上，全是一些公司的牌子，还有各种商业广告，纪念馆的小铜牌被挤在了一边。

世界著名电缆技术专家、爱因斯坦大金质奖章得主、俄罗斯科学院院士梅先什尼克恳挚地表态："……看到年轻人对奥斯特洛夫斯基无动于衷，我认为这是我们社会灾难的可怕信号。奥斯特洛夫斯基为全世界树立了伟大的自强与勇敢精神的榜样。让这样的人物回归我们青年，回归我们社会，乃是俄罗斯知识界的紧迫任务。"

1997年6月17日，俄罗斯《真理报》刊文，呼吁人们不要忘记保尔·柯察金、奥列格、密列西耶夫等英雄人物："无论如何也不应当把《钢铁是怎样炼成的》《青年近卫军》和《真正的人》这三部作品从教学大纲中删掉。"

1998年,《20世纪俄罗斯作家生平词典》出版,女文学史家格罗兹诺娃撰写的"尼·奥斯特洛夫斯基"词条,详细介绍了重残作家的生平与创作,认为他的个性呈露出一种"顽强的意志、坚韧的生命力和非同寻常的细腻柔情的幸运结合"。

1999年,格奥尔基耶娃所著的《俄罗斯文化史》,认定《钢铁是怎样炼成的》是"对人类产生巨大影响的光辉文献"。

2001年,梅先什尼克这样赞赏:"烈焰似的激情和精神,在雄浑战歌般的《钢铁是怎样炼成的》这本小说的字里行间闪光。好一曲百折不挠的、希望和乐观的颂歌。"

什维措娃在任莫斯科第一副市长时说:"奥斯特洛夫斯基这样的楷模,今天仍然需要,因为他是人能经受一切考验的、真实的证明。"

现今,《钢铁是怎样炼成的》在我国已有各种版本近百种之多——包括不同出版社不同译者的译本,以及节译本、编译本、图文本、中俄或中英文对照本,乃至解读本、盲文本等。出版时间从1937年至今,从未间断。出版地遍及北京、上海、天津、南京、深圳、桂林、武汉、山西、陕西、四川、浙江、吉林、内蒙古等。拙译仅为其中之一,自1998年面世以来,加印又再版,累计印数早就超过32万册。

算起来,此书在中国的翻译出版,居然已有70余年的历史。

不仅如此,20世纪40年代,哈尔滨的兆麟书店还推出了话剧本《保尔·柯察金》。这是苏联作家班达连柯根据《钢铁是怎样炼成的》改编的。中文本译者高莽先生现今已是一位资深的作家、画家和翻译家。他与《钢铁是怎样炼成的》一书结缘也有70载了。1948年,哈尔滨市教师联合会的文工团首次把《保尔·柯察金》搬上中国的舞台,用的就是高译本。一位小学代理校长——孙杰,在

第32章 / 烛照人间

剧中扮演冬妮亚。连演数日，大获成功。后来，孙杰成了高莽的夫人。1956年末，拉依萨应邀访华，到北京、上海等地，为青年做报告，反响热烈，而担任翻译的就是高莽。1957年的迎春晚会上，拉依萨拉着高莽夫妇的手，诙谐地说："记住，我是你们的媒人。"1987年，高莽来到莫斯科，又一次与深棕色头发已变成银白的"媒人"拉依萨重逢。

1950年，在新中国的首都北京，中国青年艺术剧院公演话剧《保尔·柯察金》，演出阵容强大。名演员金山①和张瑞芳②分饰保尔和冬妮亚。孙维世任导演。多日连演，场场爆满。1962年，"青艺"再度演出《保尔·柯察金》，扮演保尔和冬妮亚的是王冰、高维启……1990年，《保尔·柯察金》又一次公演。青年女演员扈斌一人饰演三角——冬妮亚、丽塔和塔娅，保尔的扮演者为陈希光。有趣的是，十一年后，俩人重新合作，再演《保尔·柯察金》。2004年，为迎接国庆，天津人民艺术剧院上演话剧《保尔·柯察金》，剧本是由钟海根依据《钢铁是怎样炼成的》改编的，张媛媛执导。青年演员的表演朝气蓬勃，满场掌声热烈。

中国特有的文艺形式连环画，使保尔的形象更为人们熟知，尤其是更为少年儿童熟知。王素、夏星改编，毅进作画的《钢铁是怎样炼成的》（上下册），自1963年出版至今，累计印数达200多万套。

《钢铁是怎样炼成的》一书和他的作者奥斯特洛夫斯基，在本国置身落寞之谷底时，在中国依旧得到关注。好几代读者一直爱读

---

① 金山（1911—1982），中国著名表演艺术家。主演过电影《夜半歌声》《松花江上》《风暴》等。
② 张瑞芳（1918—2012），中国著名表演艺术家。在电影中塑造了独一无二的喜剧形象"李双双"。

这部小说，崇敬这位作家。

1989年，团中央为了给全国青年树"人生的路标"，选出10种必读书，《钢铁是怎样炼成的》排名第一。

1998年，《俄罗斯文艺》第2期，刊出任广宣、余一中两位先生的文章，对《钢铁是怎样炼成的》一书，分别亮出褒贬截然相反的观点。前者认为保尔·柯察金"形象永放光芒"，后者判定《钢铁是怎样炼成的》应该"送进历史的博物馆"。同年7月下旬，大连广播电台文艺台邀请杜林先生到直播间就此阐述自己的观点，并与听众进行电话交流。大多数参与者认为，《钢铁是怎样炼成的》是一本"激励人们直面人生、奋发向上的好书，曾伴随许多人成长，给他们以美好的理想主义教育和人生启迪"。

1999年，《中国文化报》请读者评选对自己一生影响最大的50本书。《钢铁是怎样炼成的》位列榜首。

2000年2月，中央电视台播出中乌合拍的20集电视连续剧《钢铁是怎样炼成的》，导演韩刚，配音导演曹磊，在全国引发了收看电视剧和阅读原著的热潮。

2004年，曾任中国驻俄罗斯使馆文化参赞的程海先生，在夫人王邻孟女士的参与下，译出回忆录《钢铁是这样炼成的》，由华夏出版社出版。

时间进入21世纪，人们走进上海市阳光康复中心天行雕塑园，便可瞻仰十位世界著名残疾人的塑像，其中就有尼古拉·奥斯特洛夫斯基的铜像，在阳光照耀下熠熠生辉。

著名的文学评论家、北大中文系教授邵燕君，在全国范围内，询问各种层次、各种年龄的受访者，二十年来，哪些文学作品对其影响最大。答复明确。排名最前的三种是《红楼梦》《三国演义》和《钢铁是怎样炼成的》。

第32章 / 烛照人间

2014年，冬季奥运会在索契市举行。前去参加这届冬运会的中国运动员，还有记者等相关人士，纷纷去市中心瞻仰奥斯特洛夫斯基的故居。

沿着城中心的高尔基大街向东，是一条不起眼的小街，名叫保尔·柯察金街。奥斯特洛夫斯基故居便坐落于此。此处的专职研究员塔利亚娜告诉记者龚洁芸，她接待得最多的，就是来自中国的游客。这里保留着七十八年前奥斯特洛夫斯基离开时的原貌，陈列着他生前使用过的餐具、茶具、收音机、留声机，藏有2000册书籍的书柜，墙上挂着他和生活中两个十分亲密的女性——母亲奥里加和二姐卡佳的合影……参观者会睹物思人，遐想绵绵。研究员塔利亚娜说："奥斯特洛夫斯基真诚地相信革命的理想，于是他把这种信念以一种非同寻常的真实写入自己的书中。他的小说是那个时代的纪念碑。"

时至今日，莫斯科大学语文系20世纪俄罗斯文学研究室的墙上，仍然挂着奥斯特洛夫斯基的画像。主任科尔米洛夫言简意赅："那是历史，我们不能忘记历史。"

更令人欣喜的是，龚洁芸得知，才21岁的大学生玛丽娅，学文学的，说自己喜欢奥斯特洛夫斯基的作品，简洁易懂，读时很多画面都会在脑海里浮现；还说奥斯特洛夫斯基是"伟大的俄罗斯作家，其作品，无论往昔抑或今日，都很有现实意义"。

奥斯特洛夫斯基生活在一个光明为主而失误也极其严重的时代。尤其是当他在付出最后的精力，艰难地进行文学创作之时，国情越发复杂了。

十月革命胜利完成，崭新的制度逐步建立与巩固，广大人民拥护苏维埃政权。为了保卫胜利果实，恢复国民经济，进行社会主义建设，人们自觉地艰苦劳动，贡献智慧，甚至不惜牺牲个人利益，直至生命。与此同时，国内出现大面积旱灾，帝国主义虎视眈眈，重大政策在落实过程中偏差频出，高层领导内部冲突日益尖锐、酷烈、血腥。

早在瞿秋白①以记者身份访问苏俄时就已窥见端倪的腐败现象日渐蔓延，当年泰戈尔访苏觉察到的个人独裁的局面已不可逆转。在文艺界，以政治罪名被逮捕，锒铛入狱，乃至蒙冤屈死者人数众多，以致人心惶惶。而且，20世纪30年代中期后，即奥斯特洛夫斯基谢世后，"大清洗"更是愈演愈烈。

俄罗斯当代文学评论家安宁斯基这样思考："如果奥斯特洛夫斯基1936年并未去世，或者更大胆地进一步假设，他没有患病的遭遇，那么会对他怎么样，是不堪设想的了。"在现实生活中，1936年后，镇反扩大化，奥斯特洛夫斯基的师友中，遭难的不在少数——

柯里佐夫，促使奥斯特洛夫斯基扬名全国的《勇敢》一文的作者，不幸遭受迫害致死。著名作家巴别尔②，生活经历和创作方法与奥斯特洛夫斯基迥异，并自称"属于那种特别苛刻的读者"，但他毫不吝惜对《钢铁是怎样炼成的》一书的赞美："这本书里刻画了坚强、热情、完善的人，他清楚自己在做什么，并且理直气壮地讲出口。这正是我们所需要的——这就叫典范。"1939年，巴别尔被捕，罪名是"从事反对苏维埃的阴谋恐怖活动"，1941年遭枪决。苏联杰出的戏剧家、大导演梅耶荷德，曾决定1937年十月革命二十

---

① 瞿秋白（1899—1935），中国政治家、作家、翻译家。主要作品有《赤都心史》《多余的话》《海上述林》《瞿秋白诗文选》《瞿秋白文集》等。

② 巴别尔（1894—1941），苏联俄罗斯作家。主要作品有《骑兵军》《敖德萨的故事》等。

周年时,在国立梅耶荷德剧院上演根据《钢铁是怎样炼成的》改编的话剧《一生》。不料,审查委员会指责他污蔑国家、共产党和共青团,致使演出计划告吹;次年1月,剧院被查封;6月,梅耶荷德被捕;1940年遭枪决。法捷耶夫,以长篇小说《毁灭》《青年近卫军》享誉国内外,是20世纪30—50年代苏联作协的主要负责人之一,还在联共(布)十八大、十九大上两度当选为中央委员。他曾高度评价保尔·柯察金:"整个苏联文学中,至今还没有另一个形象犹如他这般纯洁得魅力四射,又那么栩栩欲活。"同时,法捷耶夫也指出小说中夹杂着一些媒体语言:"让人感觉到,好像你正喝着热水,忽然喝到一层凉水,顿时出现了差异和割裂。"这样一位谦和又直爽的大作家,后来在文坛与政界屡遭挫折和攻击,因多病而经常住院,因郁闷而借酒浇愁,最终于1956年自杀身亡。团干部韦尔史科夫[①]和柯萨列夫[②]曾于1935年秋季登门看望奥斯特洛夫斯基,后来两人都受迫害,含冤屈死。奥斯特洛夫斯基活着的话,置身于如此错综复杂的大环境,"目睹"众多师友罹难枉死,以他的性格,能"独善其身"而不牵扯其中吗?

闻一先生说,奥斯特洛夫斯基的形象——"那种在绝境中奋斗,那种在与死神拼搏中争分夺秒、充满乐观主义精神、只想到前进和胜利的形象"将会"越来越辉煌,越来越崇高"。

共产主义不是一个人或少数人的事业,不是一朝一夕,也不是一代人两代人的事业。这是需要全体人类,一代又一代,付出努力,做出牺牲,才能实现的宏伟事业。奥斯特洛夫斯基仅仅是其中

---

① 韦尔史科夫·彼得·阿发纳西耶维奇(1906—1938),1934—1938年任苏联列宁共青团中央书记,惨遭镇压,死后平反。
② 柯萨列夫·亚历山大·瓦西里耶维奇(1903—1939),苏联列宁共青团高级领导干部,枉遭迫害致死,后获平反。

一代人——一代热血青年的杰出代表。共产主义事业地域性阶段性的顺利和成功，固然令人欢欣鼓舞，而其曲折和失败，并不能动摇真正共产主义者的信念。

奥斯特洛夫斯基具有大无畏的自我牺牲精神，尤其是在病残日益严重的岁月中的经历与表现，更多地显示出他个人的特质。这些特质又是同一时代千百万人崇高道德和优秀品质的凝聚。这也造就了奥斯特洛夫斯基独有的人格魅力，呈示出一种朴实的真、朴实的善、朴实的美。

斗转星移，沧海桑田，人世间多少大事件小情状，逐渐被人们忘却，只有那些最值得崇敬和怀念的人与事，才依然留存于子孙后代的脑际。保尔·柯察金的原型——奥斯特洛夫斯基，将以其璞玉浑金般的本真之光辉，恒久地烛照人间。

传主名言荟萃 附录一

＊人最宝贵的是生命。生命给予人只有一次。应当这样度过人生：回首往事，不会因虚度年华而悔恨，也不会因碌碌无为而羞愧；临终的时候能够说：我的整个生命和全部精力，都已献给世界上最壮丽的事业——为人类的解放而斗争。

＊在最困难和最恶劣的条件下是可以工作的。不仅可以，而且必需，假如没有另一种环境的话。

＊战士的一生，必定有胜有负，只是要善于从失败中吸取教训，学到东西。

＊生活给予我们的无比贵重的厚礼，就是青春：充盈着力量、期待和愿望的青春，充盈着求知和拼搏的青春，充盈着希冀和信心的青春。

＊光阴给我们经验，书籍给我们知识。

＊一个人如果不能改掉坏习惯，他就一钱不值。

＊苦涩的真话胜似甜蜜的谎言。

＊所谓友谊，首先是坦诚，是批评同志的错误。

＊人的美并不在于容貌、衣着和发式，而在于他的本身，在于他的心。要是人缺失心灵美，我们常常会厌恶其光鲜的外表。

＊如果不以体质，而以心灵和精神而论，我是青年。

＊只要心还在跳动，就别想使我离开党。只有死，才能把我拉出战斗的行列。

＊纵然到了生活难以忍受的时候，也要设法活下去。你要让生命变得有价值。

＊必须抓紧时间生活。一场暴病，或者一次横祸，都可能使生命终止。

＊人生最美妙的，莫过于停止生存时，自己所创造的一切仍在为人们服务。

尼·奥斯特洛夫斯基年谱

附录二

1904年9月29日,诞生于乌克兰西部边陲沃伦省奥斯特罗日县维里亚村。父亲阿列克谢·伊凡诺维奇·奥斯特洛夫斯基,是葡萄酒厂的季节工,当过兵。母亲奥斯特洛夫斯卡娅·奥里加·奥西波夫娜。

1910—1913年,在教会初级学校学习,获奖状。

1914—1916年,第一次世界大战爆发。随父逃难,来到小城舍佩托夫卡;进二年制学校就读,后被神父开除;在火车站食堂当锅炉工。

1917—1918年,十月革命爆发。再次入学;认识木匠林尼克(后当选舍佩托夫卡革命委员会主席);在发电厂当司炉工的助手;奉命张贴传单,侦察德军活动;冒死搭救被捕的革委会成员费奥多尔。

1919年7月20日,加入乌克兰共产主义青年团;8月9日,随同红军部队上前线。

1920年6月,随同红军部队返回舍佩托夫卡;8月,再次奔赴前线;8月19日身负重伤;10月,回到母亲身边休养,并插班继续上学。

1921年，毕业于七年制的统一劳动学校；去基辅，当电工助手；当选为团支部书记；进电力技校学习。

1922年，参加博亚尔卡工地的筑路工程，因劳累过度，突患重伤寒，被护送回家；重返基辅继续工作，业余读书；参与抢救大量原木；关节炎严重发作，被确认为重残，丧失劳动能力。

1923年，前往别列兹多夫。当选团支部书记；任全民军训第二营政委。10月27日，成为乌克兰共产党（布）预备党员。

1924年，调往伊贾斯拉夫。任共青团区委书记。8月9日，成为正式党员；一度担任共青团舍佩托夫卡州委书记；9月，病情加剧，去哈尔科夫治病。

1925—1926年，辗转各地治疗。与拉依萨·鲍尔菲里耶芙娜结婚。

1927年，瘫痪，创作关于科托夫斯基骑兵旅的中篇小说。12月，报名参加函授大学学习。

1928年，创作关于科托夫斯基骑兵旅的中篇小说，并将手稿寄往敖德萨，征询战友的意见，唯一的手稿在寄回途中丢失；双目失明。

1929年，函授大学结业。赴莫斯科治病。

1930年4月，开始写《钢铁是怎样炼成的》第一部；11月，《钢铁是怎样炼成的》第一部脱稿。

1932年4月，《青年近卫军》杂志开始连载《钢铁是怎样炼成的》第一部；6月，开始创作《钢铁是怎样炼成的》第二部；11月，青年近卫军出版社出版《钢铁是怎样炼成的》第一部单行本。

1933年5月，完成《钢铁是怎样炼成的》第二部的创作。

1934年，《钢铁是怎样炼成的》第二部在《青年近卫军》杂志第一期上开始连载。4月，发表《争取语言的纯洁》一文；6月1

日,成为苏联作家协会会员;7月,《钢铁是怎样炼成的》(第一部、第二部)乌克兰文版面世;9月,《钢铁是怎样炼成的》第二部出版;12月,开始创作长篇小说《暴风雨所诞生的》。

1935年,继续创作《暴风雨所诞生的》,修改《钢铁是怎样炼成的》。

4—6月,《暴风雨所诞生的》前五章发表于《索契真理报》;5—9月,与人合作,编写电影剧本《钢铁是怎样炼成的》。

《青年近卫军》杂志第7—10期连载《暴风雨所诞生的》数章。青年近卫军出版社推出《钢铁是怎样炼成的》(第一部、第二部)新修订本。

10月1日,荣获列宁勋章;11月24日,举行授勋仪式;12月11日,抵达莫斯科,继续创作《暴风雨所诞生的》。

1936年,继续创作《暴风雨所诞生的》。

4月,被授予旅政委军衔;5月,返回索契,迁入乌克兰政府所赠的别墅;8月8日,会见法国作家安德烈·纪德;8月17日,《暴风雨所诞生的》第一部脱稿;10月24日,重返莫斯科;11月15日,苏联作协理事会扩大会议,讨论《暴风雨所诞生的》第一部书稿;奥斯特洛夫斯基发言,标题为《请开炮吧!》;12月14日,《暴风雨所诞生的》第一部改毕定稿;发出最后一封给母亲的信;12月15日,肾结石与胆汁中毒,突然急剧并发;12月22日19点50分,与世长辞;12月25日,尸体火化;12月26日,举行葬礼,骨灰盒嵌藏于莫斯科新圣母陵园的墙垣。《暴风雨所诞生的》第一部纪念版面世。

1952年10月31日,骨灰盒埋入坟茔。

1954年9月29日,诞辰五十周年,竖立墓碑。

参考书目

[1] 尼古拉·奥斯特洛夫斯基. 尼古拉·奥斯特洛夫斯基文集（俄文版1—3卷）. 莫斯科：青年近卫军出版社，1989—1990年.

[2] 尼古拉·奥斯特洛夫斯基. 钢铁是怎样炼成的（俄文版）. 莫斯科：苏联国立儿童文学出版社，1954年.

[3] 泽齐娜，科什曼，舒利金. 俄罗斯文化史. 刘文飞，苏玲，译. 上海：上海译文出版社，2005年.

[4] B. 科瓦廖夫，主编. 苏联文学史. 张耳，等，译. 天津：天津人民出版社，1982年.

[5] 列·费·叶尔绍夫. 苏联文学史. 北京：北京师范大学出版社，1987年.

[6] 李辉凡，张捷. 20世纪俄罗斯文学史. 青岛：青岛出版社，1998年.

[7] 李敏榛，主编. 20世纪俄罗斯文学史. 北京：北京大学出版社，2000年.

[8] 符·维·阿格诺索夫，主编. 20世纪俄罗斯文学. 凌建侯，等，译. 北京：中国人民大学出版社，2001年.

[9] 张捷. 俄罗斯作家的昨天和今天. 北京：中国文联出版社，2000年.

[10] 特列古勃. 尼·奥斯特洛夫斯基. 王明元，译. 郑州：黄河文艺出版社，1985年.

［11］奥斯特洛夫斯卡娅. 永恒的爱. 郭锷权, 译. 广州: 花城出版社, 1982年.

［12］拉·奥斯特洛夫斯基卡娅. 尼·奥斯特洛夫斯基——妻子的回忆. 姚宇珍, 华山, 译. 西安: 陕西人民出版社, 1984年.

［13］奥斯特洛夫斯基. 奥斯特洛夫斯基两卷集. 梅益, 译. 北京: 中国青年出版社, 1995年.

［14］尼·奥斯特洛夫斯基. 钢铁是怎样炼成的. 梅益, 译. 北京: 人民文学出版社, 2004年.

［15］奥斯特洛夫斯基. 钢铁是怎样炼成的. 王志冲, 译. 上海: 上海译文出版社, 2006年.

［16］车尔尼雪夫斯基. 怎么办?. 魏玲, 译. 南京: 译林出版社, 1999年.

［17］高尔基. 母亲. 南凯, 译. 北京: 人民文学出版社, 1973年.

［18］高尔基. 母亲. 刘静, 兰桦, 译. 北京: 中国致公出版社, 2005年.

［19］高尔基. 母亲. 仰熙, 译. 石家庄: 花山文艺出版社, 1997年.

［20］绥拉菲摩维奇. 铁流. 曹靖华, 译. 北京: 人民文学出版社, 1951年.

［21］法捷耶夫. 毁灭. 磊然, 译. 北京: 人民文学出版社, 2002年.

［22］法捷耶夫. 青年近卫军. 水夫, 译. 北京: 人民文学出版社, 2004年.

［23］勃列伏依. 真正的人. 袁永乐, 等, 译. 深圳: 海天出版社, 1996年.

［24］富（尔）曼诺夫. 恰巴耶夫. 郑泽生, 译. 北京: 外国文学出版社, 1981年.

［25］高尔基. 高尔基集. 余一中, 编选. 上海: 上海远东出版社, 2004年.

［26］柯罗连科. 盲音乐家. 翁本泽, 译. 南京: 译林出版社, 2001年.

［27］伊萨克·巴别尔. 骑兵军（插图本）. 戴骢, 王天兵, 译. 北京:

人民文学出版社，2004年.

　　[28] 伊萨克·巴别尔. 红色骑兵军. 傅仲，选译. 沈阳：辽宁教育出版社，2003年.

　　[29] 伊萨克·巴别尔. 骑兵军日记. 王若行，译. 北京：东方出版社，2005年.

　　[30] 安德烈·纪德. 访苏归来. 李玉民，译. 桂林：广西师范大学出版社，2004年.

　　[31] 罗曼·罗兰. 莫斯科日记. 袁俊生，译. 桂林：广西师范大学出版社，2003年.

　　[32] 罗曼·罗兰. 内心旅程. 金铿然，骆雪涓，译. 上海：上海远东出版社，2004年.

　　[33] 谢·特列古勃. 活生生的保尔·柯察金. 王志冲，译. 北京：华夏出版社，1988年.

　　[34] 齐向. 苏联解体内幕. 长春：吉林人民出版社，1992年.

　　[35] 小杰克·F·马特洛克. 苏联解体亲历记. 吴乃华，译. 北京：世界知识出版社，1996年.

　　[36] 王铭玉，孙华勤. 8·19事件：前苏联解体诱因. 北京：军事谊文出版社，2000年.

　　[37] 许新，陈联璧，等. 超级大国的崩溃：苏联解体原因探析. 北京：社会科学文献出版社，2001年.

　　[38] 安启念. 俄罗斯向何处去. 北京：中国人民大学出版社，2003年.

　　[39] 瓦尔鲁，编. 巴黎公社诗选. 沈宝基，译. 北京：人民文学出版社，1957年.

　　[40] 高莽，编. 苏联文学插图. 杭州：浙江人民美术出版社，1987年.

　　[41] 艾·丽·伏尼契. 牛虻. 张伟军，译. 伊犁：伊犁人民出版社，2000年.

　　[42] 海伦·凯勒. 假如给我三天光明. 夏志强，程智，编译. 北京：光明日报出版社，2006年.

[43] 海伦·凯勒. 假如给我三天光明. 李汉昭, 译. 北京: 华文出版社, 2004年.

[44] 吴运铎. 把一切献给党. 北京: 人民文学出版社, 1959年.

[45] 张冠华, 主编. 当代保尔传. 上海: 文汇出版社, 1992年.

[46] 俄罗斯民歌珍品集. 薛范, 编. 北京: 中国电影出版社, 1997年.

[47] 赵云中. 乌克兰: 沉重的脚步. 上海: 华东师范大学出版社, 2005年.

[48] 乌克兰歌曲选集: 乌克兰汉语双语版. 薛范, 编. 北京: 中国国际广播出版社, 2010年.

[49] 刘文飞. 红场漫步. 昆明: 云南人民出版社, 2000年.

[50] 刘文飞. 文学魔方: 二十世纪的俄罗斯文学. 北京: 中国社会科学出版社, 2004年.

[51] 刘文飞, 编. 俄罗斯文学反思. 北京: 中国社会科学出版社, 2005年.

[52] 普希金. 叶甫盖尼·奥涅金. 冯春, 译. 上海: 上海译文出版社, 1981年.

[53] 翟厚隆, 选编. 十月革命前后苏联文学流派（上篇）. 上海: 上海译文出版社, 1998年.

[54] 张捷, 选编. 十月革命前后苏联文学流派（下篇）. 上海: 上海译文出版社, 1998年.

[55] 斯·舍舒科夫. 苏联二十年代文学斗争史实. 冯玉律, 译. 上海: 上海译文出版社, 1994年.

[56] 张捷. 热点追踪——20世纪俄罗斯文学研究. 北京: 人民文学出版社, 2003年.

[57] 蓝英年, 编著. 寻墓者说. 上海: 汉语大词典出版社, 1998年.

[58] 朱宝荣. 解读钢铁是怎样炼成的. 北京: 京华出版社, 2001年.

[59] 尼古拉·奥斯特洛夫斯基书信集. 王志冲, 译. 北京: 东方出版社, 2010年.

跋

　　关于本书，华夏出版社和我签的合同中写得清楚："甲方应于2012年7月31日前交付齐、清、定原稿。"但现已拖延了将近两年半，尚未交出。幸好乙方，即出版社的领导与编辑，体谅我的艰辛和难处，宽容这种延宕。

　　原本就老弱病残集于一身，近两年更是老年病丛生，延医服药，忙碌得很，耽误了写书。

　　换个角度看，今年倒也堪称"福有双至"——至少遇到两件高兴事。上海市妇联开展活动，在800万户家庭中遴选出100户"海上最美家庭"，我们这老两口之家居然忝列其中。实际上，是表扬我妻子郑懿五十多年来对重残丈夫的悉心照料和全力襄助，使我能比较顺利地出书几十种。是白发苍苍的我叨了苍苍白发的她的光。更意外和惊喜的，是我获得"全国自强模范"称号。2014年，上海获此殊荣者，总共仅5人。忝列有愧，因为本人的所谓"事迹"，十个字便可概括：重残而不废，自学以致用。按规定，我应赴京参加第五次全国自强模范暨助残先进集体和个人表彰大会，可病残严重，无法成行。很不好意思的是，反而有劳中国残联的一位领导来寒舍探视。上海市残联打算就此组织巡回讲演活动，考虑到我的体质,特地拍了简短的录像备用,说届时将请一位电台主持人代替发言。自己出不了力,反而添麻烦,确实于心不安。

两件喜事,无形中给了压力,也给了激励。

书稿完成在即,但愿我能把传主尼古拉·奥斯特洛夫斯基写得活灵活现,真实感人。

欢迎广大读者和专家提出意见、建议、批评。

接下来,我要读书充电。同时,继续研究《钢铁是怎样炼成的》及相关资料,但愿有所发掘、发现,乃至能发抒己见。

反正我想只要还剩有一点精力,就要继续做些有益于人民的事情,不虚掷时光。我的座右铭依然是《钢铁是怎样炼成的》中的一句话:"必须抓紧时间生活。一场暴病,或者一次横祸,都可能使生命终止。"

年末岁尾(12月23日),收到"资深翻译家"证书。这下该说"福有三至"了。如何回报社会,回报人民呢?我在思索。

王志冲
2014年12月23日